Joel & Victoria Osteen

Guten Morgen, Hoffnung!

Über die Autoren

Joel Osteen ist seit 1999 Hauptpastor der *Lakewood Church* in Houston, Texas. Diese ist derzeit eine der größten Gemeinden Nordamerikas. Er ist mit *Victoria Osteen* verheiratet, die selbst gelegentlich in der Gemeinde predigt, normalerweise aber die dortige Frauenarbeit betreut. Victoria und Joel haben zwei Kinder, Jonathan und Alexandra.

Joel & Victoria Osteen

GUTEN MORGEN, *Hoffnung!*

Andachten für den besten Start in den Tag

Aus dem Amerikanischen von Antje Balters

Gerth Medien

VORWORT

Wie Ihr Tag verlaufen wird, entscheidet sich oft daran, wie Sie ihn beginnen. Meist kommen die negativen Gedanken morgens nach dem Aufwachen von ganz allein: *Ich habe absolut keine Lust, zur Arbeit zu gehen. Ich möchte mich jetzt nicht mit den Kindern herumschlagen. Gestern bin ich schon wieder nicht beim Sport gewesen.* Auch wenn wir es nicht merken, legen wir so den Grundstein für einen richtig miesen Tag.

Deshalb ist es so wichtig, gleich zu Beginn eines Tages die Gedanken in die richtigen Bahnen zu lenken, denn wenn nicht Sie selbst die Stimmung und die Richtung des Tages vorgeben, dann werden es die negativen Gedanken für Sie tun.

Wir haben dieses Buch geschrieben, um Ihnen dabei zu helfen, sich innerlich auf einen positiven, glücklichen und vom Glauben bestimmten Tag einzustellen. Wenn Sie den Tag dankbar beginnen, wenn Sie mit Gottes Güte und Gunst rechnen, dann stellen Sie die Weichen für einen gesegneten und produktiven Tag. Nehmen Sie sich jeden Morgen etwas Zeit und lesen Sie eine Andacht aus dem Buch. Es dauert nur ein paar Minuten, kann aber sehr viel Gutes bewirken.

Sie werden feststellen: Wenn Sie gleich nach dem Aufwachen Ihre Gedanken in Richtung Hoffnung lenken, dann wirkt sich das nicht nur positiv auf Ihre Einstellung aus, sondern Sie werden auch immer mehr von Gottes Segen und seiner Gunst erleben.

Joel & Victoria Osteen

ES PASSIERT GANZ BESTIMMT

BIBELVERS FÜR DEN TAG

Denn was ich dir jetzt offenbare, wird nicht sofort eintreffen, sondern erst zur festgesetzten Zeit. Aber es wird sich ganz bestimmt erfüllen, darauf kannst du dich verlassen. Warte geduldig, selbst wenn es noch eine Weile dauert!

HABAKUK 2,3

Gott hat versprochen, Ihre Bemühungen mit Erfolg zu segnen, wenn Sie ihn in allem, was Sie tun, an die erste Stelle setzen. Sie erhalten gute Chancen, kommen weiter. Dinge verändern sich zu Ihrem Vorteil. Es entsteht Raum für Heilung und Erneuerung. Vielleicht haben Sie das Gefühl, als würden Sie bereits seit Ewigkeiten darauf warten – und nichts passiert. Aber halten Sie weiter an Gottes Zusage fest und berufen Sie sich darauf, denn sie wird sich ganz sicher erfüllen, wenn Sie Geduld haben und weiterglauben.

Warten ist ja nicht gleichbedeutend mit Nichtstun, sondern es ist vielmehr eine Art Vorbereitungszeit. Jetzt ist die Zeit, sich bereit zu machen. Gott will nicht, dass Sie ein durchschnittliches Leben führen. Weil Sie sich auf ihn verlassen, wird er dafür sorgen, dass

Sie sich weiterentwickeln. Sie werden mehr Frucht bringen. Sie werden produktiver sein und in weniger Zeit mehr schaffen. Gott wird Ihnen das Leben leichter machen und Sie an Orte führen, an die Sie allein und ohne seine Hilfe nie gelangen würden. Ihr Leben wird besser werden, als Sie es sich je erträumt haben. Machen Sie sich bereit, denn jede Verheißung, auf die Sie sich im Glauben berufen, und jeder Traum, den Gott in Sie hineingelegt hat und für den Sie kämpfen, wird in Jesu Namen Wirklichkeit werden!

EIN GEBET FÜR HEUTE

Danke, Vater, für deine Treue und Güte in meinem Leben und dafür, dass du mein Bemühen mit Erfolg krönen wirst. Ich bitte dich um deine Weisheit und Führung in jedem Bereich meines Lebens. Ich weiß, dass deine Verheißungen sich für mich erfüllen werden, wenn ich Glauben und Geduld habe. Ich bin gewiss, dass du mich segnen wirst, dass du gute Dinge für mich bereithältst und dass ich weiterkommen werde! Bereite mich auf den Moment vor, wenn es so weit ist. Zeige mir, was ich tun soll, damit ich all das empfangen kann, was du für mich vorgesehen hast. In Jesu Namen, amen.

IMPULS FÜR DEN TAG

Tun Sie alles dafür, um Ihre Hoffnung aufrechtzuerhalten. Sie brauchen gar nicht zu wissen, wie Gott Ihre Probleme lösen oder etwas Gutes in Ihrem Leben zustande bringen wird. Das ist seine Sache. Ihre Sache ist es zu glauben. Ihr Glaube wird Ihnen helfen, jedes Hindernis zu überwinden.

NÄHER, ALS SIE DENKEN

BIBELVERS FÜR DEN TAG

Darum werft euer Vertrauen nicht weg, welches eine große Belohnung hat.

HEBRÄER 10,35; LÜ

Gibt es etwas, wofür Sie schon lange beten, dessen Erfüllung aber länger auf sich warten lässt, als Sie gedacht haben? Manchmal entgeht Menschen das Beste, das Gott ihnen schenken will, weil sie zu früh aufgeben. Machen Sie es anders! Fassen Sie heute neuen Mut, denn die Erhörung Ihres Gebets ist näher, als Sie denken. Wenn es Ihnen so scheint, als ob alles immer schwieriger statt einfacher wird, dann denken Sie daran, dass Ihr Sieg gerade dann nahe ist, wenn sich die Dinge zuspitzen.

Vergessen Sie nicht, dass der Gott, dem Sie dienen, treu ist. Sie können ganz sicher sein, dass er hinter den Kulissen bereits am Werk ist. Werfen Sie Ihr Vertrauen nicht weg, denn Ihre Belohnung wird kommen. Und genauso, wie eine Mutter die Schmerzen der Geburt vergisst, sobald sie ihr Baby im Arm hält, werden auch Sie die Kämpfe und Mühen vergessen, wenn Gottes Verheißung erst einmal erfüllt ist.

Halten Sie auf dem Weg dorthin an Ihrem Glauben fest und rechnen Sie mit Gutem. Erklären Sie jeden Morgen gleich nach dem Aufwachen: „Ich bin schon zu weit gekommen, um jetzt noch aufzugeben. Meine Zeit wird kommen und mit Gottes Hilfe werde ich meine Ernte einbringen." Konzentrieren Sie sich auf den Sieg, den Gott Ihnen versprochen hat. Er ist näher, als Sie denken!

EIN GEBET FÜR HEUTE

Vater im Himmel, ich danke dir, dass du ein treuer Gott bist und dass ich mich auf dich verlassen kann. Ich will heute fest darauf vertrauen, dass du hinter den Kulissen bereits am Werk bist. Ich glaube und vertraue nur dir allein. Ich bin gewiss, dass meine Zeit kommen wird und dass ich meine Ernte einbringen werde! Ich schaue auf deine Güte und rechne mit dem Sieg. Gib mir Kraft, damit ich stark und standhaft bleibe und schließlich erleben kann, wie deine Versprechen in meinem Leben in Erfüllung gehen. In Jesu Namen, amen.

IMPULS FÜR DEN TAG

Sie haben vielleicht schon viele Rückschläge erlebt, aber heute ist ein neuer Tag. Ihr Durchbruch wird kommen. Gott haucht Ihnen neues Leben ein. Wenn Sie die Mutlosigkeit abschütteln, dann wird der Wind wieder wehen – und zwar nicht gegen, sondern für Sie. Wenn Sie im Einklang mit Gott sind, wird er Sie belohnen und dafür sorgen, dass sich die Dinge zu Ihren Gunsten entwickeln.

DER HERR WIRD FÜR SIE KÄMPFEN

BIBELVERS FÜR DEN TAG

Der Herr wird für euch streiten, und ihr werdet stille sein.

2. MOSE 14,14; LÜ

Es wird in unserem Leben immer Menschen geben, die uns kritisieren. Wir werden es immer wieder mit schwierigen Menschen zu tun haben, die versuchen, uns aus der Ruhe zu bringen und uns den Frieden und die Freude zu rauben. Aber wir müssen nicht auf jede Kritik reagieren. Wir können uns für den richtigen Weg entscheiden und Gott für uns kämpfen lassen. Es wird außerdem auch immer wieder Menschen geben, die Sie einfach nicht akzeptieren wollen – egal, was Sie sagen oder tun. Sie wollen einfach nicht in Frieden mit Ihnen leben.

Als Jesus seine Jünger aussandte, trug er ihnen auf, beim Betreten eines Hauses immer zuerst Frieden über seinen Bewohnern auszusprechen. Und dann sagte er tatsächlich: „Wenn dort jemand Gottes Frieden bereitwillig annimmt, so soll der Friede, den ihr bringt, bei ihm bleiben. Wenn aber nicht, dann wird Gottes Friede ihn wieder verlassen und zu euch zurückkehren“ (Lukas 10,6).

Ich lese daraus Folgendes: Wenn Sie tun, was in Ihrer Macht steht, um mit anderen Menschen in Frieden zu leben, diese Menschen es aber nicht akzeptieren wollen, dann kehrt der ausgesandte Friede zu Ihnen zurück. So haben Sie nicht nur Ihren eigenen Frieden, sondern bekommen den Anteil der anderen gleich noch dazu! Sie erhalten also eine doppelte Portion Frieden für Ihre vergeblichen Bemühungen, denn wenn Sie das Richtige tun – egal, in welcher Situation –, wird Gott Sie dafür belohnen.

EIN GEBET FÜR HEUTE

Lieber Vater, ich gebe dir alle Ehre und lobe und preise dich. Ich will heute ganz bewusst Frieden halten und stille sein. Ich entscheide mich dafür, das Richtige zu tun. Ich weigere mich, mir meinen Frieden oder meine Freude rauben zu lassen, denn die Freude am Herrn ist meine Stärke. Ich berufe mich darauf, dass du mir für meine Mühe eine doppelte Portion Frieden und Freude schenken wirst. Ich danke dir, dass du für mich kämpfst. Hilf mir, immer den richtigen Weg zu wählen und in Liebe und Frieden mit anderen zu leben. In Jesu Namen, amen.

IMPULS FÜR DEN TAG

Wenn Sie auch jenen Menschen friedlich und liebevoll begegnen, die Sie nicht akzeptieren, und wenn Sie es Gott überlassen, sich darum zu kümmern, dann wird der Schöpfer des Universums für Sie kämpfen. Er wird die Dinge zu Ihren Gunsten wenden, vor Ihnen hergehen und dafür sorgen, dass diese Menschen Ihnen nicht den Weg versperren können. Ich bin der festen Überzeugung, dass Sie erleben werden, wie Gott das Gute, das Sie tun, auf erstaunliche Art und Weise zu Ihnen zurückkehren lassen wird.

DIESELBE GUNST

BIBELVERS FÜR DEN TAG

Jesus Christus ist und bleibt derselbe, gestern, heute und für immer.

HEBRÄER 13,8

Es ist wichtig, dass wir begreifen, wie Gott ist. Was er für andere Menschen getan hat und noch immer tut, das wird er auch für Sie tun. Derselbe Gott, der den Menschen in der Bibel seine Gunst erwiesen hat, wirkt auch heute noch. Gott möchte Sie genauso reich beschenken, wie er es auch mit Josef, Abraham und Elia getan hat. Er möchte neue Türen für Sie öffnen, auf übernatürliche Weise in Ihr Leben eingreifen und Sie versorgen und gedeihen lassen. Die Frage ist nur: Sind Sie dazu bereit, all das auch wirklich anzunehmen? Können Sie es bereits jetzt im Glauben vor sich sehen?

Sie können ganz sicher sein, dass Gott immer derselbe ist – gestern, heute und in Ewigkeit. Er ist bei Ihnen und er ist für Sie. Schon bevor Sie sehen können, wie sich etwas verändert, dürfen Sie sicher sein, dass Gott für Sie eintritt. Und wenn er dann seinen Segen ausschüttet, ist das nicht nur ein Tröpfeln, sondern eine regelrechte Flut – eine Flut an Ideen, eine Flut an neuen Chancen, eine Flut an

Begabungen. Halten Sie am Glauben und an der Hoffnung fest, und hören Sie nicht auf, Gott zu loben, denn dieselbe Gunst, von der in der Bibel die Rede ist, wartet auch auf Sie!

EIN GEBET FÜR HEUTE

Danke, Vater, dass ich jeden Tag mit deiner Gunst und deinem Segen rechnen kann. Ich richte mein Herz und meinen Verstand auf dich aus und halte Ausschau nach offenen Türen und deinem übernatürlichen Eingreifen. Ich bin gewiss, dass du eine Flut an Begabungen, guten Ideen und neuen Chancen für mich bereithältst. In der Gewissheit und dem Vertrauen, dass du treu bist, vertraue ich dir mein Leben an. Ich öffne mein Herz für alles, was du für mich bereithältst. In Jesu Namen, amen.

IMPULS FÜR DEN TAG

Gott hält eine Flut an Möglichkeiten für Sie bereit, um Ihren Einfluss auf erstaunliche Weise zu vergrößern. Schrecken Sie nicht ängstlich davor zurück. Lassen Sie sich nicht einschüchtern. Gott hat Sie mit allem ausgestattet, was Sie dafür brauchen werden. Er hat Sie ausgerüstet und Sie stehen unter seiner Gunst. Wagen Sie es, die nötigen Schritte im Glauben zu tun, und nehmen Sie alles an, was Gott für Sie bereithält.

SETZEN SIE EINEN PUNKT

BIBELVERS FÜR DEN TAG

Herr, ich bin nicht hochmütig und schaue nicht auf andere herab. Ich strecke mich nicht nach Dingen aus, die doch viel zu hoch für mich sind.

PSALM 131,1

Geht es Ihnen auch so, dass Sie krampfhaft versuchen, unvorhergesehene, schmerzhafte Dinge in Ihrem Leben irgendwie einzuordnen? Suchen Sie in solchen Fällen nach dem passenden „Ordner" in Ihrem Kopf, in dem Sie sie abheften können? Doch was tun Sie, wenn Sie das Geschehene einfach nicht begreifen können?

Die Antwort lautet: Legen Sie sich gedanklich einen Ordner mit der Aufschrift „Ich verstehe es nicht" an. Und immer wenn Dinge passieren, die Sie nicht einordnen können, heften Sie sie in diesem Ordner ab und setzen Sie einen Punkt dahinter, anstatt frustriert oder verwirrt darüber zu sein. Wenn man etwas Schmerzhaftes erlebt und anschließend die Frage nach dem „Warum" stellt, verbittert man nur und tritt auf der Stelle.

Gott bedingungslos zu vertrauen bedeutet, dass wir ihm auch dann vertrauen, wenn wir etwas nicht verstehen – einfach weil wir wissen, dass sein Plan für unser Leben gut ist. Wir dürfen sicher sein, dass er uns alles zu seiner Zeit erklären wird – auch wenn das vielleicht erst im Himmel der Fall sein wird.

Gibt es in Ihrem Leben etwas, das Sie einfach nicht verstehen können und das eigentlich in diesen Ordner gehört? Beschließen Sie, Gott zu vertrauen. Beschließen Sie, weiter voranzugehen, denn Sie können ganz sicher sein: Er liebt Sie. Er ist auf Ihrer Seite und er hat einen großartigen Plan für Ihre Zukunft!

EIN GEBET FÜR HEUTE

Vater, ich danke dir dafür, dass du über mein Leben wachst. Ich vertraue dir mein Bedürfnis an, alles verstehen zu wollen. Ich entscheide mich heute dafür, mich nicht auf meinen Verstand zu verlassen, sondern dir ganz und gar zu vertrauen. Ich will nicht stecken bleiben, nur weil ich nicht alles verstehen kann. Stattdessen will ich weiter vorwärtsgehen. Ich bitte dich, mich mit deinem Frieden, deiner Gnade und deinem Mitgefühl zu erfüllen, während ich mich weiter auf den Sieg zubewege, den du für mich bereithältst. In Jesu Namen, amen.

IMPULS FÜR DEN TAG

Schwierigkeiten können Sie entweder verbittern oder zu einem besseren Menschen machen. Probleme können Sie herunterziehen oder sie können Ihnen ein Anreiz sein, sich nach neuen Höhen auszustrecken. Verschwenden Sie keine einzige Minute mehr damit herauszufinden, warum Ihnen bestimmte Dinge widerfahren sind. Wenn Sie eine innere Siegeshaltung bewahren, dann verspricht Ihnen Gott, dass er Ihre verwundete Seele heilen wird. Er wird das Geschehene zu Ihrem Wohl und Heil nutzen, sodass Sie am Ende besser dastehen werden, als wenn es Ihnen nicht passiert wäre.

SPRECHEN SIE AUS, WAS SIE GLAUBEN

BIBELVERS FÜR DEN TAG

Weil wir aber denselben Geist des Glaubens haben, wie geschrieben steht: „Ich glaube, darum rede ich", so glauben wir auch, darum reden wir auch.

2. KORINTHER 4,13; LÜ

Wenn Sie erleben möchten, wie sich die Verheißungen Gottes in Ihrem Leben erfüllen, dann müssen Sie sich ins Bewusstsein rufen, was Gott in seinem Wort über Sie sagt – und dies am besten auch laut aussprechen. Ihre Worte sind dann nämlich wie Samenkörner des Glaubens, die in Ihrem Innern zu wachsen beginnen. Deswegen heißt es auch: „Der Schwache spreche: Ich bin stark!" (Joel 4,10; LÜ). Wenn Sie Ihrem Glauben eine Stimme geben und das Wort Gottes laut aussprechen, dann, so lesen wir in der Bibel, wird Gott selbst dafür sorgen, dass sein Wort in Ihrem Leben wirken kann.

Machen Sie allerdings nicht den Fehler und graben Sie die Samenkörner wieder aus, indem Sie etwas sagen, das Ihrem Glauben widerspricht! Lassen Sie nicht zu, dass Worte der Niederlage aus Ihrem Mund kommen, sondern begießen Sie die Samenkörner, indem Sie das Wort Gottes immer und immer wieder laut aussprechen. Danken Sie ihm schon morgens nach dem Aufwachen dafür, dass seine Verheißungen sich in Ihrem Leben erfüllen werden, und Sie werden erleben, wie sie tatsächlich wahr werden. Seien Sie gewiss, dass Sie das siegreiche Leben führen werden, das Gott für Sie bereithält!

EIN GEBET FÜR HEUTE

Ich preise dich dafür, Vater, dass du ein guter und treuer Gott bist. Demütig komme ich heute vor dich und vertraue dir mein Denken, Reden und Handeln an. Mache mich darauf aufmerksam, wenn ich etwas sage, das zu Zweifel, Mutlosigkeit und Pessimismus führt, damit ich es ändern kann. Bitte hilf mir, meinem Glauben eine Stimme zu geben, die Tag für Tag dein Wort bezeugt. Ich wünsche mir, dass du Gefallen an meinen Worten und Gedanken hast. In Jesu Namen, amen.

IMPULS FÜR DEN TAG

Worte haben schöpferische Kraft. Wenn Sie etwas aussprechen, dann erwecken Sie damit Ihren Glauben zum Leben. Das Beste, was Sie in dieser Hinsicht tun können, ist es, sich jeden Morgen etwas Zeit zu nehmen, um positive Gedanken und Aussagen laut über Ihr Leben auszusprechen. Rufen Sie sich jeden Tag Folgendes ins Bewusstsein: „Ich bin zuversichtlich. Ich bin wertvoll. Ich bin einzigartig. Ich bin ein Kind des Höchsten", und Sie werden erleben, wie Gottes Verheißungen für Ihr Leben in Erfüllung gehen.

AUßERGEWÖHNLICHER SEGEN

BIBELVERS FÜR DEN TAG

[...] Wer aber Gott gehorcht, dessen Leben gleicht einem Sonnenaufgang: Es wird heller und heller, bis es lichter Tag geworden ist.

SPRÜCHE 4,18-19

Jeder von uns wird mit Herausforderungen konfrontiert, und wir alle stoßen von Zeit zu Zeit auf Hindernisse, die es für uns zu überwinden gilt. Doch wenn wir die richtige Perspektive behalten, hilft uns das, nicht den Glauben zu verlieren, sondern siegreich vorwärtszugehen. Vielleicht kommt es Ihnen gerade so vor, als würden Sie die Herausforderungen in Ihrem Leben regelrecht überwältigen. Wahrscheinlich haben auch Sie die gängige Annahme verinnerlicht, dass Durchschnittsmenschen durchschnittliche Probleme haben und ganz gewöhnliche Menschen es mit gewöhnlichen Herausforderungen zu tun bekommen. Aber vergessen Sie nicht: Sie sind nicht durchschnittlich. Sie sind nicht gewöhnlich. Sie sind außergewöhnlich, denn Gott hat Ihnen sein Leben eingehaucht. Dadurch sind Sie etwas Besonderes und besondere Menschen müssen sich auch besonderen Schwierigkeiten stellen. Die gute Nachricht ist allerdings, dass wir es auch mit einem außergewöhnlichen Gott zu tun haben! Er überschüttet uns mit seiner außergewöhnlichen Gnade, mit seiner außergewöhnlichen Weisheit und seinem außergewöhnlichen Segen!

Wenn Sie also ein außergewöhnliches Problem haben, dann verlieren Sie nicht den Mut. Ihr Weg führt Sie nicht in die Dunkelheit, sondern ins Licht. Stehen Sie fest im Glauben, berufen Sie sich auf eine siegreiche Zukunft und nehmen Sie Gottes Gunst in Anspruch, die er jeden Tag aufs Neue für Sie bereithält!

EIN GEBET FÜR HEUTE

Vater im Himmel, ich blicke hinauf zu dir und gebe dir Lob und Ehre. Ich weiß, dass du mir zur Seite stehst und mir ein außergewöhnliches Leben schenken möchtest. Hilf mir, die richtige Perspektive zu behalten und vorwärtszugehen. Ich danke dir dafür, dass du mein Leben mit deiner außergewöhnlichen Gnade, mit außergewöhnlicher Weisheit und außergewöhnlichem Segen überschüttest. Ich entscheide mich heute dafür, fest im Glauben zu stehen, weil ich weiß, dass du einen guten Plan für mein Leben hast. In Jesu Namen, amen.

IMPULS FÜR DEN TAG

Es wird im Leben immer wieder Dinge geben, die Sie herunterziehen und Ihnen Ihr Selbstwertgefühl rauben. Umso wichtiger ist es, dass Sie sich jeden Morgen ins Bewusstsein rufen, wer Sie sind und wer Ihr Schöpfer ist. Ihr Wert besteht darin, zu wem Sie gehören. Sie sind Gottes Meisterwerk. In Ihren Adern fließt königliches Blut. Gottes außergewöhnlicher Segen gilt für jeden Bereich Ihres Lebens. Richten Sie sich also auf und nehmen Sie die Haltung eines Königskindes ein.

KEIN MANGEL

BIBELVERS FÜR DEN TAG

Der Herr, euer Gott, bringt euch in ein gutes Land. Es ist reich an Grundwasser, an Quellen und Bächen, die in den Bergen und Tälern entspringen.

5. MOSE 8,7

Genau wie für das Volk Israel hat Gott auch für Sie einen Ort zum Leben vorbereitet. Denken Sie daran, dass es an diesem Ort keinen Mangel geben wird – keinen Mangel an Rohstoffen, keinen Mangel an Möglichkeiten, keinen Mangel an Kreativität und auch keinen Mangel an Freundschaften, Freude und Frieden. In seinem guten Land wird es Ihnen garantiert an nichts mangeln!

Jedes Mal wenn Sie in Versuchung geraten, niedergeschlagen zu sein oder auf all das zu schauen, was Sie gerade nicht haben, kehren Sie Ihre Gedanken um und sagen Sie: „Herr, ich danke dir, dass du mich in das Land führst, das du für mich vorgesehen hast – in ein Land des Segens, in dem sich meine Gaben und Talente voll entfalten können. In ein gutes Land, in dem ich gesund, glücklich und heil leben kann, ein Land, in dem ich und mein ganzes Haus dir die Ehre geben werden!"

EIN GEBET FÜR HEUTE

Vater, ich danke dir für deine Güte. Danke, dass du mich versorgst und mir nichts Gutes vorenthältst. Hilf mir, das gute Land, das du für mich vorbereitet hast, schon jetzt mit den Augen des Glaubens zu sehen. Ich bin gewiss, dass es dort keinen Mangel geben wird – keinen Mangel an Möglichkeiten, Kreativität, Freundschaften, Freude oder Frieden! Hilf mir, so zu leben, wie du es dir wünschst, und dir durch alles, was ich tue, die Ehre zu geben. In Jesu Namen, amen.

IMPULS FÜR DEN TAG

Nehmen Sie heute Morgen Folgendes ganz tief in sich auf: Gott führt Sie in ein gutes Land, in dem es Wachstum, neue Chancen und unendliche Möglichkeiten für Sie gibt. Ein Land, in dem Sie im Überfluss leben werden! Wenn Sie gerade an einem Ort sind, der nicht schön und weiträumig ist, dann ziehen Sie weiter. Der Gott des Überflusses wird Sie in ein wunderschönes Land führen, in dem Sie ausreichend Platz zum Leben haben werden.

GOTT WIRKT ZU IHREM BESTEN

BIBELVERS FÜR DEN TAG

Das eine aber wissen wir: Wer Gott liebt, dem dient alles, was geschieht, zum Guten. Dies gilt für alle, die Gott nach seinem Plan und Willen zum neuen Leben erwählt hat.

RÖMER 8,28

Gott will jede Not gebrauchen, unter der Sie leiden, und jedes Unglück, das Sie durchmachen, zum Guten nutzen. Er will Ihnen ganz sicher nicht das Leben schwer machen. Im Gegenteil: Gottes Wunsch ist es, Ihre schwierige Situation auf übernatürliche Weise umzukehren und sie zu nutzen, um daraus etwas Gutes für Sie entstehen zu lassen. Er wünscht sich, dass Sie aus schweren Zeiten gestärkt und innerlich gereift hervorgehen! Güte, Barmherzigkeit und unerschütterliche Liebe sind Gottes Plan für Sie.

Vielleicht können Sie nicht alles verstehen, was zurzeit in Ihrem Leben vorgeht, aber verlieren Sie nicht den Mut und lassen Sie den Kopf nicht hängen. Sie können sicher sein, dass Gott in Ihrem Leben wirkt. Bleiben Sie ihm treu, und tun Sie weiterhin das Richtige in der Gewissheit, dass Gott für Sie alles zum Besten wenden wird.

Wenn Gott für Sie ist, wer kann dann gegen Sie sein? Niemand. Der Eine in Ihnen ist größer als jeder, der sich gegen Sie stellen könnte. Was auch immer heute um Sie herum geschieht, Sie können lächeln, denn Gott wird Ihnen alles zum Besten dienen lassen, weil er Sie unendlich liebt!

EIN GEBET FÜR HEUTE

Vater im Himmel, ich preise dich für deine Güte, deine Barmherzigkeit und deine unendliche Liebe. Danke für alles, was du schon für mich getan hast und in Zukunft noch tun wirst. Ich vertraue darauf, dass du mir alles zum Besten dienen lassen wirst. Ich bin gewiss, dass ich stärker und innerlich gereift aus der schwierigen Situation hervorgehen werde! Hilf mir, auf dich zu schauen, stark zu bleiben und deine Güte fest im Blick zu behalten. In Jesu Namen, amen.

IMPULS FÜR DEN TAG

Gott hat die vollständige Kontrolle über alles. Sie müssen nicht beunruhigt sein, wenn etwas nicht so läuft, wie Sie es sich vorgestellt haben. Hören Sie auf, sich durch Kleinigkeiten die Freude rauben zu lassen. Das Leben ist zu kurz, um pessimistisch, beleidigt und mutlos zu sein. Vertrauen Sie darauf, dass Gott Ihre Schritte lenkt. Üben Sie sich im Glauben daran, dass er die Kontrolle über Ihr Leben hat. Sie können ruhig und gelassen bleiben. Halten Sie nur an Ihrem Glauben fest; Gott hat versprochen, dass Ihnen alles zum Besten dienen wird.

ICH KANN DAS!

BIBELVERS FÜR DEN TAG

Alles kann ich durch Christus, der mir Kraft und Stärke gibt.

PHILIPPER 4,13

Wann haben Sie das letzte Mal laut gesagt: „Ich kann das!"? Diese Worte kommen einem nicht so ohne Weiteres über die Lippen, oder? Im Gegenteil, Menschen heben eher ihre Unzulänglichkeiten und Einschränkungen hervor und stellen Ihre Schwächen in den Vordergrund. Doch die Bibel findet klare Worte dazu: Dem, der glaubt, ist alles möglich. Und das stimmt wirklich! Sie können tatsächlich erleben, wie Ihre Träume in Erfüllung gehen. Es ist möglich, dass Sie ein bestimmtes Hindernis überwinden. Sie sind in der Lage, ganz neue Höhen zu erklimmen. Sie sind mit allem ausgestattet, was Sie brauchen, um Ihre Bestimmung zu erfüllen. Sie wissen vielleicht noch nicht, wie das gehen soll, aber das müssen Sie auch nicht. Alles, was Sie wissen müssen, ist Folgendes: Wenn Gott sagt, dass Sie es können, dann können Sie es auch!

Fangen Sie am besten gleich heute damit an, sich für neue Chancen und Möglichkeiten zu öffnen, indem Sie einfach diesen Vers für sich persönlich in Anspruch nehmen: „Alles kann ich durch Christus, der mir Kraft und Stärke gibt." Nutzen Sie die Zeit, wenn Sie an einer roten Ampel warten oder wenn Sie in der Schlange an der Kasse im Supermarkt stehen, und rufen Sie sich diesen Vers in Erinnerung. Lassen Sie ihn ganz tief in Ihr Herz sinken und glauben Sie mir: Er wird Sie verändern! Er wird Ihren Glauben neu entfachen, sodass Sie mutig all den Segen empfangen können, den Gott für Sie bereithält.

EIN GEBET FÜR HEUTE

Vater, ich preise dich und danke dir, dass du mich durch deinen Heiligen Geist dazu befähigst, alles zu tun, wozu du mich berufen hast. Ich will nicht auf meine Unzulänglichkeiten schauen, sondern darauf, wie groß du bist. Ich weiß, dass ich nicht allein bin, denn du hast versprochen, bei mir zu sein. Ich nehme heute deine Kraft, deine Gnade und Barmherzigkeit an. Danke, dass du deine segnende Hand über mich hältst, wenn ich dir meinen Weg anvertraue. Ich weiß, dass ich durch Jesus alles tun kann. In Jesu Namen, amen.

IMPULS FÜR DEN TAG

Gott weiß um jeden Kampf, jede Versuchung und jedes Hindernis, mit dem Sie jemals konfrontiert werden. Und er hat Sie bereits jetzt mit der nötigen Kraft für diese Herausforderungen ausgerüstet. Sagen Sie also nicht: „Das ist mir zu schwer. Damit werde ich niemals fertig." Stehen Sie morgens auf und erwarten Sie Gutes von dem Tag, der vor Ihnen liegt. Und dann konzentrieren Sie sich voll und ganz auf Ihre Vision, und gehen Sie Ihren Weg in der Gewissheit, dass Gott Sie dafür ausgerüstet hat. Sie können und werden es schaffen!

DER ENDGÜLTIGE SIEG

BIBELVERS FÜR DEN TAG

Dies alles habe ich euch gesagt, damit ihr durch mich Frieden habt. In der Welt werdet ihr hart bedrängt, aber lasst euch nicht entmutigen: Ich habe diese Welt besiegt.

JOHANNES 16,33

Wenn man vor Problemen und Herausforderungen steht, fühlt man sich leicht überfordert oder entmutigt; man fühlt sich verloren und unsicher, wenn man an die Zukunft denkt. In solch einer Situation ist es wichtig, seine Gedanken ganz auf Gott auszurichten, denn er hat uns versprochen, dass wir seinen Frieden haben können, egal, was passiert. Wir können seine unendliche Liebe spüren. Wir können beruhigt und zuversichtlich sein, denn er hat die Welt bereits besiegt.

Entscheidend dabei ist es, die Ewigkeitsperspektive einzunehmen. Wir müssen wissen, dass die Prüfungen und Schwierigkeiten, vor die wir gestellt werden, nur vorübergehend sind. Wir erleben zwar Trauriges im Leben und müssen mit Verlusten fertigwerden, aber mit Gott an unserer Seite haben wir den endgültigen

Sieg bereits erstritten. Hier auf der Erde erleben wir traurige und schmerzhafte Zeiten, aber Gott selbst ist unser Tröster und wird am Ende all unsere Tränen abwischen.

Denken Sie daran, wenn Schwierigkeiten auftauchen, und konzentrieren Sie sich auf die Tatsache, dass Sie letztlich als Sieger dastehen werden. Lassen Sie sich nicht durch Angst lähmen, sondern setzen Sie Ihren Glauben und Ihre Hoffnung auf Gott. Das, womit Ihnen der Feind schaden will, wird Gott für Sie zum Guten nutzen. Er wird Sie stärker, weiser und lebendiger als je zuvor daraus hervorgehen lassen.

EIN GEBET FÜR HEUTE

Danke, himmlischer Vater, für deinen vollkommenen Frieden und deine unendliche Liebe. Ich lasse heute meine Ängste und Sorgen los. Selbst wenn ich manches nicht verstehe, entscheide ich mich dafür, dir ganz zu vertrauen. Auch wenn ich mich gerade gar nicht siegreich fühle, weiß ich, dass du bei mir bist und dass ich dadurch alles Schwere im Leben überwinden kann. Diese Prüfung wird vorbeigehen und du wirst mir hindurchhelfen. Ich setze meine Hoffnung und mein Vertrauen ganz bewusst auf dich, weil ich weiß, dass du mich niemals enttäuschen wirst. In Jesu Namen, amen.

IMPULS FÜR DEN TAG

Gott verhindert nicht alles Schlimme oder Schwere in unserem Leben, denn Prüfungen und Zeiten der Not bieten auch die Chance zur Weiterentwicklung. Wenn es uns gelingt, unsere Freude und Hoffnung aufrechtzuerhalten, werden wir am Ende jedoch besser als zuvor dastehen. Wir dürfen voller Hoffnung sein, weil wir wissen, dass Gott alles Schwere in unserem Leben letztlich zum Guten gebrauchen wird.

GOTT LIEBT ÜBERRASCHUNGEN

BIBELVERS FÜR DEN TAG

Wenn du auf die Stimme des Herrn, deines Gottes, hörst, indem du auf alle seine Gebote, auf die ich dich heute verpflichte, achtest und sie hältst, wird dich der Herr, dein Gott, über alle Völker der Erde erheben. Alle diese Segnungen werden über dich kommen und dich erreichen, wenn du auf die Stimme des Herrn, deines Gottes, hörst.

5. MOSE 28,1-2; EÜ

Wenn wir von jemandem überrascht werden, fühlen wir uns wie etwas ganz Besonderes. Wir wissen, dass es jemanden gibt, der an uns denkt. Überraschungen machen uns froh und muntern uns auf.

Gott möchte Sie mit seiner Güte überraschen. Er möchte Dinge tun, die Ihnen das Leben leichter machen und Ihnen zeigen, wie sehr er Sie liebt. Er möchte Ihnen helfen, Ihre Träume zu verwirklichen und die Hindernisse, die sich dabei möglicherweise auftun, aus dem Weg zu räumen. Er möchte Sie mit seiner Güte und Barmherzigkeit überraschen und zum Staunen bringen. Deshalb sollten wir uns jeden Morgen direkt nach dem Aufwachen sagen: „Ich kann es kaum erwarten herauszufinden, was Gott heute wieder alles für mich tun will!"

Schaffen Sie in Ihrem Herzen und Denken Raum für all das, was Gott heute in Ihrem Leben tun möchte. Wenn Sie das tun, werden Sie erleben, wie Gott Sie überrascht. Sie werden staunend erkennen, wie Gottes segnende Hand Sie in jedem Bereich Ihres Lebens auf eine ganz neue Ebene hebt.

EIN GEBET FÜR HEUTE

Vater im Himmel, ich danke dir für deine Fürsorge. Ich kann es kaum erwarten zu sehen, was du heute wieder alles für mich tun wirst! Ich öffne jetzt mein Herz und mein Denken für dich und bitte dich, dass du mich erfüllst und mit deiner Güte beschenkst. Hilf mir, einen festen Glauben zu entwickeln und eine innere Haltung, in der ich alles von dir erwarte. Ich bin gewiss, dass ich meine Träume verwirklichen und jedes Hindernis überwinden werde. Ich halte Ausschau nach deinen Überraschungen und gebe dir heute die Ehre. In Jesu Namen, amen.

IMPULS FÜR DEN TAG

In 5. Mose 28,2 (LÜ) lesen wir, dass Gottes Segnungen „über uns kommen werden". Oder anders ausgedrückt: Wenn wir Gott die Ehre geben, ziehen wir seine Segnungen und seine Güte förmlich an. Wenn wir Gott an die erste Stelle setzen, dann überrascht er uns mit seinem Wohlwollen. Wir bekommen unerwartete Aufstiegschancen oder es ergeben sich von Gott eingefädelte Kontakte. Unser Gesundheitszustand verbessert sich plötzlich oder es ergibt sich eine gute Chance für uns. Das alles ist kein Zufall – es ist der von Gott ausgesprochene Segen über unserem Leben.

BERGE VERSETZEN

BIBELVERS FÜR DEN TAG

Jesus erwiderte: „Ich versichere euch: Wenn ihr Gott vertraut und nicht zweifelt, könnt ihr noch mehr als das tun. Ihr könnt sogar zu diesem Berg sagen: ‚Hebe dich von der Stelle und stürze dich ins Meer!', und es wird geschehen."

MATTHÄUS 21,21

Jeder Mensch erlebt Zeiten, in denen er sich durch die anstehenden Herausforderungen überfordert fühlt. In solchen Zeiten ist die Versuchung groß, ständig darüber zu reden, wie schlimm doch alles ist. Sie haben vielleicht eine schlimme Diagnose bekommen oder kämpfen gerade mit finanziellen Problemen, aber je mehr Sie über etwas reden, desto größer wird das Problem in Ihren Gedanken.

Wehren Sie sich stattdessen dagegen und sagen Sie: „Davon lasse ich mich nicht unterkriegen. Ich werde mich nicht selbst krank reden. Ich werde dem Mangel und der Angst nicht das Wort reden, sondern ich entscheide mich dafür zu glauben, was im Wort Gottes steht. Dort heißt es nämlich: ‚Ich vermag alles durch den, der mich mächtig macht' (Philipper 4,13; LÜ). Mit Gottes Hilfe kann ich diese Krankheit besiegen. Ich kann die Sucht besiegen. Ich kann in meiner Familie Frieden stiften."

Und denken Sie daran: Auch wenn Sie selbst keine Ahnung haben, wie das alles funktionieren soll – Gott weiß es. Sprechen Sie sein Wort über den „Bergen" in Ihrem Leben aus und berufen Sie sich auf die Zusage seiner Gunst. Statt mit Gott darüber zu sprechen, wie groß Ihr Problem ist, sagen Sie lieber Ihrem Problem, wie groß Ihr Gott ist! Wenn Sie auf diese Weise zu den Bergen in Ihrem Leben sprechen, dann werden Sie Gottes Sieg erleben!

EIN GEBET FÜR HEUTE

Danke, Vater, für deine Kraft und deinen Trost in schweren Zeiten. Ich werde mich nicht von den Schwierigkeiten in meinem Leben überwältigen lassen. Ich weiß, dass ich alles tun kann durch Christus, der mich stark macht. Ich diene einem mächtigen Gott und deshalb sage ich heute zu den Bergen in meinem Leben: „Aus dem Weg mit euch!" Danke, Vater, für deinen Segen. In Jesu Namen, amen.

IMPULS FÜR DEN TAG

In der Bibel wird von einem Mann namens Serubbabel berichtet, der auch vor einem großen „Berg" stand. Er hatte nämlich den Auftrag, den Tempel in Jerusalem wieder aufzubauen – eine gewaltige Aufgabe, vor allem deshalb, weil seine Feinde jeden seiner Schritte zu behindern versuchten. Doch für Gott war Serubbabels Sieg bereits beschlossene Sache und er ließ ihm Folgendes ausrichten: „Ein Berg von Hindernissen wird sich vor dir auftürmen, aber ich räume sie aus dem Weg. Wenn der Tempel wieder aufgebaut ist, wirst du den Schlussstein einsetzen – unter dem Jubel des Volkes" (Sacharja 4,7). Das Gleiche gilt auch für uns: Mit Gott an unserer Seite ist kein Berg zu groß!

IM VORAUS DANKEN

BIBELVERS FÜR DEN TAG

Noch trägt der Feigenbaum keine Blüten, und der Weinstock bringt keinen Ertrag [...]. Und doch will ich jubeln, weil Gott mich rettet, der Herr selbst ist der Grund meiner Freude!

HABAKUK 3,17-18

Wir alle haben Träume und Ziele, die Gott in unsere Herzen gelegt hat, Dinge, auf die wir unseren Glauben setzen, und Situationen, für deren Veränderung wir beten. Solche Träume, Ziele und Anliegen sind vergleichbar mit Samenkörnern. Sie gehen nicht von einem Tag zum anderen auf. Es gibt immer wieder Phasen, in denen wir einfach abwarten müssen. Die Zeit zwischen jenem Moment, in dem wir anfangen zu beten, bis zum Augenblick der Erfüllung wird auch als „Prüfung unseres Glaubens" bezeichnet. Es ist die Phase, in der viele von uns den Mut verlieren und aufgeben. Sie fangen an, negative Gedanken zuzulassen, wie beispielsweise: *Das wird doch niemals passieren. Es dauert einfach schon viel zu lange.*

Doch die Samenkörner sind immer noch da. Sie schlummern im Boden, aber sie sind quicklebendig und tragen nach wie vor ihr ganzes Wachstumspotenzial in sich. Jetzt ist es an Ihnen, diese Samenkörner zu gießen. Das tun Sie, indem Sie Gott schon im Voraus danken und sich auf sein Wort berufen. Warten Sie nicht, bis die Verheißung erfüllt ist, sondern danken Sie ihm jetzt schon dafür, dass er Ihr Gebet bereits erhört hat!

Was auch immer heute auf Sie zukommt, Sie können ganz sicher sein, dass Gott größer ist als all das. Er hat auf alles eine Antwort und ist hinter den Kulissen am Werk, um die Dinge zu Ihrem Besten dienen zu lassen. Sprechen Sie mehrmals am Tag folgendes Gebet: „Danke Vater, dass alles, was ich anfasse, gedeiht und gelingt. Danke, dass deine Gunst mich umgibt wie ein Schild." Danken Sie Gott im Voraus und halten Sie an seinen Verheißungen fest!

EIN GEBET FÜR HEUTE

Vater, ich liebe dich und preise dich von ganzem Herzen. Ich entscheide mich heute ganz bewusst dafür, mich in dir zu freuen, weil ich weiß, dass der Sieg kommen wird. Wie auch immer die Umstände aussehen mögen, ich weiß, dass du größer bist als all das! Ich bin gewiss, dass du meine Wünsche und Sehnsüchte erfüllen wirst. Ich vertraue darauf, dass du hinter den Kulissen wirkst und jede deiner Verheißungen in die Tat umsetzen wirst. In Jesu Namen, amen.

IMPULS FÜR DEN TAG

Schenken Sie den Lügen des Feindes keinen Glauben, sondern bleiben Sie Gott treu und ehren Sie ihn durch Ihr Reden und Handeln. Machen Sie es sich zur Gewohnheit, Gott dafür zu danken, dass er die Kontrolle hat. Danken Sie ihm dafür, dass er für Sie kämpft und Ihnen neue Türen öffnen wird. Danken Sie ihm, dass keine Waffe, die gegen Sie gerichtet ist, ihr Ziel treffen wird. Seien Sie zufrieden in dieser Zeit des Wartens, denn die Ernte wird kommen!

STARK SEIN IN SCHWIERIGEN ZEITEN

BIBELVERS FÜR DEN TAG

Fürchte dich nicht, denn ich stehe dir bei; hab keine Angst, denn ich bin dein Gott! Ich mache dich stark, ich helfe dir, mit meiner siegreichen Hand beschütze ich dich!

JESAJA 41,10

Wenn man sich heutzutage in der Welt umschaut, dann kann einem wirklich angst und bange werden, und auch die eigenen Umstände können einem manchmal ziemlich überwältigend vorkommen. Vielleicht befindet sich Ihre Firma in einer Krise oder Sie haben bereits Ihren Job verloren; vielleicht kriselt es in einer Beziehung oder Sie machen sich Gedanken über die Wirtschaftslage.

In solchen Zeiten ist es wichtig, immer daran zu denken, dass Gott versprochen hat, uns niemals im Stich zu lassen. Und er ist nicht nur einfach da, sondern er stärkt uns und wappnet uns gegen jede Schwierigkeit. Im Klartext heißt das: Wenn schwere Zeiten kommen, prallen sie einfach an Ihnen ab, weil Sie nicht zulassen, dass Ihnen Ihre Umstände den Frieden und die Freude rauben –

einfach weil Sie eine innere Haltung haben, die besagt: „Das mag zwar ein großes Problem sein, aber Gott ist größer!"

Denken Sie daran, dass der Feind nicht hinter ihrem Portemonnaie oder Ihrer Kreditkarte her ist – letztlich will er Ihnen Ihren Frieden und Ihre Freude rauben. Wenn ihm das gelingt, dann kann er Sie dadurch erheblich schwächen. Wenn Sie aber im Gebet immer mit dem Vater verbunden bleiben, wenn Sie in der Bibel lesen und sich mit Gottes Wort beschäftigen und wenn Sie sich auf Gottes Verheißungen für Ihr Leben berufen, dann sind Sie gegen alle Schwierigkeiten gewappnet und sicher in Gottes Hand geborgen.

EIN GEBET FÜR HEUTE

Vater, ich danke dir für deine Kraft und Barmherzigkeit in schwierigen Zeiten. Ich lasse heute meine Angst los und werde mir durch nichts meine Freude rauben lassen. Ich vertraue dir, denn du hältst mich in deiner starken Hand. Ich weiß, dass du einen guten Plan für mich hast. Erfülle mich mit deiner übernatürlichen Freude und deinem Frieden. In Jesu Namen, amen.

IMPULS FÜR DEN TAG

Treten Sie heute Morgen einmal einen Schritt zurück und betrachten Sie Ihr Leben mit etwas Abstand. Machen Sie sich klar, dass Sie in Gottes Hand geborgen sind, und lassen Sie seinen Frieden in Ihr Herz einziehen. Er weiß, was in Ihrem Leben gerade los ist, und wenn es schwierig ist, dann werden Sie damit fertigwerden. Der Prophet Jesaja hat gesagt, dass wir bei Gott Zuflucht suchen sollen. Stehen Sie jeden Morgen auf und sagen Sie sich selbst: „Ich bin bereit und werde mit allem fertig, was auf mich zukommt, weil Gott mich stark macht."

FÄHIGKEITEN AUSBAUEN

BIBELVERS FÜR DEN TAG

Er hat die beiden mit Weisheit erfüllt und sie fähig gemacht, alle Arbeiten [...] auszuführen.

2. MOSE 35,35

Es kann leicht passieren, dass man in eine Art Schicksalsergebenheit verfällt. Man fühlt sich eigentlich ganz wohl damit, wie es gerade ist. Man strengt sich nicht mehr an, geht nicht an seine Grenzen und lernt nichts Neues mehr dazu.

Prinzipiell ist nichts daran auszusetzen, wenn Sie mit dem zufrieden sind, was Sie haben, aber vergessen Sie nicht, dass noch viel mehr in Ihnen steckt. Sie sind dazu geschaffen, Ihre Fähigkeiten weiterzuentwickeln. Untersuchungen haben ergeben, dass der Durchschnittsmensch nur elf Prozent seiner Hirnkapazität nutzt. Überlegen Sie einmal, wie viel Potenzial also noch brachliegt!

Nehmen wir einmal an, Sie sind Buchhalterin. Das ist ein guter und ehrenwerter Beruf, aber haben Sie schon einmal darüber nachgedacht, sich weiterzubilden und Wirtschaftsprüferin zu werden? Es ist immer möglich, sich neue Fähigkeiten anzueignen. Es ist ein Geschenk, das Ihnen Raum zur Entfaltung gibt.

Vielleicht sind Sie ja auch Elektriker, Mechaniker oder Klempner, ebenfalls alles großartige Berufe, aber was tun Sie, um sich weiterzuentwickeln? In der heutigen Zeit sind Sie klar im Nachteil, wenn Sie sich nicht weiterbilden und immer noch auf demselben Stand wie vor fünf Jahren sind.

Schütteln Sie heute Ihre Schicksalsergebenheit ab und beginnen Sie, Ihre Fähigkeiten weiterzuentwickeln. Loten Sie Ihre Grenzen aus und bewegen Sie sich vorwärts in dem segensreichen Leben, das Gott für Sie vorgesehen hat!

EIN GEBET FÜR HEUTE

Vater, ich preise dich für jedes gute und vollkommene Geschenk, das ich von dir bekommen habe. Ich vertraue dir mein Leben als lebendiges Opfer an und erkläre mich bereit, deinen Willen zu tun. Ich will meine Begabungen dazu einsetzen, um dir die Ehre zu geben. Zeige mir, wie ich meine Fähigkeiten ausbauen, meine Begabungen nutzen und mich weiterentwickeln kann. Hilf mir, immer mein Bestes zu geben. In Jesu Namen, amen.

IMPULS FÜR DEN TAG

Gott schenkt Ihnen in Ihrem Leben immer wieder Phasen, in denen Sie sich weiterentwickeln können. Er holt Sie aus Ihrer Bequemlichkeit heraus und führt Sie in Situationen, die Ihren Glauben an seine Grenzen bringen. Das tut er, weil er etwas noch Besseres für Sie bereithält. Er will neue Türen für Sie öffnen und Sie in seiner Gunst auf ganz neue Ebenen bringen. Es mag zwar unbequem sein, aber Gott liebt Sie zu sehr, als dass er Sie einfach nur in Ruhe lassen würde.

JEDEN MOMENT

BIBELVERS FÜR DEN TAG

Ich verspreche dir: Ich werde noch einmal einen Bund mit euch schließen. Vor den Augen deines ganzen Volkes will ich Wunder vollbringen, wie sie bisher bei keinem Volk auf der Welt geschehen sind. Wenn die Israeliten sehen, was ich mit dir tue, werden sie große Ehrfurcht vor mir haben!

2.MOSE 34,10

Gott sagt, dass er großartige Dinge vollbringen wird. Wenn Gott von etwas „Großartigem" spricht, dann meint er damit kein Rinnsal, keinen Fluss und auch keinen Strom, sondern er meint eine regelrechte Flut an Segen, eine Flut an Ideen, eine Flut an Heilung. Es mag gerade vielleicht noch nicht den Anschein haben, aber denken Sie daran, dass die Flut jederzeit über Sie hereinbrechen kann. Der Himmel kann sich jeden Moment öffnen. Jeden Moment können Sie der richtigen Person begegnen. Jeden Moment kann Gott ein Wunder tun, etwas, das Sie noch nie zuvor erlebt haben.

Aber die eigentliche Frage ist doch, ob Sie diese Saat keimen und Wurzeln schlagen lassen wollen. Auch wenn alles und jeder dagegenzusprechen scheint: Gott möchte in Ihrem Leben Wunder tun! Warum stimmen Sie ihm also nicht einfach zu und sagen: „Gott, heute bin ich gemeint. Ich steigere meine Erwartung. Ich schüttle Zweifel, Pessimismus, Enttäuschung, Selbstmitleid, Kleinglauben und zu niedrig gesteckte Ziele ab und schaffe Platz für deine Segensflut!“

EIN GEBET FÜR HEUTE

Vater, ich liebe dich und preise dich! Ich glaube, dass du heute etwas ganz Besonderes in meinem Leben tun willst. Ich vertraue dir meine Gedanken, Worte und Überzeugungen an und ich schüttle Zweifel, negatives Denken, Enttäuschung und Selbstmitleid ab. Ich rechne mit deiner Segensflut, mit einer Flut an Ideen, Heilung und Erneuerung. Ich schaue auf dich, und ich weiß, dass ich erleben werde, wie du in meinem Leben Wunder tust. Herr, überrasche mich mit deiner Güte. In Jesu Namen, amen.

IMPULS FÜR DEN TAG

Die Weichen sind gestellt. Sie geben Gott die Ehre. Sie sind treu. Sie haben die Prüfung bestanden. Und nun sagt Gott: „Mach dich bereit. Ich werde meine Güte über dir ausgießen und dir neue Möglichkeiten eröffnen. Glaube mir, du wirst überwältigt sein von meinem Segen, der alles übersteigt, was du dir vorstellen kannst. Du wirst Höhen erreichen, in die du allein niemals gelangt wärst. Du wirst ein Leben im Überfluss führen.“

WENN GOTT DIE SCHLEUSEN ÖFFNET

BIBELVERS FÜR DEN TAG

Sie fürchteten sich nicht, so sicher führte er sie; für ihre Feinde aber wurde das Meer zum Grab.

PSALM 78,53

Nichts kann die Kraft von Wassermassen bremsen. Ein Wasserstand von einem Meter Höhe kann ein tonnenschweres Auto anheben und forttragen. Sie haben in den Nachrichten wahrscheinlich auch schon einmal Bilder von Überschwemmungen durch Dammbrüche oder starke Regenfälle gesehen, bei denen die Wassermassen ganze Häuser fortgerissen haben.

Gibt es in Ihrem Leben gerade Hindernisse, die Ihnen unüberwindbar erscheinen, oder Träume, die einfach nicht in Erfüllung gehen wollen? Dann möchte ich Ihnen Mut machen: Wenn Gott eine Flutwelle seiner Kraft loslässt, dann wird sie durch nichts und niemanden aufzuhalten sein. Eine Krankheit mag bedrohlich wirken, aber wenn Gott eine Flut an Heilung schickt, dann hat sie keine Chance. Ihre Gegner mögen stärker sein, mehr Geld haben und besser ausgerüstet sein als Sie, aber wenn Gott die Schleusen öffnet, dann werden sie Ihnen nichts entgegenzusetzen haben. Sie haben vielleicht nicht die Beziehungen oder Mittel, die Sie gerade brauchen, aber wenn Gott seine Segensflut loslässt, werden von überallher Menschen kommen und Ihnen helfen. Es werden sich ganz unerwartet neue Chancen und Möglichkeiten für Sie ergeben.

Machen Sie sich also bereit, und zwar nicht für ein Rinnsal, nicht für einen Strom, nicht für einen Fluss, sondern für eine Flut an Gottes Segen und Güte. Glauben Sie mir: Es kommt ein regelrechter Wirbelsturm an Verbesserungen auf Sie zu!

EIN GEBET FÜR HEUTE

Vater, ich danke dir dafür, dass deine unvorstellbare Kraft in meinem Leben wirkt. Ich lasse mich nicht durch Hindernisse von meinem Weg abbringen, weil ich weiß, dass du größer bist als alles, was sich mir in den Weg stellen will. Ich weiß, dass mir nichts schaden kann. Ich glaube fest daran, dass deine Schleusen geöffnet sind und dass eine Flutwelle deiner Güte mir in jedem Bereich meines Lebens den Weg zum Sieg ebnen wird. In Jesu Namen, amen.

IMPULS FÜR DEN TAG

Als sich König David während einer Schlacht in einer scheinbar ausweglosen Situation befand, bat er Gott um Hilfe. Und Gott schenkte ihm einen derart überwältigenden Sieg, dass David sagte: „Wie Wassermassen einen Damm durchbrechen, so hat der Herr heute die Schlachtreihen der Feinde vor meinen Augen durchbrochen" (2. Samuel 5,20). Er nannte den Ort Baal-Perazim, was so viel bedeutet wie „Herr des Durchbruchs". Ich versichere Ihnen: Wenn der Herr des Durchbruchs seine Kraft in Ihrem Leben freisetzt, dann wird es auch Ihnen wie eine regelrechte Flut vorkommen.

HILFE IST UNTERWEGS

BIBELVERS FÜR DEN TAG

Wir aber haben den Herrn, unseren Gott, auf unserer Seite! Er will uns helfen, er wird für uns kämpfen!

2. CHRONIK 32,8

Wir haben es mit einem Gott zu tun, der reagiert und zur Tat schreitet, wenn der Feind uns angreift. Gott lehnt sich dann nicht zurück und denkt: *Nun, mal sehen, was als Nächstes passiert. Schauen wir mal, was sie jetzt wohl tun werden.* Nein, Gott schreitet ein, weil wir sein kostbares Eigentum sind. Der Verfasser der Psalmen betont: „Der Herr ist denen nahe, die verzweifelt sind, und rettet diejenigen, die alle Hoffnung verloren haben" (Psalm 34,19).

Gott weiß es, wenn Sie eine schlechte Diagnose bekommen haben. Er weiß von Ihren finanziellen Problemen. Er weiß, wenn Sie schlecht behandelt worden sind. Sie selbst merken vielleicht nicht, dass etwas passiert, aber Sie können ganz sicher sein, dass der allmächtige Gott nicht nur Bescheid weiß, sondern dass er bereits dabei ist, etwas für Sie zu tun. Er hat schon eine Lösung parat. Wenn Sie an Ihrem Glauben festhalten, wird er genau zum richtigen Zeitpunkt eine Flut seiner Macht loslassen, eine Flut der Heilung, eine

Flut der Erneuerung. Er wird Ihnen nicht nur aus Ihrer Situation heraushelfen, sondern es wird Ihnen am Ende sogar besser gehen als je zuvor!

EIN GEBET FÜR HEUTE

Danke, Vater, dass du meine Hilfe, meine Zuflucht und meine Stärke bist. Ich weiß, dass du auch in schweren Zeiten bei mir bist, selbst dann, wenn ich keinen Ausweg mehr sehe. Ich glaube, dass du einen Weg bereiten kannst, wo es momentan noch keinen gibt. Du hast schon eine Lösung parat. Ich vertraue darauf, dass du in meinem Leben bereits am Werk bist und mir zum Sieg verhelfen wirst. In Jesu Namen, amen.

IMPULS FÜR DEN TAG

Was erwarten Sie eigentlich von Gott? An was glauben Sie? Sind Sie bereit, Gott Großes zuzutrauen? Es spielt keine Rolle, wer Sie mag und wer nicht. Das einzig Wichtige ist, dass Gott Sie liebt. Er nimmt Sie an. Er steht zu Ihnen und seine Gnade umgibt Sie wie ein Schutzschild. Wenn Sie vorwärtskommen, dann nicht durch menschliche Kraft, sondern durch Gottes Kraft. Wenn Sie den Mut haben, Großes von Gott zu erwarten, dann wird er für Sie kämpfen.

ES IST VOLLBRACHT

BIBELVERS FÜR DEN TAG

Ich bin ganz sicher, dass Gott sein gutes Werk, das er bei euch begonnen hat, zu Ende führen wird, bis zu dem Tag, an dem Jesus Christus kommt.

PHILIPPER 1,6

Es ist interessant, dass die letzten Worte Jesu lauteten: „Es ist vollbracht." Dort am Kreuz sah es ganz sicher nach dem Ende aus. Es schien, als wäre alles vorbei. Aber vielleicht waren die Worte Jesu gar keine sachliche Aussage, sondern vielmehr ein Ausdruck seines Glaubens. So, als sage Jesus zu seinem Vater: „Ich habe meinen Teil getan. Ich habe meine Bestimmung erfüllt und vertraue nun voll und ganz darauf, dass du zu Ende bringen wirst, was du begonnen hast." Denn obwohl es wie das Ende aussah, war es in Wirklichkeit erst der Anfang.

Wenn es finster aussieht in Ihrem Leben, wenn die Dinge so ganz anders zu laufen scheinen als gedacht, dann wagen Sie es doch auch einmal, dieses Glaubensbekenntnis abzulegen: „Es ist vollbracht." Damit drücken Sie im Grunde aus: „Gott, ich weiß, dass du diese Situation zum Guten wenden wirst. Ich weiß, dass du meinen Körper wiederherstellen kannst. Ich weiß, dass du meine Familie heil machen kannst. Ich weiß, dass du für die Chancen sorgen kannst, die ich brauche. Ich habe meinen Teil getan und weiß, dass du jetzt deinen tun wirst." Und denken Sie immer daran, den Sieg über Ihren Umständen auszusprechen, weil Gott treu ist und vollenden wird, was er in Ihnen begonnen hat.

EIN GEBET FÜR HEUTE

Vater, dir sei Lob und Ehre. Danke für deine Treue. Ich danke dir, dass du vollenden wirst, was du in meinem Leben begonnen hast. Ich entscheide mich heute dafür, mein Vertrauen ganz auf dich zu setzen, weil ich weiß, dass sich etwas ändern wird. Ich bin gewiss, dass du meine Situation zum Guten wenden wirst! In jedem Bereich meines Lebens soll dein Wille geschehen. In Jesu Namen, amen.

IMPULS FÜR DEN TAG

Gott wird auch als „Urheber und Vollender unseres Glaubens" bezeichnet. Er schenkt uns nicht nur die Gnade, etwas zu beginnen; er schenkt uns auch die Gnade, es zu Ende zu bringen. Wenn Sie in Versuchung geraten, mutlos zu werden oder einen Traum, eine Beziehung oder ein Projekt aufzugeben, dann erinnern Sie sich daran, dass Sie nicht geschaffen sind, um etwas aufzugeben, sondern um es zu vollenden.

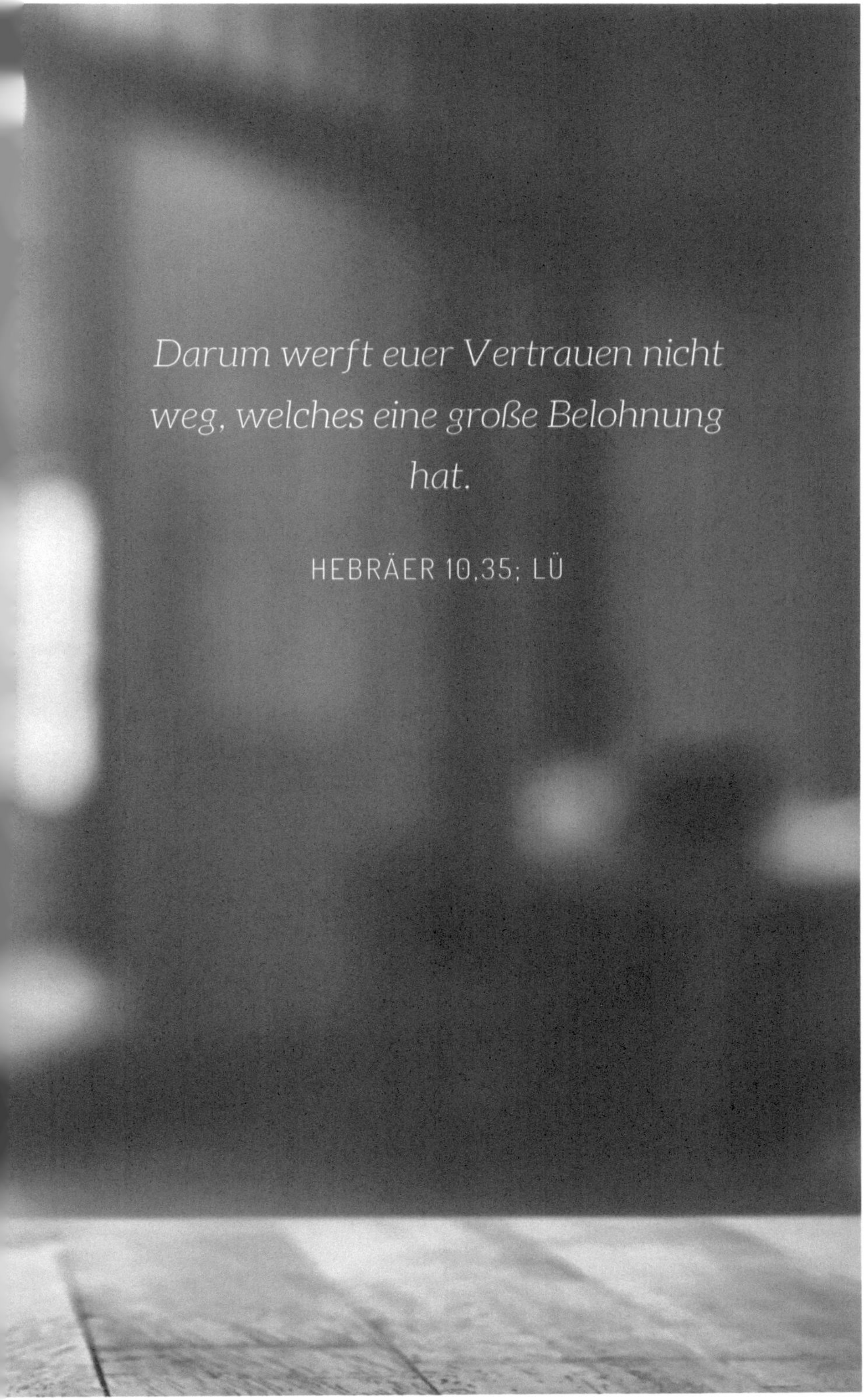

Darum werft euer Vertrauen nicht weg, welches eine große Belohnung hat.

HEBRÄER 10,35; LÜ

UNVERDIENT UND UNERKLÄRLICH

BIBELVERS FÜR DEN TAG

Wer mich findet, der findet das Leben, und an einem solchen Menschen hat der Herr Gefallen.

SPRÜCHE 8,35

Gott liebt Sie. Er ist für Sie und will Ihr Bestes. Er möchte, dass Sie Erfolg und eine gute Zukunft haben. Es ist sein innigster Wunsch, dass Ihnen der Segen und die Verheißungen zuteilwerden, von denen in seinem Wort die Rede ist. All das Gute, das Gott für uns will, wird in der Bibel als seine Gunst bezeichnet. Jeder von uns hat schon einmal Gottes Gunst in seinem Leben erfahren – seine unverdiente und unerklärliche Güte –, auch wenn wir sie vielleicht gar nicht als solche erkannt haben.

Durch Gottes Gunst können Sie ernten, was Sie selbst *nicht* gesät haben. Durch seine Gunst sind Sie beschützt und können vorwärtsgehen. Es öffnen sich immer wieder neue Türen für Sie, und Sie bekommen Zugang zu Orten, an die Sie ohne Gottes Hilfe niemals gelangt wären.

Machen Sie sich heute bewusst, dass Gott in Ihrem Leben einen Segen freisetzen möchte, wie Sie ihn noch nie zuvor erlebt haben!

Das Entscheidende ist, dass Sie mit ihm in Verbindung bleiben – durch Gebet, Lobpreis und Bibellesen. Lassen Sie ihn Ihre Schritte lenken und Ihren Charakter formen und er wird im Gegenzug seine Gnade, seine Barmherzigkeit und seinen Segen über jedem Bereich Ihres Lebens ausschütten.

EIN GEBET FÜR HEUTE

Vater, ich danke dir für deine Barmherzigkeit und deinen Schutz. Ich vertraue darauf, dass du hinter den Kulissen am Werk bist. Ich weiß, dass es dein Plan für mich ist, dass ich vorwärtskomme. Du willst mir Hoffnung und eine Zukunft geben. Ich berufe mich darauf, dass du deine unvergleichliche Gunst in meinem Leben freisetzen wirst! Ich will heute mein Herz und mein Denken auf dich ausrichten und fest mit deiner Güte rechnen. In Jesu Namen, amen.

IMPULS FÜR DEN TAG

Manchmal glauben wir, dass Gott Wichtigeres zu tun hat, als sich ausgerechnet um unseren Job zu kümmern oder darum, dass wir endlich genug Geld zusammenbekommen, um die Reise antreten und unsere Verwandten besuchen zu können. Wir glauben, dass wir Jesus mit so etwas nicht belästigen dürfen. Dabei ist genau das Gegenteil der Fall. Gott ist es, der Ihnen diesen Traum ins Herz gelegt hat, und er möchte Sie durch seine Güte zum Staunen bringen.

GRENZENLOS

BIBELVERS FÜR DEN TAG

Ich habe gesehen, dass alles Vollkommene ein Ende hat, aber dein Gebot bleibt bestehen.

PSALM 119,96; LÜ

Wir dienen einem Gott, der Erstaunliches tun kann! Er kann bewirken, was Medikamente nicht schaffen. Er ist weder durch Ihre Bildung eingeschränkt noch durch Ihren sozialen Status oder die Familie, aus der Sie stammen. Er lässt sich auch nicht davon beeinflussen, was andere über Sie sagen. Gott sitzt nicht etwa im Himmel und überlegt krampfhaft, wie er Sie dazu bringen könnte, Ihrer Bestimmung nachzukommen, denn er weiß ja von Anfang an, wie es ausgehen wird. Er kennt bereits die Lösung für Probleme, die Sie noch gar nicht haben. Er ist allmächtig und allwissend.

Vielleicht hat es in Ihrem Leben Menschen gegeben, die versucht haben, Sie kleinzukriegen. Aber wenn Sie all die Stempel abwaschen, die Ihnen von anderen Menschen aufgedrückt worden sind, dann können Sie sich endlich so sehen, wie Gott Sie sieht, und er kann Sie aufrichten und Sie weiterbringen als je zuvor.

Sie müssen gar nicht alles ergründen und verstehen, denn Gott erwartet nicht mehr von Ihnen, als dass Sie glauben. Und wenn Sie glauben, dann gehen Türen auf, die sich sonst niemals geöffnet hätten. Wenn Sie glauben, dann wird Gott Sie von ganz hinten nach ganz vorne bringen. Lassen Sie sich nicht von dem kleinhalten, was andere über Sie sagen. Denken Sie daran, dass wir einem Gott dienen, der keine Grenzen kennt! Leben Sie in Einklang mit Gott, und Sie werden erleben, wie er auch Ihre Grenzen aufhebt.

EIN GEBET FÜR HEUTE

Ich preise dich, Vater, weil du allmächtig und allwissend bist. Bitte nimm alle Einschränkungen von meinem Leben. Ich löse mich von alten und negativen Denkweisen, indem ich mich mit deinem Wort beschäftige. Ich bin gewiss, dass ich im Glauben und in der Erkenntnis deines Wortes wachsen werde. Danke, dass du mich dir immer ähnlicher machst. In Jesu Namen, amen.

IMPULS FÜR DEN TAG

Gottes Wirken und Handeln wird nicht eingeschränkt durch unsere Bildung, unsere Nationalität oder unseren sozialen Hintergrund. Das Einzige, was ihn in seinem Handeln einschränken kann, ist unser Denken. Wenn Sie glauben, dass Sie an Ihren Grenzen angelangt sind, dann wird es höchstwahrscheinlich auch so sein. Wenn Sie glauben, dass es Ihnen gesundheitlich nie wieder besser gehen wird oder dass Sie Ihre Schulden niemals loswerden, dann wird es wahrscheinlich auch so kommen. Ändern Sie Ihr Denken. Es ist egal, wie unmöglich es Ihnen auch erscheinen mag, denn Gott ist nicht auf das Natürliche beschränkt, und die Mächte der Finsternis können nicht aufhalten, was Gott auf übernatürliche Weise bewirken kann und will.

SEINE BARMHERZIGKEIT IST GRÖẞER

BIBELVERS FÜR DEN TAG

Denn der Herr ist gut zu uns, seine Gnade hört niemals auf, für alle Zeiten hält er uns die Treue.

PSALM 100,5

Wenn Sie einen Fehler gemacht haben, dann ruft das immer auch Kritiker und Schwarzmaler auf den Plan, die Ihnen Dinge sagen wie: „Das war's. Du bist erledigt." Doch wenn Sie sich diesen Stempel tatsächlich aufdrücken lassen, dann wird er Sie letztendlich davon abhalten, die wunderbare Zukunft zu erleben, die Gott für Sie bereithält. Denn Gott sagt: „Meine Barmherzigkeit ist größer als jeder Fehler, den du jemals machen kannst." Er sagt: „Ich kann immer noch dafür sorgen, dass du deine Bestimmung finden und sie auch erfüllen wirst." Und er sagt: „Ich will Schönheit aus der Asche entstehen lassen und all das Unrecht, das dir angetan worden ist, doppelt wiedergutmachen."

Sie wären gar nicht mehr am Leben, wenn Gott nicht einen weiteren Sieg für Sie bereithalten würde. Wieso waschen Sie nicht einfach den „erledigt"-Stempel ab und tun das Gleiche mit dem „Versager"-, „schuldig"- und „verdammt"-Stempel? Stattdessen drücken

Sie sich dann die Stempel „erlöst“, „erneuert“, „befreit“, „strahlende Zukunft“ und „Neuanfang“ auf.

Denken Sie immer daran, dass Sie nach dem Bild des allmächtigen Gottes geschaffen sind und dass Gott dabei keine Fehler gemacht hat. Sie haben genau die richtige Persönlichkeit, die richtigen Begabungen, das richtige Aussehen und die richtige Hautfarbe. Sie sind weder ein Unfall noch ein Zufall. Gott hat Sie perfekt ausgestattet für den Weg, der vor Ihnen liegt.

EIN GEBET FÜR HEUTE

Vater, ich danke dir für deine große Barmherzigkeit und dafür, dass du mich mit allem ausgerüstet hast, was ich für mein Leben brauche. Ich entscheide mich heute ganz bewusst dafür, alle negativen Stempel abzuwaschen und denen zu vergeben, die sie mir aufgedrückt und mir dadurch geschadet haben. Ich will niemandem Glauben schenken, der negativ über mich denkt oder redet, sondern ich will das glauben, was du über mich sagst. Ich weiß, dass du mir vergeben und mich bedingungslos angenommen hast! Ich richte meinen Blick ganz auf dich, den Urheber und Vollender meines Glaubens. In Jesu Namen, amen.

IMPULS FÜR DEN TAG

In der Bibel heißt es, dass Gottes Barmherzigkeit jeden Morgen neu ist. Auch wenn wir vielleicht viele Fehler machen – Gottes Gnade ist niemals erschöpft, sie steht uns jeden Morgen wieder neu zur Verfügung. Und wissen Sie, warum das so ist? Weil Gott von Anfang an wusste, dass wir seine Barmherzigkeit jeden Tag aufs Neue brauchen würden. Schleppen Sie die Fehler von gestern nicht länger mit sich herum. Nehmen Sie Tag für Tag Gottes Barmherzigkeit und Vergebung an, denn jeder Tag ist gleichzeitig auch ein Neuanfang.

IM DIENST

BIBELVERS FÜR DEN TAG

Als Botschafter von Christus fordern wir euch deshalb im Namen Gottes auf: Lasst euch mit Gott versöhnen! Wir bitten euch darum im Auftrag von Christus.

2. KORINTHER 5,20

Gott hat eine Aufgabe für Sie, die kein anderer Mensch auf der Welt erfüllen kann. Er möchte Sie gebrauchen und setzt dabei auf Ihre Begabungen, Ihr Lächeln, Ihre liebevolle Art und Ihre Leidenschaft. Sie sind Teil seines göttlichen Plans und haben etwas zu bieten, das niemand sonst zu bieten hat. Sie sind einzigartig, also lassen Sie sich nicht den Stempel „durchschnittlich" verpassen. Wenn Sie glauben, dass Sie durchschnittlich sind, dann werden Sie es wahrscheinlich auch sein. Wenn Sie glauben, dass Sie ganz normal und gewöhnlich sind, dann werden Sie auch ein ganz normales und gewöhnliches Leben führen und höchstwahrscheinlich niemals etwas wirklich Großes tun.

Tatsache ist aber, dass an Ihnen rein gar nichts gewöhnlich ist, denn die Handschrift Gottes ist in Ihrem Leben deutlich erkennbar. Der Schöpfer des Universums hat Ihnen sein Leben eingehaucht und Sie mit seinem Segen überhäuft. In Ihren Adern fließt königliches Blut. Sie haben eine von Gott gegebene Bestimmung, die nur Sie erfüllen können. Lassen Sie sich also voll und ganz auf Gottes Liebe ein, und nehmen Sie den Segen in Anspruch, den er für Ihre Zukunft bereithält!

EIN GEBET FÜR HEUTE

Danke, Vater, dass du mich dazu auserwählt hast, dein Licht in diese Welt zu tragen. Ich möchte ein außergewöhnliches Leben führen. Ich weiß, dass dein königliches Blut in meinen Adern fließt und dass ich eine großartige Bestimmung zu erfüllen habe! Hilf mir, ein Licht für dich zu sein und meine Begabungen und Talente einzusetzen, damit andere dich kennenlernen können. In Jesu Namen, amen.

IMPULS FÜR DEN TAG

Gott hat Sie zu einem bestimmten Zweck geschaffen. Nichts an Ihnen ist Zufall. Machen Sie sich bewusst, dass Gott Sie dazu berufen hat, ihn auf dieser Welt zu repräsentieren. Wenn Sie das tun, dann nehmen Sie jenen Stimmen die Macht, die Ihnen einreden wollen, dass Sie „nur Durchschnitt“ sind. Stattdessen nehmen Sie die Haltung eines Botschafters oder einer Botschafterin ein, die eine wichtige Nachricht zu überbringen hat. Nicht stolz, aber getragen von der stillen Gewissheit, dass Sie vom Schöpfer des Universums auserwählt wurden und dass Sie dieser Welt etwas Wichtiges zu geben haben.

DIE KLEINEN PRÜFUNGEN BESTEHEN

BIBELVERS FÜR DEN TAG

Wer Gelegenheit hat, Gutes zu tun, und tut es trotzdem nicht, der wird vor Gott schuldig.

JAKOBUS 4,17

Viele Menschen gehen davon aus, dass Gott mit lauter und donnernder Stimme spricht, doch in der Bibel steht, dass er mit leiser Stimme spricht.

Ich habe die Erfahrung gemacht, dass Gottes Stimme oft einer leisen, inneren Wahrnehmung gleichkommt. Das kann zum Beispiel so aussehen, dass wir etwas denken wie: *Ich weiß, dass ich mal wieder meine Eltern besuchen sollte. Ich weiß, dass ich nicht so viele Süßigkeiten essen sollte. Ich weiß, dass ich zu Hause bleiben und Hausaufgaben machen sollte.*

In meinem Fall war es schon oft so, dass Gott durch dieses „Ich weiß, dass ich …" zu mir gesprochen hat, und deshalb möchte ich auch Sie dazu anhalten, es nicht einfach zu ignorieren. Lernen Sie stattdessen, unmittelbar darauf zu reagieren.

Oft wissen wir genau, was wir eigentlich tun sollten, finden aber immer wieder Ausreden oder Erklärungen dafür, warum wir es doch nicht tun können. Dabei müssen wir uns klarmachen, dass Gott uns nicht um seinetwillen, sondern um unseretwillen dazu auffordert, etwas Bestimmtes zu tun. Dieses Prinzip müssen wir verinnerlichen, damit Gott seinen reichen Segen über uns ausschütten kann. Er unterzieht uns immer wieder kleinen Prüfungen, denen wir nur allzu oft keine Beachtung schenken, weil wir denken: *Ach, das ist doch keine große Sache.* Doch wenn wir diese kleinen Prüfungen nicht bestehen, können wir auch nicht die großen Dinge tun, die Gott für uns vorgesehen hat.

EIN GEBET FÜR HEUTE

Vater, ich preise dich dafür, dass du mich liebst und zu mir sprichst. Danke, dass du mich segnest und meine Schritte lenkst. Hilf mir, sensibel und offen für dein Reden zu werden und das zu tun, was du dir von mir wünschst. Ich möchte die kleinen Prüfungen bestehen, damit du mir auch die größeren Dinge anvertrauen kannst, die du für mich vorgesehen hast. In Jesu Namen, amen.

IMPULS FÜR DEN TAG

In der Bibel steht, dass die kleinen Füchse die Weinberge verderben (siehe Hoheslied 2,15). Viele Menschen können Gottes Segen nicht empfangen, weil sie die kleinen Prüfungen im Leben nicht bestehen. Streben Sie immer Ihr Bestes an und ehren Sie Gott, indem Sie auch in kleinen Dingen keine Kompromisse eingehen. Tun Sie nicht einfach das, was alle anderen tun. Auch wenn andere regelmäßig zu spät kommen, immer den einfachsten Weg wählen oder undiszipliniert sind, strengen Sie sich besonders an! Treffen Sie die bewusste Entscheidung, immer Ihr Bestes zu geben!

SICH VON UNGESUNDEN BEZIEHUNGEN LÖSEN

BIBELVERS FÜR DEN TAG

Lasst euch nicht verführen! Schlechter Umgang verdirbt gute Sitten.

1. KORINTHER 15,33; LÜ

Haben Sie den Eindruck, dass Sie in Gesellschaft bestimmter Menschen unruhig werden und sich unwohl fühlen? Dass Ihnen irgendetwas in Ihrem Innern sagt: „Halte dich von denen lieber fern"? Oft ist es der Heilige Geist, der uns auf diese Weise warnen will. Es mag zwar auf den ersten Blick eine Kleinigkeit sein, doch sie kann Sie vor großem Kummer bewahren.

Vielleicht denken Sie jetzt: *Aber wenn ich diese Freundschaften aufgebe, dann habe ich bald gar keine Freunde mehr!* Davor brauchen Sie sich jedoch nicht zu fürchten, denn Gott wird Ihnen garantiert neue Freunde schenken. Der springende Punkt ist, dass keine neuen Menschen in Ihrem Leben auftauchen werden, solange Sie sich nicht von den alten lösen.

Das gilt natürlich nicht für Beziehungen, die Sie verbindlich eingegangen sind, wie beispielsweise eine Ehe. Gott wird uns auch niemals dazu *zwingen,* ungute Beziehungen zu beenden, denn er hat uns ja einen freien Willen geschenkt. Doch wenn Gott Sie dazu auffordert, etwas Bestimmtes loszulassen, dann will er es Ihnen nicht einfach wegnehmen, sondern Ihnen die Chance auf etwas Besseres geben. Tun Sie also, was er Ihnen aufträgt, und Sie werden sich nicht nur weiterentwickeln und reifer werden, sondern auch die Türen zu noch größerem Segen öffnen.

Denken Sie daran, dass schlechter Umgang den Charakter verdirbt. Verzichten Sie lieber auf Beziehungen und Einflüsse, die Sie herunterziehen. Vertrauen Sie Gott, dass er Ihnen die richtigen Menschen über den Weg schicken wird.

EIN GEBET FÜR HEUTE

Vater, ich danke dir, dass du meine Schritte lenkst und mich mit Menschen zusammenbringen willst, die dich kennen und lieben. Bitte hilf mir und gib mir den Mut, mich von ungesunden Beziehungen zu lösen, damit Raum für die Beziehungen entstehen kann, die du für mich vorgesehen hast. Ich bin gewiss, dass du mir die richtigen Menschen über den Weg schicken wirst. In Jesu Namen, amen.

IMPULS FÜR DEN TAG

Oft sind es falsche Beziehungen, die Menschen daran hindern, auf dem Weg zur Erfüllung ihrer Bestimmung weiter voranzukommen. Hüten Sie sich also davor, sich mit Menschen zu umgeben, die Sie durch ihre negative Sichtweise oder mangelndes Selbstwertgefühl an all dem Großartigen hindern, das Gott für Sie vorgesehen hat. Denken Sie daran: Sie können nicht mit den Hühnern im Hühnerhof leben und gleichzeitig erwarten, sich wie ein Adler in die Lüfte aufzuschwingen. In der Bibel ist es so formuliert: „Wenn du mit vernünftigen Menschen Umgang pflegst, wirst du selbst vernünftig […]" (Sprüche 13,20).

GEHORSAM IST NOTWENDIG

BIBELVERS FÜR DEN TAG

Gehorsam ist wichtiger als das Schlachten von Opfertieren.

1. SAMUEL 15,22

Gottes Anweisungen unmittelbar zu folgen gehört zum Wichtigsten, was wir im Leben lernen können. Wenn Gott Sie zu etwas Bestimmtem auffordert, dann tun Sie es am besten sofort.

In der Bibel lesen wir, dass, als Gott David auftrug, gegen Goliat zu kämpfen, dieser zum Kampfplatz *rannte*. Und wissen Sie, weshalb er es so eilig hatte? Hätte David noch lange überlegt, hätte er sich vermutlich irgendwie herausgeredet. Wenn er noch einmal alle Fakten und Zahlen durchgegangen wäre, sich bewusst gemacht hätte, wie viel größer Goliat doch war und über wie viel mehr Kampferfahrung er verfügte, dann hätte David wahrscheinlich den Mut verloren und wäre seiner Bestimmung nicht nachgekommen.

Wenn Gott Sie auffordert, etwas Bestimmtes zu tun, dann analysieren Sie es nicht zu Tode. Durchdenken Sie es nicht von vorne bis hinten. Wenn Sie zu lange überlegen, verfehlen Sie am Ende vielleicht Ihre Bestimmung. Denken Sie nicht: *Wieso soll ich sie denn zum Essen einladen?*, oder: *Warum soll ich mich denn entschuldigen? Ich habe mich schon das letzte Mal zuerst entschuldigt,* oder: *Wieso soll ich denn freundlich zu ihnen sein? Sie sind ja auch nicht freundlich zu mir.* Suchen Sie nicht länger nach Ausreden. Reden Sie sich nicht ein, dass Sie Gott wahrscheinlich nicht richtig verstanden haben, sondern tun Sie einfach, was er von Ihnen verlangt. Lernen Sie, seiner Anweisung unmittelbar Folge zu leisten und damit die Tür zu öffnen für den Segen, den er für Sie bereithält!

EIN GEBET FÜR HEUTE

Danke, Vater, für deine Güte und Barmherzigkeit. Ich entscheide mich heute ganz bewusst dafür, deinem Wort unmittelbar Folge zu leisten. Hilf mir, nicht zu lange zu überlegen, sondern dir einfach zu vertrauen, dass du mein Leben in der Hand hältst und mich führst, denn ich weiß, dass du das Beste für mich willst. Ich vertraue darauf, dass du gut bist und dass du Gutes mit mir vorhast. Danke, dass du meine Schritte lenkst und mich beschützt. Danke, dass du in mir wirkst. In Jesu Namen, amen.

IMPULS FÜR DEN TAG

In der Bibel steht, dass wir eine reiche Ernte einfahren und gesättigt werden, wenn wir gehorsam sind. Mit anderen Worten: Wir bekommen das Beste, was das Leben zu bieten hat – und noch viel mehr! Doch Gott sagt ganz klar, dass wir bereit sein müssen, ihm zu gehorchen. Wagen Sie es also heute, Ihre Komfortzone zu verlassen. Gott hält so viel für Sie bereit! Hören Sie auf Gott, streben Sie weiter danach, seinen Willen zu tun, und halten Sie an Ihrem Glauben fest.

AUF GEHORSAM FOLGT SEGEN

BIBELVERS FÜR DEN TAG

Der Herr, euer Gott, wird euch zum bedeutendsten aller Völker machen, wenn ihr wirklich auf ihn hört und nach allen seinen Geboten lebt, die ich euch heute gebe. Wenn ihr ihm gehorcht, werdet ihr seinen ganzen Segen erfahren.

5. MOSE 28,1-2

Gott belohnt Menschen, die das tun, was er ihnen aufträgt. Jedes Mal wenn Sie tun, was in seinem Wort steht und was er von Ihnen verlangt, wird Gott Sie dafür segnen. Wenn Sie lernen, in kleinen Dingen gehorsam zu sein und die kleinen Prüfungen zu bestehen, dann werden Sie erleben, dass Gottes Segen nach oben hin keine Grenzen gesetzt sind.

In der Bibel steht: „Wenn sie Gott gehorchen und ihm dienen, werden sie ihre Lebensjahre glücklich und zufrieden verbringen" (Hiob 36,11). Es ist Gottes sehnlichster Wunsch, Sie mit einem glücklichen und zufriedenen Leben zu beschenken! Er will Ihnen Großes ermöglichen und Sie mit Heilung, Wiederherstellung und Erfolg segnen. Wenn Sie ihm treu bleiben, werden Sie erleben, wie sich Ihre Bestimmung erfüllt und Sie all das sein und tun können, wozu Gott Sie berufen hat.

EIN GEBET FÜR HEUTE

Vater, ich lobe dich und preise deinen Namen. Ich gebe mich dir heute ganz neu hin. Hilf mir, auch in den kleinen Dingen gehorsam zu sein. Ich möchte dir treu sein und meine Bestimmung in vollem Umfang annehmen! Hilf mir, in deiner Nähe zu bleiben, und lass mich deine Güte erleben, wenn ich deinem Wort folge und dir mit allem, was ich tue, die Ehre gebe. In Jesu Namen, amen.

IMPULS FÜR DEN TAG

Denken Sie daran, dass unser Leben für Gott wie ein offenes Buch ist. Er schaut uns direkt ins Herz, und er nimmt es wohlwollend zur Kenntnis, wenn wir die Extrameile gehen, um das Richtige zu tun. Doch er merkt auch, wenn wir faule Kompromisse eingehen und den Weg des geringsten Widerstands wählen. Wenn Sie merken, dass Ihr Gewissen Alarm schlägt, dann gehen Sie nicht einfach darüber hinweg, sondern tun Sie das, wovon Sie tief im Innern wissen, dass es richtig ist. Leben Sie diesen Tag so, wie es Gott gefällt – und in der Gewissheit, dass er seinen Segen über Ihnen ausgießen wird.

DAS DOPPELTE EMPFANGEN

BIBELVERS FÜR DEN TAG

Dafür, dass ihr doppelte Schmach trugt, und für die Schande sollen sie über ihren Anteil fröhlich sein. Denn sie sollen das Doppelte besitzen in ihrem Lande. Sie sollen ewige Freude haben.

JESAJA 61,7; LÜ

Zu der Zeit, um die es in diesem Vers aus dem Alten Testament geht, durchlebte Gottes Volk gerade eine schwierige Phase. Die Israeliten wurden von anderen Völkern gefangen gehalten und unterdrückt. Gott schickte seinem Volk dieses ermutigende Wort, um ihm Hoffnung für die Zukunft zu geben. Und als die Zeit gekommen war, stand er zu seinem Wort!

Machen auch Sie gerade eine schwere Zeit durch? Dann nehmen Sie heute sein Wort für sich in Anspruch. Gott möchte Ihren Kummer und Ihre Probleme doppelt wiedergutmachen. Er ist der Gott der Erneuerung und Wiederherstellung – was bedeutet, dass er nicht nur jedes kleinste Unrecht wiedergutmachen wird, das Ihnen zugefügt worden ist, sondern dass er die Dinge sogar noch besser machen wird, als sie vorher waren.

Wenn Sie heute vor großen Herausforderungen stehen, dann denken Sie daran, dass es vor Anbruch der Morgendämmerung immer am dunkelsten ist. Doch es wird wieder hell werden, weil Gott treu ist. Wenn Sie am Glauben festhalten und auf sein Wort hören, dann wird Ihnen all der Kummer doppelt erstattet werden, und Sie werden erleben, wie sich Gottes Verheißungen erfüllen!

EIN GEBET FÜR HEUTE

Danke für dein Wort, Vater, das meinen Tag erhellt und meine Schritte lenkt. Ich entscheide mich heute dafür, mein Vertrauen und meine Hoffnung voll und ganz auf dich zu setzen. Ich lasse alle Mutlosigkeit hinter mir, weil ich weiß, dass es auf dem Weg der Gerechten immer heller wird. Ich glaube, dass ich alles Schwere in meinem Leben doppelt erstattet bekommen werde! Danke, dass du mein Leben wiederherstellst und heilst, wenn ich meinen Blick fest auf dich gerichtet halte. In Jesu Namen, amen.

IMPULS FÜR DEN TAG

Wenn Sie mit Problemen konfrontiert werden oder Ihnen jemand Unrecht tut, dann sollten Sie sich dadurch nicht entmutigen lassen, sondern stattdessen sagen: „Danke, Vater, dass ich von dir doppelt so viel Gutes erhalten werde. Ich weiß, dass ich aus diesen Schwierigkeiten stärker, gesünder und glücklicher hervorgehen werde, als ich es jemals zuvor gewesen bin. Glauben Sie mir: Sie werden die Sache nicht nur überleben, sondern auch als klarer Sieger hervorgehen! Sie werden den Feind nicht nur zu Fall bringen, sondern sogar noch Gottes überreichen Segen hinzugewinnen.

GOTT ERSTATTET DIE VERLORENE ZEIT

BIBELVERS FÜR DEN TAG

Und ich will euch die Jahre erstatten, deren Ertrag die Heuschrecken [...] gefressen haben.

JOEL 2,25; LÜ

Gott weiß, wie er all die Jahre wiedergutmachen kann, die Ihnen im Leben genommen worden sind. Sie können Ihre Kindheit zwar nicht nachholen, aber Gott kann Ihr restliches Leben so reich und erfüllt gestalten, dass Ihnen das, was Ihnen in der Vergangenheit entgangen ist, überhaupt nicht mehr fehlen wird. Vielleicht haben Sie das Gefühl, Jahre Ihres Lebens an eine Beziehung vergeudet zu haben, aus der dann letztlich doch nichts geworden ist. Doch Gott kann jemanden in Ihr Leben schicken, der oder die so großartig, lustig, freundlich und anziehend ist, dass Sie gar nicht mehr an die verlorenen Jahre zurückdenken. Vielleicht haben Sie Jahre in einen Job investiert, der sich letztendlich dann doch als Sackgasse herausgestellt hat. Sie haben sich die Karriereleiter hochgearbeitet, aber dann haben sich die Dinge nicht so entwickelt, wie Sie es gehofft hatten, und jetzt kommt Ihnen all die Plackerei vor wie eine einzige gewaltige Zeitverschwendung. Vielleicht können Sie an diesem

Punkt noch nicht erkennen, wie Sie jemals ans Ziel Ihrer Träume gelangen sollen, aber Sie dürfen daran glauben, dass es möglich ist.

Gott weiß, wie er verlorene Zeit wiedergutmachen kann. Gott kann Entwicklungen beschleunigen. Er kann Ihnen verpasste Chancen noch einmal geben, sodass Sie einen riesigen Schritt nach vorn machen. Beim ersten Mal hat es vielleicht nicht funktioniert, aber Gott gibt Ihnen immer eine zweite Chance. Er wird Ihnen die verlorene Zeit erstatten.

EIN GEBET FÜR HEUTE

Vater, ich preise dich dafür, dass du mein Erlöser bist. Du bist ein Gott der zweiten Chancen und kannst verlorene Zeit wiedergutmachen. Danke für dein Versprechen, mir die Jahre zurückzugeben, die ich verloren oder verschwendet habe. Ich nehme dieses Versprechen im Glauben an. Ich werde nicht im Bedauern über die Vergangenheit weiterleben, sondern im Glauben und in der Gewissheit, dass du treu bist. Ich setze mein Vertrauen und meine Hoffnung auf dich und glaube, dass meine besten Tage noch vor mir liegen. In Jesu Namen, amen.

IMPULS FÜR DEN TAG

Gott ist nicht darauf beschränkt, Sie auf direktem Weg von A nach B zu bringen. Manchmal schickt er Sie von A nach B und dann weiter nach C, nur um Sie dann schlagartig zu S, T, U und V zu katapultieren. Was ist hier geschehen? Sie haben einen von ihm festgelegten Moment erwischt, in dem er Sie auf einen Schlag um Jahre nach vorn bringt. Lassen Sie also Ihre Vergangenheit hinter sich, machen Sie Ihre Sache so gut Sie können und geben Sie Ihr Bestes. Dann wird Gott Sie genau im richtigen Moment dorthin bringen, wo Sie sein sollen.

SIE DÜRFEN GOTT UM ALLES BITTEN

BIBELVERS FÜR DEN TAG

Gott aber kann viel mehr tun, als wir jemals von ihm erbitten oder uns auch nur vorstellen können. So groß ist seine Kraft, die in uns wirkt.

EPHESER 3,20

Wann haben Sie Gott das letzte Mal gebeten, etwas ganz und gar Ungewöhnliches oder vielleicht sogar Unmögliches zu tun? Wenn wir nicht erleben, dass Gott große Dinge tut, liegt das häufig daran, dass wir ihn nur um Kleinigkeiten bitten. Die meisten Menschen beten vor dem Essen und bitten Gott um Schutz und Weisheit. Das ist auch vollkommen richtig und gut so, aber gleichzeitig beschränkt es Gottes Handlungsfähigkeit auf ein Minimum. Trauen Sie sich heute und bitten Sie Gott um etwas, das außerhalb Ihrer Möglichkeiten liegt, etwas, das Sie aus eigener Kraft niemals erreichen können.

Was Sie sich erträumen, mag Ihnen vielleicht unmöglich erscheinen. Sie haben weder das nötige Geld noch die Beziehungen, um Ihren Traum zu verwirklichen, aber Gott wünscht sich, dass Sie ihn dennoch – oder gerade deshalb – darum bitten.

In der Bibel ist immer wieder von Menschen die Rede, die genau das getan haben. Elia betete beispielsweise darum, dass es nicht regnet, und tatsächlich regnete es dreieinhalb Jahre lang nicht. Josua betete für mehr Tageslicht und Gott hielt den Lauf der Sonne an. Folgen Sie dem Beispiel dieser Menschen und treten Sie im Glauben einen Schritt nach vorn. Wagen Sie es zu bitten. Wagen Sie es, auf Gottes Wort zu vertrauen, und Sie werden sehen, wie sich seine mächtige Hand für Sie in Bewegung setzt.

EIN GEBET FÜR HEUTE

Herr, ich preise dich und gebe dir die Ehre, weil du würdig bist, weil du mächtig bist und weil du in mir wirkst. Danke, dass du mir Träume und Wünsche ins Herz legst. Heute wage ich es, dich um das Unmögliche zu bitten! Zeige mir deine mächtige Kraft! Ich glaube, dass du unendlich mehr tun kannst, als ich je erbitten oder mir auch nur vorstellen könnte. In Jesu Namen, amen.

IMPULS FÜR DEN TAG

Wenn Sie es wagen, Gottes Wort zu glauben, dann wird er alles so für Sie arrangieren, dass Sie nur staunen können. Und welche Rolle spielen Sie dabei? Sorgen Sie sich? Versuchen Sie, die Sache selbst zu regeln? Manipulieren Sie jemanden, damit er oder sie Ihnen einen Gefallen tut? Glauben Sie mir: Sie brauchen niemandem zu schmeicheln oder sich anzubiedern in der Hoffnung, dass am Ende ein paar Krümel für Sie abfallen. Sie sind kein Bettler, sondern ein Kind des allerhöchsten Gottes.

WIEDER AUFSTEHEN

BIBELVERS FÜR DEN TAG

Mache dich auf, werde licht; denn dein Licht kommt, und die Herrlichkeit des Herrn geht auf über dir!

JESAJA 60,1; LÜ

Haben Sie heute einen harten Tag vor sich? Haben Sie das Gefühl, gerade am Spielfeldrand des Lebens zu stehen? Dann bin ich mir sicher, dass Gott Ihnen sagen möchte: „Steh auf und mach weiter. Geh zurück aufs Spielfeld."

Wenn Sie beispielsweise von einem Freund oder einer Freundin verraten wurden, flüchten Sie sich nicht länger in die Einsamkeit, sondern machen Sie sich auf den Weg und suchen Sie sich neue Freunde. Wenn Sie Ihren Arbeitsplatz verloren haben, sitzen Sie nicht länger klagend herum, sondern suchen Sie sich einen neuen Job. Wenn sich eine Tür schließt, wird Gott eine neue für Sie öffnen. Wenn Sie gesundheitliche Probleme haben und gegen eine Krankheit ankämpfen, geben Sie nicht auf, sondern beschließen Sie, Ihre Mutlosigkeit endgültig hinter sich zu lassen!

Wenn Gott sieht, dass Sie Ihren Teil tun, dann tut er auch den seinen. Er möchte Ihnen neues Leben schenken. Er möchte Ihre

Gesundheit wiederherstellen und Ihnen neue Möglichkeiten, gesunde Beziehungen und eine neue Perspektive schenken. Auch wenn es wehtut, bedeutet das noch lange nicht, dass nun alles vorbei ist. Es gibt ein Leben nach der Krankheit, ein Leben nach der Scheidung, ein Leben nach der verpassten Möglichkeit. Sie haben immer noch die Chance auf ein erfülltes Leben. Stehen Sie also heute auf und lassen Sie die Herrlichkeit Gottes über sich aufgehen!

EIN GEBET FÜR HEUTE

Vater, ich danke dir für deine Gnade und Barmherzigkeit in meinem Leben. Ich entscheide mich heute dafür, meine Mutlosigkeit hinter mir zu lassen und mein Vertrauen ganz auf dich zu setzen. Ich bin wieder im Spiel und schreite voran in die wunderbare Zukunft, die du für mich bereithältst. Danke, Herr, dass du deine Ziele für mein Leben ganz sicher umsetzen wirst. In Jesu Namen, amen.

IMPULS FÜR DEN TAG

Es gibt Menschen, die sich gar nicht bewusst darüber sind, dass sie das Leid und den Schmerz aus ihrer Vergangenheit immer noch mit sich herumschleppen. Es ist, als würden sie jeden Tag aufstehen, eine große Schubkarre mit Müll aus der Vergangenheit vollladen und sie mit in den neuen Tag hineinnehmen. Trennen Sie sich von dem alten Krempel! Treffen Sie heute die Entscheidung, dass Sie nicht länger als Gefangene oder Gefangener Ihrer Vergangenheit leben wollen, denn Gott hält eine strahlende Zukunft für Sie bereit.

ER MACHT ALLES NEU

BIBELVERS FÜR DEN TAG

Der auf dem Thron saß, sagte:
„Sieh doch, ich mache alles neu!"
OFFENBARUNG 21,5

Können Sie sich noch an den Moment erinnern, als Ihnen Ihr großer Lebenstraum bewusst geworden ist? Vielleicht bestand dieser Traum darin, in Ihrem Beruf etwas ganz Besonderes zu leisten, ein besonders guter Vater beziehungsweise eine gute Mutter zu sein oder etwas Großes für Jesus zu tun. Anfangs waren Sie noch hoch motiviert und voller Euphorie, doch dann wurden die Dinge schwieriger und Sie kamen nicht mehr so gut voran, wie Sie es sich gewünscht hätten.

Wenn wir an diesen Punkt kommen, reagieren wir häufig mit Resignation darauf, indem wir denken: *So, damit gebe ich mich jetzt zufrieden. Es ist zwar nicht das, was ich ursprünglich wollte, aber es reicht aus.* Doch vergessen Sie nicht, dass Sie für mehr geschaffen sind, als sich nur halbherzig mit etwas zufriedenzugeben. Vielleicht ist nicht alles so gelaufen, wie Sie es sich vorgestellt hatten, aber das ist noch lange kein Grund, stehen zu bleiben und aufzugeben. Im

Gegenteil: Es ist ein guter Grund, sich aufzuraffen und es noch einmal zu versuchen. Und wenn der Traum tatsächlich ausgeträumt ist, dann wird es höchste Zeit für Sie, einen neuen zu träumen!

Wenn auch Sie sich in einem bestimmten Bereich Ihres Lebens aus den falschen Gründen mit dem Status quo zufriedengeben, dann tun Sie heute den ersten Schritt, indem Sie die Sache vor Gott bringen. Lassen Sie sich von ihm neue Kraft schenken, denn er will Ihr Leben von Grund auf erneuern.

EIN GEBET FÜR HEUTE

Vater im Himmel, ich hebe meine Augen auf zu dir und bitte dich, mir neue Kraft zu schenken. Ich preise dich für den neuen Tag und für diese Phase meines Lebens. Danke, dass ich immer wieder neu anfangen darf. Ich entscheide mich heute dafür, nicht aufzugeben und die Träume und Sehnsüchte weiterzuverfolgen, die du mir ins Herz gelegt hast. Ich bin gewiss, dass du alles neu machst! Ich vertraue dir mit allem, was ich bin. In Jesu Namen, amen.

IMPULS FÜR DEN TAG

In jedem von uns stecken zwei Persönlichkeiten. Die eine sagt: „Ich will alles werden, wozu mich Gott berufen hat. Durch Christus kann ich alles tun und sein. Mit Gottes Segen werde ich es schaffen!“ Die andere sagt: „Ich werde meine Schulden nie loswerden. Ich werde niemals abnehmen. Ich werde diese Sucht niemals überwinden. Ich werde wohl einfach lernen müssen, damit zu leben.“ Ein Teil unserer Persönlichkeit möchte sich nach mehr ausstrecken, der andere ist bereit, sich mit dem Status quo zufriedenzugeben. Es liegt an Ihnen, welcher Teil Ihrer Persönlichkeit das Sagen hat.

EIN ORT DES SEGENS

BIBELVERS FÜR DEN TAG

Da kam das Wort des Herrn zu Elia:
„Geh weg von hier und wende dich nach Osten und verbirg dich am Bach Krit, der zum Jordan fließt. Und du sollst aus dem Bach trinken, und ich habe den Raben geboten, dass sie dich dort versorgen sollen."

1. KÖNIGE 17,2-4; LÜ

In der Bibel wird davon berichtet, wie Gott für den Propheten Elia einen Ort vorbereitete, an dem er versorgt wurde. Gott gab Elia ganz konkrete Anweisungen, und weil er ihnen folgte, gelangte der Prophet auf direktem Weg zu dem Ort, an dem Gottes Segen auf ihn wartete.

Genauso, wie Gott Elia geführt hat, führt er auch Sie. Er arrangiert die richtigen Gelegenheiten für Sie und sorgt dafür, dass Sie die richtigen Leute treffen, die Ihnen weiterhelfen. Er ist im Hintergrund ununterbrochen für Sie am Werk.

Doch auch Sie müssen Ihren Teil dazu beitragen, um in seiner Nähe zu bleiben. Und das tun Sie, indem Sie seinem Wort folgen – was auch bedeutet, mit anderen Menschen in Frieden und Einigkeit zu leben, denn die Bibel sagt, dass Gott uns seinen Segen schenkt, wenn wir untereinander in Eintracht leben. Entschließen Sie sich also heute dazu, ein Friedensstifter zu sein!

EIN GEBET FÜR HEUTE

Vater, ich liebe dich und komme mit dankbarem Herzen zu dir. Danke, dass du mich führst und deinen Segen über meinem Leben ausgießt. Ich bin mir sicher, dass du meine Schritte lenkst und dass ich den richtigen Leuten begegnen werde. Hilf mir, andere Menschen so zu sehen, wie du sie siehst, damit ich in Frieden mit meinen Mitmenschen leben und dir dadurch die Ehre geben kann. In Jesu Namen, amen.

IMPULS FÜR DEN TAG

Ist es nicht großartig, dass man dem Segen Gottes nicht nachzujagen braucht? Wenn Sie Gott die erste Stelle in Ihrem Leben einräumen, ein aufrichtiges Leben führen und immer Ihr Bestes geben, dann wird er Sie reichlich dafür segnen. Denn Jesus selbst hat gesagt: „Setzt euch zuerst für Gottes Reich ein und dafür, dass sein Wille geschieht. Dann wird er euch mit allem anderen versorgen“ (Matthäus 6,33). Alles, was Sie brauchen, um Ihre Bestimmung zu erfüllen, steht schon für Sie bereit. Machen Sie es einfach zu Ihrer obersten Priorität, Gott zu gefallen.

LOSLASSEN

BIBELVERS FÜR DEN TAG

Aber wenn ihr ihn um etwas bitten wollt, sollt ihr vorher den Menschen vergeben, denen ihr etwas vorzuwerfen habt. Dann wird euch der Vater im Himmel eure Schuld auch vergeben.

MARKUS 11,25

Jeder von uns ist schon einmal verletzt, beleidigt, betrogen oder auf andere Weise schlecht behandelt worden. Manchmal entstehen dadurch nur kleine Verletzungen, manchmal sind es aber auch tiefe Wunden, die lange brauchen, um zu heilen. Wichtig ist, dass wir uns entscheiden zu vergeben, damit Gottes Vergebung und Heilung in unserem Leben freigesetzt werden kann.

Glauben Sie mir: Vergebung hat Kraft! Sie macht uns frei und zieht uns näher zu unserem himmlischen Vater. Als meine Mutter erfuhr, dass sie Leberkrebs im Endstadium hatte, bat sie Gott als Erstes darum, ihr zu zeigen, wo es noch Unversöhnlichkeit in ihrem Herzen gab. Sie wollte nämlich vermeiden, dass irgendetwas ihre Gebete um Heilung blockierte. 40 Jahre später ist sie immer noch am Leben und kerngesund.

Wenn Sie beten, dann bitten Sie Gott, Ihr Herz zu prüfen. Entscheiden Sie sich dafür, denen zu vergeben, die Sie verletzt oder Ihnen unrecht getan haben, denn wenn Sie vergeben, dann werden Sie Gottes Segen auf eine Weise erfahren, wie Sie es nie für möglich gehalten hätten.

EIN GEBET FÜR HEUTE

Vater im Himmel, ich preise dich dafür, dass du mir vergibst und mich frei machst. Ich lade dich ein, mein Herz und meine Gedanken zu prüfen, denn ich möchte dir gefallen. Deshalb lasse ich allen Zorn, alle Verletzungen und alle Bitterkeit los. Ich entscheide mich zu vergeben, damit ich selbst deine Vergebung und den überreichen Segen empfangen kann, den du für mich bereithältst. In Jesu Namen, amen.

IMPULS FÜR DEN TAG

Vielleicht sind Sie bei einem Geschäft betrogen, von einem Freund hintergangen oder von einem geliebten Menschen verlassen worden und haben dadurch Probleme, mit denen Sie fertigwerden müssen, und Menschen, denen Sie vergeben müssen. Nun haben Sie die Wahl: Sie können das, was Sie als wahr erkannt haben, ignorieren und dadurch zulassen, dass die Bitterkeit Sie und die Menschen in Ihrem Umfeld innerlich vergiftet. Oder Sie bringen die Angelegenheit ans Licht und bitten Gott, Ihnen zu helfen, Ihrem Gegenüber vergeben und die Sache damit endgültig loslassen zu können.

RAUS AUS DEM LOCH!

BIBELVERS FÜR DEN TAG

Er zog mich aus der grausigen Grube, aus lauter Schmutz und Schlamm, und stellte meine Füße auf einen Fels, dass ich sicher treten kann.

PSALM 40,3; LÜ

Jeder Mensch erlebt Zeiten, in denen er das Gefühl hat, in einem tiefen Loch festzusitzen. Dieses Loch kann Frustration sein, eine tiefe Enttäuschung oder das Gefühl von Mutlosigkeit und Verzweiflung. Vielleicht erleben auch Sie gerade eine Situation, aus der Sie absolut keinen Ausweg sehen, aber Sie können trotzdem ganz sicher sein, dass Gott immer noch bei Ihnen ist und Wege schaffen kann, wo es augenscheinlich keine gibt.

Vergessen Sie nicht, dass für Gott nichts von all dem, was Sie in Ihrem Leben durchmachen, vergebens oder gar sinnlos ist. Wenn Sie die richtige innere Einstellung wahren, wird er die Situation zu Ihrem Guten nutzen. Dabei spielt es keine Rolle, wie Sie in Ihre missliche Lage gekommen sind – ob es an Ihren eigenen falschen Entscheidungen liegt oder ob jemand Ihnen unrecht getan hat. Gott nimmt das Schlechte und macht daraus etwas Gutes. Es wird immer wieder Zeiten geben, in denen Sie sich nicht besonders wohlfühlen, aber Sie dürfen wissen, dass Sie gerade in solchen Zeiten wachsen und dass Gott dadurch Ihren Charakter formt.

Treffen Sie heute die Entscheidung, Ihre selbstzerstörerischen Gedanken abzulegen. Entscheiden Sie sich dafür, mit Gott zusammenzuarbeiten, indem Sie darauf vertrauen, dass er Sie vorwärtsbringen wird. Wenn Sie erwartungsvoll und dankbar sind und an Ihrem Glauben festhalten, wird er Sie aus dem Loch herausziehen und auf den festen und sicheren Weg zum Sieg stellen.

EIN GEBET FÜR HEUTE

Ich hebe meine Augen heute auf zu dir, Vater. Danke, dass du in meinem Leben am Werk bist. Ich entscheide mich dafür, mit dir zusammenzuarbeiten und weiter fest an dich und deine Liebe und Güte zu glauben. Ich vertraue darauf, dass du jede Situation in meinem Leben zu meinem Besten nutzen wirst, und ich bin gewiss, dass du mich gerade darauf vorbereitest vorwärtszukommen! Ich preise dich, egal, was um mich herum passiert, weil ich weiß, dass du einen guten Plan für mich hast. In Jesu Namen, amen.

IMPULS FÜR DEN TAG

Jeder Mensch erlebt Enttäuschungen, Rückschläge und Unrecht. Manchmal fühlen Sie sich vielleicht so, als hätte Sie jemand in ein dunkles Loch gestoßen. Doch statt den Mut zu verlieren und sich dadurch den Blick verstellen zu lassen, schauen Sie in Ihr Inneres, und Sie werden feststellen, dass Ihre aktuelle Situation nicht mit der Vision übereinstimmt, die Gott für Ihr Leben hat. Sagen Sie sich selbst: „Das hier ist nicht die Endstation für mich. Es ist nur ein Zwischenstopp auf dem Weg zur Erfüllung meiner von Gott gegebenen Bestimmung."

GUTES TUN

BIBELVERS FÜR DEN TAG

Jesus aus Nazareth, der von Gott versprochene Retter, ist von Ort zu Ort gezogen. Er hat überall Gutes getan und alle geheilt, die der Teufel in seiner Gewalt hatte, denn Gott selbst hatte ihm seine Macht und den Heiligen Geist gegeben. Gott stand ihm bei.

APOSTELGESCHICHTE 10,38

Bevor Jesus an Menschen wirkte, bevor er sie heilte und sich um sie kümmerte, war er zuerst einmal gut zu ihnen. Lassen Sie diesen Gedanken einmal einen Moment lang auf sich wirken.

Gott hat jedem von uns einen Auftrag gegeben, ja, er hat uns alle in seinen Dienst berufen. Das mag vielleicht nicht immer bedeuten, dass wir vor anderen Menschen predigen oder als Missionare in der Welt herumreisen, aber jeder Dienst, egal, wer ihn tut und wie er konkret aussieht, beginnt damit, dass wir gut zu anderen Menschen sind.

Wenn wir Güte und Freundlichkeit im Herzen haben, dann werden andere Menschen das bemerken und herausfinden wollen, warum wir so sind, wie wir sind. Wir können viel über die Liebe reden, aber letztlich geht es darum, unseren Worten auch Taten folgen zu lassen. Wenn man jemanden wirklich lieb hat, dann ist man gut zu ihm. Gott sagte zu Abraham: „Ich will dich segnen [...], und du sollst ein Segen sein" (1. Mose 12,2; LÜ). Wenn wir Gottes Segen empfangen wollen, müssen wir uns also immer auch fragen: „Sind wir bereit, anderen zum Segen zu werden? Sind wir bereit, gut zu anderen Menschen zu sein?"

EIN GEBET FÜR HEUTE

Himmlischer Vater, ich preise dich für alles, was du in meinem Leben tust. Bitte hilf mir, ein Segen für andere Menschen zu sein. Hilf mir, die Menschen in meinem Umfeld mit ihren Bedürfnissen wahrzunehmen und auf sie einzugehen. Ich möchte sie so lieben, wie du mich liebst. Gebrauche mich als Zeugnis deiner Güte, damit sie dich kennenlernen können. In Jesu Namen, amen.

IMPULS FÜR DEN TAG

Gehen Sie doch heute Morgen einmal all die Menschen durch, die in Ihrem Leben eine Rolle spielen, und fragen Sie sich, wie Sie ihnen etwas Gutes tun können. Sie können vielleicht nicht jedem helfen, aber irgendjemandem bestimmt. Es gibt Menschen, die Ihnen von Gott über den Weg geschickt werden, weil sie Teil Ihrer Bestimmung sind. Menschen, denen Sie wieder aufhelfen können, wenn sie gefallen sind. Traurige Menschen, die Sie trösten können. Fremde, denen Sie mit Freundlichkeit begegnen können. Und während Sie anderen helfen, richten Sie gleichzeitig auch sich selbst wieder auf, denn wenn Sie sich um die Bedürfnisse anderer kümmern, wird sich Gott um Ihre kümmern.

SCHÄTZE HERVORBRINGEN

BIBELVERS FÜR DEN TAG

Wenn ein guter Mensch spricht, zeigt sich, was er Gutes in sich trägt.

MATTHÄUS 12,35

Kürzlich habe ich gelesen, dass die reichsten Orte der Welt nicht etwa die Ölfelder im Mittleren Osten oder die Diamantminen in Südafrika sind. Die Orte mit dem größten Reichtum sind die Friedhöfe dieser Welt, denn dort liegen Firmen begraben, die nie gegründet wurden, Lieder, die nie komponiert wurden, Bücher, die nie geschrieben wurden, Potenzial, das nie ausgeschöpft wurde, und jede Menge Träume, die nie verwirklicht wurden.

Doch die gute Nachricht ist: Sie können heute etwas dafür tun, damit Ihr Potenzial nicht ungenutzt bleibt und Sie nicht mit ungehobenen Schätzen zu Grabe getragen werden. Entwickeln Sie sich weiter. Lernen Sie weiter. Machen Sie den ersten Schritt und vertrauen Sie auf Gott. Heben Sie den Schatz, den Gott in Sie hineingelegt hat. Wenn Sie nicht wissen, wo Sie anfangen sollen, beschäftigen Sie sich mit seinem Wort. Lassen Sie ihn zu Ihrem Herzen sprechen. Lernen Sie, seine Stimme zu erkennen und zu tun, was er

Ihnen aufträgt. Lernen Sie, darauf zu vertrauen, dass er gut ist und dass er Sie sicheren Schrittes auf dem Weg führen wird, den er für Sie vorbereitet hat.

EIN GEBET FÜR HEUTE

Vater, ich danke dir für die Schätze, die du in mich hineingelegt hast. Ich will die Gaben nutzen, die du mir geschenkt hast, und treu an dem arbeiten, was du mir anvertraut hast. Ich bin gewiss, dass ich mein Potenzial vollständig entfalten werde! Hilf mir durch deinen Heiligen Geist, in deiner Nähe zu bleiben und dir Schritt für Schritt nachzufolgen. In Jesu Namen, amen.

IMPULS FÜR DEN TAG

Ergreifen Sie selbst die Initiative und tun Sie ganz bewusst und strategisch jeden Tag etwas dafür, um Ihre Fähigkeiten auszubauen und zu verbessern. Seien Sie dabei so konkret wie möglich. Sagen Sie nicht: „Das werde ich irgendwann einmal machen, wenn ich Zeit dafür habe.“ In Ihnen steckt viel zu viel, als dass Sie an der Stelle stehen bleiben dürften, wo Sie gerade sind.

BEREIT FÜR NEUES

BIBELVERS FÜR DEN TAG

Schaut nach vorne, denn ich will etwas Neues tun! Es hat schon begonnen, habt ihr es noch nicht gemerkt? Durch die Wüste will ich eine Straße bauen, Flüsse sollen in der öden Gegend fließen.

JESAJA 43,19

Sind Sie bereit für ein neues Kapitel in Ihrem Leben? Wenn Sie weiterkommen wollen in Richtung des Segens, den Gott für Sie bereithält, dann müssen Sie Altes loslassen. Das, was hinter Ihnen liegt, ist nämlich nicht annähernd so wichtig wie das, was noch vor Ihnen liegt. Es wird Zeit, sich bereit für Neues zu machen!

Vielleicht hat man Ihnen in der Vergangenheit unrecht getan, aber lassen Sie sich sagen, dass Sie schon viel zu weit gekommen sind, um jetzt stehen zu bleiben. Warum lassen Sie nicht los und machen im Glauben einen Schritt in Richtung Zukunft, statt sich von Dingen aus Ihrer Vergangenheit ausbremsen zu lassen? Es ist Zeit für eine neue Vision, Zeit für eine neue Perspektive, Zeit für eine neue Gesinnung! Gehen Sie vorwärts mit einer Haltung, die besagt: *Auch wenn ich es nicht verstehe und auch wenn es nicht fair mir gegenüber war: Ich werde nicht an diesem Punkt stehen bleiben. Ich weiß, dass Gott ein neues, siegreiches Kapitel mit mir beginnen will!*

EIN GEBET FÜR HEUTE

Danke, Vater, dass deine Treue in meinem Leben sichtbar ist. Ich entscheide mich heute dafür, dir meine Vergangenheit, meine Gegenwart und meine Zukunft anzuvertrauen. Schenke mir Weisheit, die unterschiedlichen Phasen in meinem Leben zu erkennen und zu akzeptieren, und lehre mich, all das Neue anzunehmen, was du für mich bereithältst. Ich weiß, dass du ein neues, siegreiches Kapitel voller Segen in meinem Leben aufschlagen wirst. In Jesu Namen, amen.

IMPULS FÜR DEN TAG

Wenn Sie heute Ihre Lebensgeschichte aufschreiben müssten, was würde dort stehen? Wäre Ihre Geschichte geprägt von negativen Erfahrungen aus der Vergangenheit oder von den Einschränkungen in der Gegenwart? Wäre sie geprägt davon, was Sie alles verloren oder wie Sie gerade so überlebt haben, oder würde sie davon zeugen, wie sich Ihre Träume erfüllt haben? Wenn Sie Ihre Träume eigentlich schon zu den Akten gelegt haben, dann wagen Sie es heute, Sie wieder hervorzukramen. Bitten Sie Gott, sie in Ihrem Kopf und in Ihrem Herzen wiederzubeleben, denn es ist Zeit für eine größere Vision!

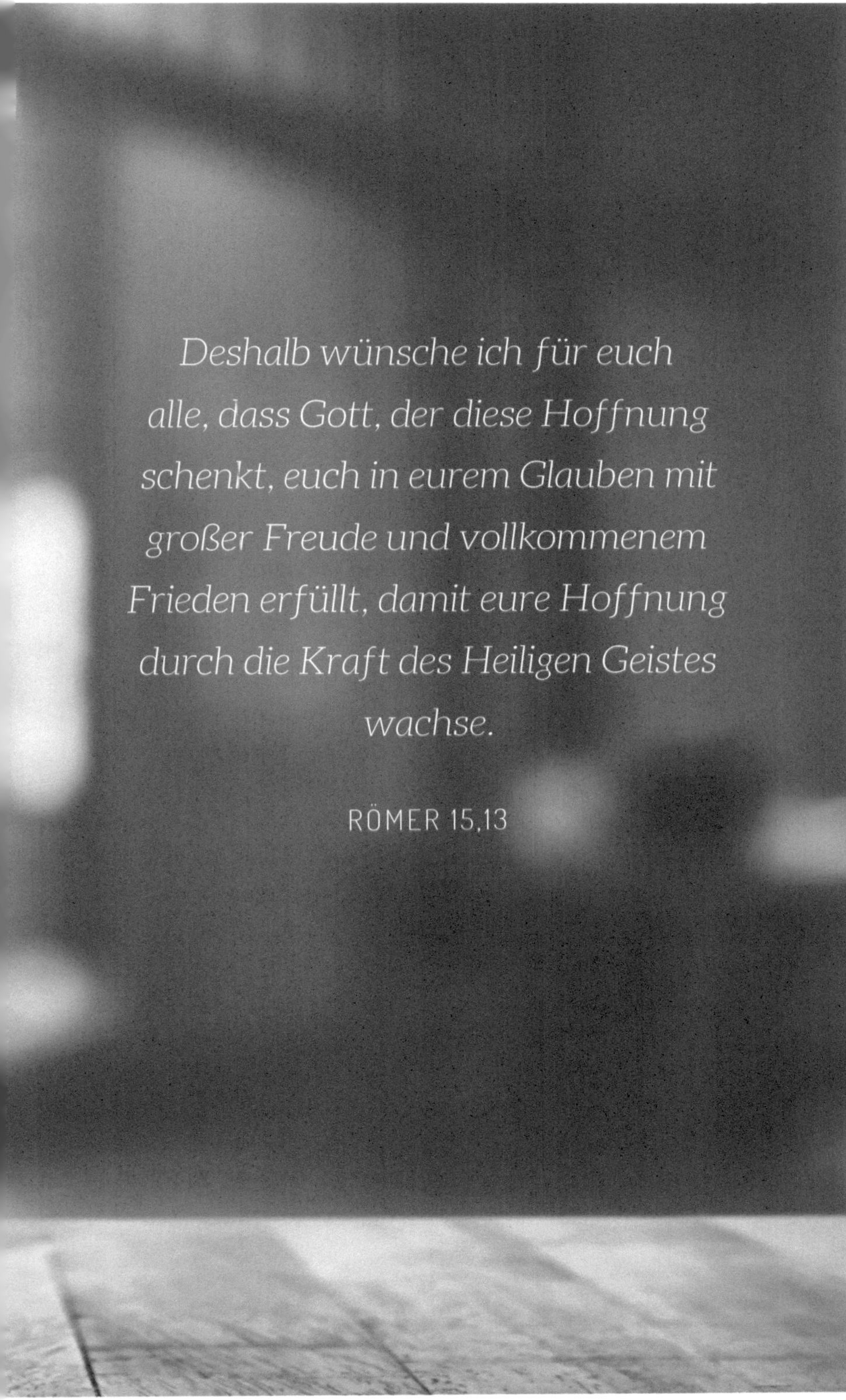

Deshalb wünsche ich für euch alle, dass Gott, der diese Hoffnung schenkt, euch in eurem Glauben mit großer Freude und vollkommenem Frieden erfüllt, damit eure Hoffnung durch die Kraft des Heiligen Geistes wachse.

RÖMER 15,13

GEWISSHEIT IM GLAUBEN

BIBELVERS FÜR DEN TAG

Ich aber bin gewiss, dass ich am Leben bleibe und sehen werde, wie gut es Gott mit mir meint.

PSALM 27,13

Als David Psalm 27 verfasste, machte er gerade eine schwere Zeit durch. Aber obwohl es nicht so lief, wie er es sich vorgestellt hatte, sagte er sinngemäß: „Ich mache mir keine Sorgen. Ich erschrecke nicht. Ich bin sicher, dass ich Gottes Güte erleben werde." Ich lese daraus Folgendes: „Die Lage, in der ich mich befinde, mag zwar schwierig sein, aber deshalb werde ich noch lange nicht meine Träume aufgeben. Ich bin sicher, dass ich Gottes Wohlwollen auf ganz neue Weise erfahren werde."

Genau diese Haltung sollten auch Sie heute einnehmen, denn das, worauf man sich ausrichtet, wird man höchstwahrscheinlich auch erleben. Wie schlimm Ihre medizinische Diagnose auch sein mag, wie schlecht es um Ihre Finanzen oder Ihre Beziehung auch stehen mag – Sie können gewiss sein, dass Sie Gottes Segen erfahren werden! Er ist der allmächtige, allwissende Schöpfer des Universums und Sie sind in seiner Hand. Für ihn ist nichts zu schwer. Halten Sie im Glauben an dieser Tatsache fest und konzentrieren Sie sich heute ganz auf seine Güte. Lassen Sie sich von seinem Frieden erfüllen, während Sie unter seinem Segen durch den Tag gehen.

EIN GEBET FÜR HEUTE

Danke, Vater, für deine Güte in meinem Leben und dafür, dass du mich fest in deiner Hand hältst. Womit auch immer ich heute konfrontiert werde, ich entscheide mich dafür, mein Herz und meinen Verstand ganz auf dich auszurichten und mich auf das zu konzentrieren, was du mir versprochen hast. Ich bin gewiss, dass ich deine Güte erleben werde! Ich richte meinen Blick ganz fest auf dich und bitte dich um deinen Frieden. In Jesu Namen, amen.

IMPULS FÜR DEN TAG

Was erwarten Sie vom Leben? Rechnen Sie eher mit Gutem oder Schlechtem, mit Großartigem oder Mittelmäßigkeit? Lassen Sie nicht zu, dass Ihre Lebensumstände oder Gefühle Ihre Begeisterung dämpfen und Sie in negativem Denken gefangen halten. Beginnen Sie heute damit, sich bewusst nach Gottes Güte auszustrecken! Wenn Sie in einer Grundhaltung des Glaubens und Vertrauens leben, dann wird sich über kurz oder lang die Güte Gottes zeigen, und die schwierige Situation wird sich zu Ihren Gunsten wenden.

ZUR RUHE KOMMEN

BIBELVERS FÜR DEN TAG

Seid stille und erkennet, dass ich Gott bin!
PSALM 46, 11; LÜ

Es gibt heutzutage so viele Menschen, die mit Schrecken feststellen, dass sie getrieben sind, gefangen in der Alltagshektik, weil sie in immer weniger Zeit immer mehr schaffen müssen. Es scheint fast so, als würden sie permanent nach Möglichkeiten suchen, wie sie noch mehr in ihre ohnehin schon übervollen Terminkalender quetschen können. Doch Gott lädt uns dazu ein, unser Lebenstempo zu drosseln und zu ihm zu kommen, damit unsere Seele bei ihm zur Ruhe kommen kann. Er lädt uns ein, in seiner Gegenwart still zu werden, damit wir seine Stimme hören können.

Nehmen Sie sich jeden Tag etwas Zeit, um in der Bibel zu lesen und sich mit Gottes Verheißungen zu beschäftigen. Hören Sie im Auto Lobpreismusik. Was immer Sie auch tun, machen Sie es sich zur Gewohnheit, im Laufe des Tages Zeit mit Gott zu verbringen. Werden Sie still und danken Sie ihm für alles, was er Ihnen schenkt. Blenden Sie Ihren vollen Terminkalender aus und konzentrieren Sie sich ganz auf Gott. Verweilen Sie in seiner Liebe, lassen Sie ihn zu Ihrem Herzen sprechen und sich von seinem Frieden und seiner Kraft erfüllen. Dadurch werden Sie stark und bleiben auf Kurs!

EIN GEBET FÜR HEUTE

Danke, Vater, dass du mich mit deiner Liebe und Gnade reich beschenkst. Ich will heute ganz bewusst alles hinter mir lassen, was mich ablenkt, und mich ganz auf dich konzentrieren. Ich beschließe, jetzt vor dir still zu werden und zu hören, was du mir sagen möchtest. Erneuere mich und hilf mir, deine Stimme klar und deutlich hören zu können. Schenke mir deinen Frieden und deine Kraft. In Jesu Namen, amen.

IMPULS FÜR DEN TAG

Die Bibel versichert uns, dass in Gottes Gegenwart eine Fülle an Freude und Frieden auf uns wartet und dass wir erfrischt und erneuert werden. Nehmen Sie sich jeden Morgen etwas Zeit, um in Gottes Gegenwart still zu werden, zu beten und in der Bibel zu lesen. Wenn Sie Zeit mit Gott verbringen und ihn auch im Laufe des Tages an die erste Stelle setzen, dann wird Ihr Tag auf jeden Fall besser verlaufen. Dann erwarten Sie ein reicher Lohn und ein Leben in Fülle.

GOTT ÖFFNET UND SCHLIESST TÜREN

BIBELVERS FÜR DEN TAG

Ich weiß, was du getan und geleistet hast. Sieh, ich habe dir eine Tür geöffnet, die niemand verschließen kann. Deine Kraft ist klein; doch du hast an dem, was ich gesagt habe, festgehalten und dich unerschrocken zu mir bekannt.

OFFENBARUNG 3,8

In der Bibel lesen wir, dass, wenn Gott uns eine Tür öffnet, es nichts und niemanden gibt, der sie wieder schließen könnte. Wir müssen uns allerdings darüber im Klaren sein, dass Gott manchmal auch eine Tür schließt, weil er noch etwas Besseres für uns bereithält. Nur weil wir denken, dass dieser oder jener Weg logischerweise der richtige für uns sein muss, heißt das noch lange nicht, dass es auch wirklich der Weg ist, den Gott für uns vorgesehen hat. Nur weil etwas in der Vergangenheit schon einmal so gewesen ist, heißt das nicht automatisch, dass es beim nächsten Mal auch wieder so sein muss.

Bleiben Sie also offen für Gottes Wege und vertrauen Sie ihm. Wenn Sie immer nur auf die verschlossenen Türen schauen, die

Ihnen den Weg versperren, dann verpassen Sie vielleicht die Tür, die hinter Ihnen gerade aufgeht! Gelingt es Ihnen aber, Gott Ihre eigenen Pläne anzuvertrauen, dann wird er dafür sorgen, dass Sie diese offenen Türen auch wirklich bemerken. In der Bibel steht, dass sein Wort ein Licht auf unserem Weg ist. Wir sollten also eine Haltung einnehmen, in der wir sagen: „Ich überlasse dir das Steuer, Herr. Dein Wille geschehe in meinem Leben. Ich vertraue auf dein Timing und darauf, dass du es auf die richtige Art und Weise tun wirst.“ Und dann treten Sie einen Schritt zurück und halten Sie Ausschau nach der offenen Tür, die er für Sie bereithält.

EIN GEBET FÜR HEUTE

Ich möchte dich heute preisen, Vater, und dir dafür danken, dass du meine Schritte lenkst. Ich entscheide mich dafür, dir auch dann zu vertrauen, wenn sich eine Tür vor mir schließt. Ich weiß, dass du mein Bestes willst, und deshalb stelle ich mich dir voll und ganz zur Verfügung. Ich überlasse dir die Führung in meinem Leben und halte Ausschau nach den Türen, die du für mich öffnen willst. Hilf mir, dir von ganzem Herzen zu vertrauen. In Jesu Namen, amen.

IMPULS FÜR DEN TAG

Es gibt viel zu viele Menschen, die ihre Leidenschaft verlieren, wenn sie mehrmals nacheinander auf eine geschlossene Tür stoßen. Vielleicht haben auch Sie irgendwann einmal Ablehnung erfahren, sind ausgebremst oder übergangen worden, aber das ändert nichts an Gottes gutem Plan für Ihr Leben. Entscheidend ist, dass Sie sich nicht von den geschlossenen Türen entmutigen lassen, sondern weiterhin Ausschau halten nach den Türen, die Gott stattdessen für Sie geöffnet hat.

WENN SIE BETEN

BIBELVERS FÜR DEN TAG

Aber wenn ihr ihn um etwas bitten wollt, sollt ihr vorher den Menschen vergeben, denen ihr etwas vorzuwerfen habt. Dann wird euch der Vater im Himmel eure Schuld auch vergeben.

MARKUS 11,25

Vielen Menschen fragen sich, warum ihre Gebete nicht erhört werden. Sie fühlen sich weit von Gott entfernt, können aber nicht erklären, warum. Sie lieben Gott und versuchen, das Richtige zu tun, aber tief in ihrem Innern spüren sie, dass irgendetwas nicht in Ordnung ist.

Wenn wir in der Bibel nachschauen, finden wir vieles, was die Erhörung unserer Gebete verhindern kann, darunter auch unsere Weigerung, anderen Menschen zu vergeben. Gott weiß, wie zerstörerisch eine solche Haltung ist, denn sie ist wie eine Wand zwischen ihm und uns. Entscheiden wir uns jedoch zu vergeben, wird diese Wand wieder eingerissen. Ein weiser Mensch hat es einmal so formuliert: „Vergebung bedeutet, den Gefangenen zu befreien und dann zu merken, dass man selbst gefangen gewesen ist."

Wenn Sie im Gebet vor Gott kommen, dann bitten Sie ihn, Ihr Herz und Ihr Denken zu prüfen. Finden Sie heraus, ob es in Ihrem Herzen noch Unversöhnlichkeit gibt, die Ihr Gebet schwächt und Ihre Beziehung zu Gott beeinträchtigt. Es mag sein, dass die andere Person im Unrecht war und Sie zutiefst verletzt hat, aber nichts auf der Welt ist es wert, dass Sie Ihren Frieden mit dem allmächtigen Gott aufs Spiel setzen. Wenn Sie vergeben, dann heißt das ja nicht automatisch, dass Sie das Handeln Ihres Gegenübers damit gutheißen, sondern nur, dass Sie Gott die Angelegenheit überlassen. Wenn Sie heute beten, dann entscheiden Sie sich dafür zu vergeben. Lassen Sie nicht zu, dass etwas zwischen Ihnen und all dem Guten steht, das Gott für Ihre Zukunft bereithält!

EIN GEBET FÜR HEUTE

Vater, ich komme heute mit einem offenen Herzen zu dir. Prüfe mich und zeige mir, wo es in meinem Leben immer noch Punkte gibt, an denen ich nicht bereit bin zu vergeben oder wo ich etwas tue oder denke, was dir nicht gefällt. Danke, dass du mir den richtigen Weg zeigen willst, damit ich für immer in Frieden mit dir leben kann. In Jesu Namen, amen.

IMPULS FÜR DEN TAG

Es kann sein, dass Sie nach außen hin erfolgreich sind, doch wenn Sie innerlich unversöhnlich oder verbittert sind, ist aller Erfolg nichts wert. Wir versuchen oft, unsere Unversöhnlichkeit, unsere Ablehnung und unseren Zorn zu unterdrücken, aber irgendwann kommt all das, was Sie tief im Innern vergraben haben, unweigerlich wieder zum Vorschein. Nur Vergebung kann Sie von der Bitterkeit befreien, die alles in Ihnen zu vergiften droht.

DER DAS JOCH ZERBRICHT

BIBELVERS FÜR DEN TAG

Zu der Zeit wird seine Last von deiner Schulter weichen und sein Joch von deinem Halse, ja, das Joch wird von deinem Nacken genommen.

JESAJA 10,27; LÜ

Ein Joch legte man früher Ochsen in den Nacken, um sie besser lenken zu können, wenn sie vor den Pflug gespannt waren. Das Joch schränkte nämlich die Bewegungsfreiheit des Zugtieres ein, und wenn es versuchte auszubrechen, wurde es mit dem Joch wieder in die Spur gebracht. Obwohl ein Ochse ein starkes Tier ist, konnte das verhältnismäßig kleine Joch ihn daran hindern, seinen eigenen Weg zu gehen.

Heutzutage gibt es viele Menschen, die gar nicht merken, dass sie ein Joch auf ihren Schultern tragen. Sie fragen sich, wieso alles in ihrem Leben so mühsam zu sein scheint und warum sie nicht vorankommen. Die Antwort darauf lautet: Weil sie von ihrem Joch niedergedrückt werden.

Vielleicht zieht Sie noch immer etwas Negatives herunter, das in der Vergangenheit einmal über Ihnen ausgesprochen worden ist.

Und jedes Mal wenn Sie etwas anpacken wollen, hören Sie die Stimme Ihrer Eltern, eines Lehrers oder Trainers, die Ihnen zuflüstert: „Das schaffst du sowieso nicht. Dazu fehlt dir schlicht und ergreifend das nötige Talent." Am Ende schrecken Sie vor jeder Herausforderung zurück. Genauso wirkt ein Joch.

Ich versichere Ihnen heute, dass Gott die Last von Ihren Schultern nehmen und Ihr Joch zerbrechen wird. Bitten Sie ihn darum und er befreit Sie von allen Fesseln der Vergangenheit. Entscheiden Sie sich dafür, zu vergeben und das Joch der Bitterkeit loszuwerden. Lesen Sie in Gottes Wort, lassen Sie sich von ihm befreien und leben Sie das siegreiche Leben, das er für Sie vorgesehen hat!

EIN GEBET FÜR HEUTE

Vater, ich liebe dich und gebe dir alle Ehre. Danke, dass du jedes Joch der Gebundenheit zerbrichst, das noch auf meinen Schultern lastet. Ich entscheide mich heute ganz bewusst dafür, die Verletzungen und den Schmerz meiner Vergangenheit an dich abzugeben und nach deinem Wort zu leben, weil es meine Seele lebendig macht. Danke, dass du mich vollkommen frei machen willst. Ich lebe in der Gewissheit, dass jeder, den der Sohn frei gemacht hat, auch wirklich frei ist. In Jesu Namen, amen.

IMPULS FÜR DEN TAG

Jesus sagt: „Das Joch, das ich euch auflege, ist leicht, und was ich von euch verlange, ist nicht schwer zu erfüllen" (Matthäus 11,30). Gottes Gnade und sein Segen erleichtern die Last in Ihrem Leben und nehmen Druck weg. Vertrauen Sie darauf, dass Gott bereits jetzt Lösungen für all Ihre Probleme bereithält. Was normalerweise schwierig wäre, scheint plötzlich leicht zu sein. Sie haben gute Ideen und werden mit Weisheit und Kreativität ausgestattet.

HIMMELSWÄHRUNG

BIBELVERS FÜR DEN TAG

Ihr werdet alles bekommen,
wenn ihr Gott im Glauben darum bittet.
MATTHÄUS 21,22

In unserer irdischen Welt sind wir auf Geld angewiesen, wenn wir etwas brauchen oder haben möchten. Im Himmelreich ist die gültige Währung der Glaube. In der Bibel steht sinngemäß, dass wir bekommen werden, worum wir bitten, wenn wir voller Glauben dafür beten. Glaube versetzt Berge. Gott hat Gefallen daran, wenn wir glauben. Glaube öffnet die Tür zum Himmelreich.

Aber was genau bedeutet es eigentlich zu glauben? Es bedeutet, dass wir davon überzeugt sind, dass es Gott gibt und dass er vollkommen gut ist. Es bedeutet, dass wir der festen Überzeugung sind, dass Gott diejenigen belohnen wird, die ihn von ganzem Herzen suchen. Es bedeutet, darauf zu vertrauen, dass die Verheißungen Gottes wahr sind. Und es bedeutet auch, auf Gottes Wort zu hören und danach zu handeln.

Und woher kommt der Glaube in unserem Leben? Er ist ein Geschenk von Gott. Jeder von uns bekommt ein bestimmtes Maß an Glauben von ihm geschenkt, und unsere Aufgabe ist es, diesen Glauben zu vermehren. Je mehr unser Glaube zunimmt, desto häufiger erleben wir, wie die Verheißungen Gottes in unserem Leben wahr werden.

Bei allem, was Sie tun, denken Sie immer daran, dass der Glaube die Währung des Himmels ist, und investieren Sie deshalb in ihn, indem Sie sich Zeit für Gottes Wort nehmen.

EIN GEBET FÜR HEUTE

Vater im Himmel, ich danke dir für deine Liebe und Freundlichkeit, für deine große Gnade und Barmherzigkeit. Danke, dass du mich mit Glauben beschenkst, und danke auch für dein Wort, das meines Fußes Leuchte und ein Licht auf meinem Weg ist. Ich bin gewiss, dass ich im Glauben wachsen werde! Ich entscheide mich dafür, mein Herz und meinen Verstand auf dein Wort auszurichten und zuzuhören, wenn du in deiner Wahrheit zu meinem Herzen sprichst. In Jesu Namen, amen.

IMPULS FÜR DEN TAG

Es gibt zwei Stimmen, die um unsere Aufmerksamkeit buhlen – die Stimme des Glaubens und die Stimme der Niederlage. Letztere meldet sich zu Wort, indem sie sagt: „Dieses Problem ist unlösbar. Das wird nicht funktionieren.“ Doch wenn Sie genau hinhören, können Sie gleichzeitig auch die Stimme des Glaubens wahrnehmen, die sagt: „Gott hat bereits eine Lösung für dein Problem gefunden und wird dir zum Sieg verhelfen.“ Auch wenn die Stimme der Niederlage lauter zu sein scheint, entscheiden Sie sich heute ganz bewusst dafür, auf die Stimme des Glaubens zu hören.

ER ERQUICKT MEINE SEELE

BIBELVERS FÜR DEN TAG

Der Herr ist mein Hirte, mir wird nichts mangeln.
Er weidet mich auf einer grünen Aue und führet mich zum frischen Wasser.
Er erquicket meine Seele.

PSALM 23,1-3; LÜ

....

Sie sind ein Wesen, das aus drei unterschiedlichen „Teilen" besteht: Sie haben einen Geist, das ist der Teil von Ihnen, der ewig leben wird. Sie leben in einem Körper aus Fleisch und Blut, solange Sie hier auf der Erde sind. Und Sie haben eine Seele, die sich wiederum aus Ihrem Verstand, Ihrem Willen und Ihren Gefühlen zusammensetzt.

In unserem heutigen Vers geht es um Ihre Seele. Sie ist der Teil von Ihnen, den der Feind anzugreifen versucht, und sie ist auch der Teil, der vielleicht noch heute unter den Enttäuschungen und Verletzungen aus Ihrer Vergangenheit leidet.

Aber wenn Gott Ihre Seele erquickt, wenn er sie anrührt und erfrischt, dann berührt er die verletzten Stellen mit seiner heilenden Kraft und stellt sie wieder vollkommen her.

In Psalm 23 heißt es weiter, dass Gott uns zum frischen Wasser führt und auf grünen Auen weidet. Was für ein wundervolles Bild! Gott versorgt uns, und wenn wir in ihm ruhen, dann kann er in unserem Leben wirken. Lassen Sie sich also von der Hetze und dem Tempo des Alltags nicht so sehr antreiben, dass Sie nicht mehr innehalten und ausruhen können. Nehmen Sie sich Zeit, vor Gott still zu werden und sich mit seinem Wort zu beschäftigen. Lassen Sie ihn Ihre Seele erquicken, damit Sie all das Gute empfangen können, das er Ihnen geben will!

EIN GEBET FÜR HEUTE

Ich preise dich für diesen neuen Tag, Vater. Ich danke dir, dass du mein guter Hirte bist und mich an einen Ort der Ruhe führst. Bitte stärke meine Seele und schenke mir neue Freude. Ich vertraue dir jeden Bereich meines Lebens an und bitte dich um innere Heilung. Ich rechne fest damit, dass du eine gute Zukunft für mich im Sinn hast, und ich bin gewiss, dass du mich vollkommen heil machen wirst. In Jesu Namen, amen.

IMPULS FÜR DEN TAG

Was auch immer Sie erlebt haben, Gott möchte alles Negative in Ihrem Leben umkehren und Ihnen das erstatten, was Ihnen geraubt oder vorenthalten wurde. Er möchte Ihre Ehe, Ihre Familie, Ihre Karriere und auch Ihre zerbrochenen Träume wiederherstellen. Er möchte Ihnen Freude, Frieden und Erfolg schenken, wie Sie es nie zuvor erlebt haben. Doch sein größter Wunsch ist es, Ihre Beziehung zu ihm wiederherzustellen und zu erneuern.

SIE STELLEN DIE WEICHEN

BIBELVERS FÜR DEN TAG

Ich will den Herrn loben allezeit; sein Lob soll immerdar in meinem Munde sein.

PSALM 34,2; LÜ

Was ist Ihr erster Gedanke, wenn Sie morgens aufwachen? Denken Sie daran, dass Sie schon morgens die Weichen für den Tag stellen. Vielleicht haben Sie gestern etwas Schweres erlebt oder Probleme gehabt, aber heute ist ein neuer Tag, an dem Sie sich nach Gottes Segen ausstrecken können.

In der Bibel steht sinngemäß, dass es für die Menschen, die zu Gott gehören, immer heller wird, je dunkler es auf der Welt wird. Der Weg der Gerechten ist wie das Licht der Morgendämmerung, das immer mehr zunimmt, bis schließlich der neue Tag anbricht.

Vielleicht ist es um Sie herum gerade besonders düster. Vielleicht sind die Menschen in Ihrem Umfeld pessimistisch und negativ, beklagen sich über alles und sind mutlos, aber lassen Sie sich davon nicht anstecken. Je dunkler es um Sie herum wird, desto heller werden Sie strahlen. Seien Sie fest entschlossen, die Weichen für einen guten Tag zu stellen, indem Sie Gott loben und Worte der Hoffnung über Ihrer Zukunft aussprechen. Halten Sie am Glauben fest und beschließen Sie, ein Licht in der Welt zu sein!

EIN GEBET FÜR HEUTE

Himmlischer Vater, ich danke dir dafür, dass deine Güte in meinem Leben so deutlich zu erkennen ist. Du bist gut und deine Barmherzigkeit bleibt ewiglich. Ich entscheide mich dafür, meinen Tag mit dir zu beginnen und dadurch die Weichen für einen guten Tag und eine strahlende Zukunft zu stellen. Hilf mir, alles anzunehmen, was du mir schenken willst – deine Gunst, Gnade und Barmherzigkeit, deine Weisheit und deine Stärke. Danke, dass du mir immer treu zur Seite stehst. In Jesu Namen, amen.

IMPULS FÜR DEN TAG

Verkünden Sie jeden Morgen gleich nach dem Aufwachen: „Heute wird ein guter Tag!“ Versuchen Sie, diese erwartungsvolle Haltung den ganzen Tag über beizubehalten, denn an ihr wird der Glaube deutlich, der in Ihnen wirkt. Wenn Sie mit neuen Chancen rechnen, wenn Sie davon ausgehen, dass Sie von anderen Menschen gemocht werden oder wenn Sie fest damit rechnen, dass ein großartiges Jahr vor Ihnen liegt, dann wird dadurch Glaube in Ihnen freigesetzt und dann kann wirklich jede Menge Gutes passieren.

HOLEN SIE SICH IHRE FREUDE ZURÜCK

BIBELVERS FÜR DEN TAG

Ihr habt ihn nie gesehen und liebt ihn doch. Ihr glaubt an ihn, obwohl ihr ihn auch jetzt nicht sehen könnt, und eure Freude ist herrlich, ja, grenzenlos.

1. PETRUS 1,8

Wenn Ihnen Ihre Lebensumstände die Freude rauben, dann ist heute der perfekte Tag für Sie, um sie sich zurückzuholen. Sie sind nicht dazu geschaffen, ein erschöpftes, deprimiertes und niedergeschlagenes Leben zu führen, sondern Gott möchte, dass Sie sich auf Ihre Zukunft freuen und dass Sie lernen, jeden einzelnen Tag zu genießen.

Wenn Sie nicht ganz bewusst etwas dafür tun, um Ihre Freude zu bewahren, dann werden Sie zunehmend ernster und freudloser werden. Der Feind wird Ihnen nicht nur die Freude rauben, die Ihnen eigentlich zusteht, sondern er nimmt auch Ihrer Familie und Ihren Freunden das Geschenk weg, das Sie eigentlich für sie sein sollen. Wenn Sie voller Freude sind, dann können Sie auch die Menschen in Ihrem Umfeld positiv beeinflussen, denn Freude wirkt ansteckend.

Ziehen Sie also heute einen Schlussstrich und sagen Sie: „Ich werde ab heute nicht mehr negativ, mutlos, missmutig und niedergeschlagen durchs Leben gehen, sondern glücklich und voller Freude!" Beschließen Sie, an der Freude festzuhalten, die Ihre Stärke ist.

EIN GEBET FÜR HEUTE

Vater im Himmel, ich preise dich und danke dir dafür, dass die Freude an dir meine Stärke ist. Ich entscheide mich ganz bewusst dafür, zu lächeln und ein Leben voller Fröhlichkeit zu führen. Ich bitte dich, mich mit Freude zu erfüllen, sodass ich den Menschen, die du in mein Leben gestellt hast, ein Segen sein kann. In Jesu Namen, amen.

IMPULS FÜR DEN TAG

In der Bibel heißt es: „[…] Die Freude am Herrn gibt euch Kraft!" (Nehemia 8,10). Der Feind weiß: Wenn es ihm gelingt, dass Sie ein niedergeschlagenes und bedrücktes Leben führen, haben Sie nicht die nötige körperliche, seelische und geistige Kraft, um seinen Angriffen etwas entgegenzusetzen. Hören Sie also trotz aller äußeren Umstände nicht damit auf, Gott zu loben, denn nur so können Sie Ihr Leben heute in seiner ganzen Fülle genießen.

ÖFFNEN SIE DIE TÜR

BIBELVERS FÜR DEN TAG

Wenn wir am Abend noch weinen und traurig sind, so können wir am Morgen doch wieder vor Freude jubeln.

PSALM 30,6

In der Bibel steht sinngemäß, dass die Freude am Morgen kommt. Stellen Sie sich einmal vor, dass, wenn Sie morgens aufwachen, Gott bereits vor Ihrer Tür steht, um Sie mit einer Extraportion Freude zu beschenken. Und wissen Sie, was Sie tun, wenn Sie im Glauben aufstehen und sagen: „Heute wird ein guter Tag“? Dann öffnen Sie ihm die Tür und nehmen sein Geschenk an.

Das Problem ist nur, dass manche Menschen gar nicht erst auf sein Klopfen reagieren. Tag für Tag, Monat für Monat klopft Gott bei ihnen an und sagt: „Nimm mein Geschenk doch an! Du kannst glücklich sein! Du kannst guten Mutes sein! Du kannst Freude am Leben haben!“

Warum öffnen Sie ihm eigentlich nicht? Fassen Sie heute den Beschluss, jeden Morgen gleich nach dem Aufwachen zu sagen: „Danke, Vater, für diesen wunderschönen neuen Tag. Heute werde ich glücklich sein. Ich werde diesen Tag genießen. Ich werde jemandem eine Freude machen. Ich entscheide mich heute dafür, die Tür zu öffnen und dein Geschenk der Freude anzunehmen!“

EIN GEBET FÜR HEUTE

Vater, ich preise dich für einen weiteren wunderschönen Tag. Deine Barmherzigkeit ist jeden Morgen neu. Danke, dass du mir Freude schenkst und deinen Frieden, der höher ist als alle Vernunft. Danke, dass du auch in schweren Zeiten bei mir bist. Was auch immer ich durchmache, ich werde mir von nichts und niemandem meine Freude rauben lassen. Stattdessen werde ich jeden Morgen die Tür öffnen und die Freude hereinlassen, mit der du mich beschenken willst. In Jesu Namen, amen.

IMPULS FÜR DEN TAG

Rechnen Sie fest mit Gottes Freude. Rechnen Sie mit neuen Durchbrüchen. Erwarten Sie, dass sich Probleme lösen und zum Guten wenden. Erwarten Sie, dass Sie ungeahnte Höhen erklimmen werden und dass Ihre größten Siege noch vor Ihnen liegen. Gott wird Ihnen helfen, jedes Hindernis zu überwinden, und Sie werden auf erstaunliche Weise seine Treue und Güte erfahren.

VON GANZEM HERZEN

BIBELVERS FÜR DEN TAG

Wenn du etwas tust, dann sei mit vollem Einsatz bei der Sache!

PREDIGER 9,10

Wenn Sie etwas so gut machen, wie Sie nur können, weil Sie Gott damit die Ehre geben wollen, dann wird er Sie reichlich dafür segnen. Die Dinge werden Ihnen leichter von der Hand gehen und Sie werden gut vorankommen. Deswegen sollten wir alles daransetzen, immer unser Bestes zu geben, egal, was wir tun.

Das gilt auch für die kleinen Dinge. Wenn Sie beispielsweise Geschirr spülen oder den Rasen mähen, dann machen Sie dabei kein langes Gesicht und schauen Sie nicht frustriert drein, sondern mähen oder spülen Sie mit Begeisterung, so, als käme der Auftrag direkt von Gott. Und dann danken Sie Gott bei jedem Schritt oder Handgriff dafür, dass Sie gesund sind und Ihre Beine und Hände gebrauchen können. Gleiches gilt auch für die Arbeit: Tun Sie im Büro nicht nur das, was unbedingt nötig ist, denn Sie arbeiten nicht für Menschen, sondern für Gott. Seien Sie mit ganzem Herzen bei der Sache. Und wenn Sie ein Ehrenamt in der Gemeinde übernommen haben, dann wachen Sie nicht am Sonntagmorgen auf und denken: *Oh nein, wieso habe ich nur diese Aufgabe übernommen? Ich würde mich viel lieber wieder umdrehen und weiterschlafen,* sondern dienen Sie Gott von ganzem Herzen, denn dadurch geben Sie ihm die Ehre, die ihm gebührt.

EIN GEBET FÜR HEUTE

Danke, Vater, dass du deine segnende Hand über mir hältst. Danke, dass du mir Kraft und Gesundheit schenkst. Ich möchte dir von ganzem Herzen und voller Begeisterung dienen und in allem mein Bestes geben. Ich bin gewiss, dass du mich reichlich segnen wirst und dass ich in allen Lebensbereichen wachsen und mich weiterentwickeln werde, weil ich dir die Ehre gebe. Danke für deine Treue und Güte. In Jesu Namen, amen.

IMPULS FÜR DEN TAG

Schleppen Sie sich nicht durch den Tag. Verfallen Sie nicht in Ihren gewohnten Trott. Was auch immer Sie tun, tun Sie es voller Leidenschaft, denn wenn Sie beschwingten Schrittes und mit einem Lächeln im Gesicht zur Arbeit gehen, dort Ihr Bestes geben, anderen gegenüber freundlich sind und dankbar für das, was Sie haben, dann streuen Sie damit Samenkörner aus. Und Gott wird diese Saat aufgehen lassen und Sie reichlich dafür segnen!

DIE BESTE MEDIZIN

BIBELVERS FÜR DEN TAG

Ein fröhliches Herz macht den Körper gesund; aber ein trauriges Gemüt macht kraftlos und krank.

SPRÜCHE 17,22

Es wird in Ihrem Leben immer wieder Dinge geben, die Ihnen die Freude rauben wollen. Das kann beispielsweise eine unfreundliche Verkäuferin sein, ein Familienmitglied, das Sie ärgert, ein Stau auf der Autobahn, ein verspäteter Flieger oder auch ein Teenager, der stundenlang das Bad blockiert.

Doch lassen Sie nicht zu, dass Sie sich in den nächsten 20 Jahren immer über dieselben Dinge aufregen. Ändern Sie stattdessen Ihre Grundhaltung, indem Sie sich entscheiden, ruhig zu bleiben und sich nicht mehr aufzuregen. Machen Sie sich bewusst, dass eine entspannte Grundhaltung Ihr Leben nicht nur verbessern wird, sondern es auch verlängern kann. Wenn Sie das nächste Mal Gefahr laufen, sich aufzuregen, stellen Sie sich einfach die Frage: „Ist diese Sache es wirklich wert, dass ich dafür auf meine Freude verzichte?"

Wenn Sie beschließen, sich Ihre Freude nicht rauben zu lassen, sondern jeden Tag glücklich zu leben, dann verspricht Gott Ihnen, dass Sie stark sein und immer mehr erreichen werden. In der Bibel lesen wir sogar, dass ein fröhliches Herz den Körper gesund macht! Halten Sie also an Ihrer Freude fest und lassen Sie Ihr Herz heil werden, damit Sie all den Segen empfangen können, den Gott für Sie bereithält.

EIN GEBET FÜR HEUTE

Vater im Himmel, ich will heute ganz bewusst an deiner Freude festhalten und fröhlich sein! Ich werde mich nicht aufregen, sondern entscheide mich dafür, jeden Tag fröhlich und in Frieden zu leben und dir von ganzem Herzen zu dienen. Ich will mich auf deine Stärke verlassen und auf dein Wort, das meine Schritte lenkt. Hilf mir, Freude, Ermutigung und Begeisterung zu verbreiten, wohin ich auch gehe. In Jesu Namen, amen.

IMPULS FÜR DEN TAG

Manche Menschen verlieren ihre Freude, weil sie so viel schweres Gepäck aus der Vergangenheit mit sich herumschleppen. Sie haben die Taschen voller Ablehnung, Schuldgefühle, Verurteilung, Enttäuschung, Reue und Bitterkeit. Doch das Leben ist zu kurz, um so zu leben. Lassen Sie gleich zu Beginn des Tages all die Rückschläge und Enttäuschungen von gestern los und beginnen Sie jeden Morgen neu, indem Sie die Freude in Ihr Leben hereinlassen.

BÖSES MIT GUTEM ÜBERWINDEN

BIBELVERS FÜR DEN TAG

Lass dich nicht vom Bösen überwinden, sondern überwinde das Böse mit Gutem.

RÖMER 12,21; LÜ

In der Bibel lesen wir, dass wir das Böse mit Gutem überwinden können. Im Klartext heißt das Folgendes: Wenn sich jemand Ihnen gegenüber falsch verhält, dann begeben Sie sich nicht auf sein Niveau, sondern tun Sie genau das Gegenteil. Seien Sie freundlich, gnädig und barmherzig. Das ist nicht immer leicht – ehrlich gesagt ist es *nie* leicht –, denn es verlangt viel Demut, jemandem respektvoll zu begegnen, von dem man schlecht behandelt worden ist.

Aber wissen Sie, was passiert, wenn Sie trotzdem eine demütige Haltung bewahren? Dann wird Gott Sie mit seiner Güte und Gnade beschenken, denn in der Bibel steht: „[…] Gott widersteht den Hochmütigen, aber den Demütigen gibt er Gnade" (1. Petrus 5,5; LÜ). Seien Sie also heute gnädig, säen Sie Gnade und empfangen Sie dadurch Gottes Kraft und Stärke, damit Sie seine Berufung für Ihr Leben erfüllen können.

EIN GEBET FÜR HEUTE

Vater, ich liebe dich und gebe dir Lob und Ehre. Danke, dass ich durch deine Gnade zum Überwinder werde. Ich entscheide mich dafür, mithilfe des Heiligen Geistes Böses mit Gutem zu überwinden. Hilf mir, anderen Menschen in Liebe und Barmherzigkeit zu begegnen und dadurch gleichzeitig Liebe und Barmherzigkeit zu säen. Ich wünsche mir von Herzen, immer und unter allen Umständen friedfertig zu sein. In Jesu Namen, amen.

IMPULS FÜR DEN TAG

Wenn Sie Menschen, von denen Sie schlecht behandelt worden sind, im Gegenzug auch schlecht behandeln, dann machen Sie dadurch alles nur noch schlimmer. Wenn Sie zornig auf jemanden reagieren, der wütend auf Sie ist, dann gießen Sie damit nur Öl ins Feuer. Böses lässt sich nur mit Gutem überwinden. Wenn Sie von jemandem verletzt worden sind, gibt es nur eine Möglichkeit, wie Sie darüber hinwegkommen können: indem Sie dieser Person gegenüber barmherzig sind, ihr vergeben und tun, was richtig ist. Bleiben Sie ruhig und friedfertig, auch und gerade dann, wenn die Menschen um Sie herum es nicht sind.

EINE ANDERE GESINNUNG

BIBELVERS FÜR DEN TAG

Ganz anders dagegen mein Diener Kaleb: Er ließ sich nicht beirren und ist mir immer treu gefolgt. Darum werde ich ihn in das Land bringen, das er bereits gesehen hat. Seine Nachkommen sollen es besitzen.

4. MOSE 14,24

In der Bibel lesen wir, wie Mose einmal zwölf Männer losschickte, die das Gelobte Land erkunden sollten. Das Volk Israel lagerte zu diesem Zeitpunkt bereits an der Grenze zu dem Land, das Gott ihm versprochen hatte, und es war voller Vorfreude, es endlich in Besitz zu nehmen.

Als die Männer nach 40 Tagen zurückkamen, berichteten elf von ihnen etwas Beunruhigendes, nämlich, dass es in dem Land Riesen gebe, die sie unmöglich besiegen könnten. Dieser alarmierende Bericht breitete sich wie ein Lauffeuer im Lager aus und die Menschen fingen an zu murren und sich zu beklagen. Doch einer der Kundschafter, sein Name war Kaleb, sah die Sache anders. Er versicherte Mose, dass sie die Riesen besiegen könnten. Er solle sofort das Lager abbrechen und das Land in Besitz nehmen.

Ist es nicht interessant, dass die Kundschafter alle dasselbe Land gesehen hatten und dennoch zu völlig unterschiedlichen Schlussfolgerungen gelangten? Wieso sind ihre Berichte wohl so unterschiedlich?

Ich glaube, dass es daran liegt, dass Kaleb eine andere Gesinnung und eine andere Sichtweise hatte als die restlichen Kundschafter. Während der Großteil von ihnen in erster Linie auf die Riesen schaute, hatte Kaleb zuerst seinen mächtigen Gott im Blick. Und die Menschen, die jammerten und sich beklagten, gelangten letztlich nicht ins Gelobte Land. Kaleb hingegen schon. Er führte eine neue Generation in das Land, das Gott seinem Volk versprochen hatte – eine Generation, die sich für den Segen Gottes entschieden hatte.

EIN GEBET FÜR HEUTE

Danke, Vater, für deine Güte in meinem Leben. Ich entscheide mich heute dafür, die negativen Stimmen dieser Welt auszublenden und dir zu vertrauen. Hilf mir zu glauben und schenke mir neuen Mut. Danke für all das Gute, das du in meinem Leben bereits getan hast. Ich vertraue darauf, dass du jedes Versprechen halten wirst, das du mir gegeben hast. In Jesu Namen, amen.

IMPULS FÜR DEN TAG

Was würden Sie heute Morgen berichten, wenn Sie einer der Kundschafter des Volkes Israel wären? Kaleb sah zwar die Riesen im Gelobten Land, aber im Gegensatz zu den elf anderen Kundschaftern vertraute er darauf, dass Gott nicht zu schwach wäre, um die Gegner zu besiegen. Er betrachtete sich als Mann Gottes, der von Gott bevollmächtigt und geführt wurde. Wie viel Wahrheit doch auch für uns darin liegt, denn auch Sie können sich sehen, wie Gott Sie sieht: als einen Sieger!

NICHTS WIRD VERSCHWENDET

BIBELVERS FÜR DEN TAG

Als alle satt waren, sagte Jesus zu seinen Jüngern: „Sammelt die Reste ein, damit nichts verdirbt!“

JOHANNES 6,12

In der Bibel wird davon berichtet, wie Jesus einmal 5.000 Menschen mit nur fünf Broten und zwei Fischen satt gemacht hat. Er segnete die Brote und Fische und vermehrte sie, sodass an diesem Tag alle mehr als genug zu essen hatten und am Ende sogar noch zwölf Körbe voll Brot und Fisch übrig waren. Der Grund für dieses Wunder ist die einfache Tatsache, dass der Gott, dem wir dienen, ein Gott der Fülle ist!

Als alle satt waren, bat Jesus seine Jünger, die Reste einzusammeln, damit nichts verderben würde. Und genauso handhabt es auch Gott: Bei ihm wird nichts vergeudet; nichts geht verloren und nichts ist umsonst. Für uns bedeutet das Folgendes: Keine Erfahrung, die wir machen, kein Leid, das uns zugefügt wird und keine Verletzung, die wir abbekommen, ist vergeblich oder ohne Sinn. Bei Gott ist kein einziger Traum vertan, denn nicht einmal ein Stückchen Brot kommt bei ihm um.

Wenn Sie das Gefühl haben, dass Sie Jahre Ihres Lebens im falschen Job oder mit den falschen Leuten oder Dingen vergeudet haben, dann seien Sie gewiss, dass Gott um diesen Umstand weiß und die verlorene Zeit wiedergutmachen wird. Er nimmt all die Erfahrungen, mit denen der Feind Ihnen ursprünglich schaden wollte, und lässt sie zu Ihrem Guten dienen, denn bei Gott ist nichts unmöglich! Er sorgt für Sie und hat Sie fest im Blick.

EIN GEBET FÜR HEUTE

Vater, ich liebe dich und bin dankbar für alles, was du für mich tust. Ich gebe dir jeden noch so kleinen Brocken meines Lebens – meine Vergangenheit, meine Gegenwart und meine Zukunft –, und ich danke dir dafür, dass du ein Gott bist, der alles neu machen kann. Ich vertraue dir, dass du jede negative Erfahrung nehmen und sie für mich zum Guten wenden wirst, denn ich weiß, dass bei dir nichts verschwendet wird oder umkommt. In Jesu Namen, amen.

IMPULS FÜR DEN TAG

Sie haben vielleicht schon Rückschläge oder Enttäuschungen erlebt, haben etwas versucht und sind damit gescheitert, doch betrachten Sie das alles nicht als Zeitverschwendung. Jede Herausforderung, die Sie erlebt haben, hat etwas Gutes bei Ihnen hinterlassen. Bei Gott ist nichts vergeudet. Nichts ist umsonst. Sie werden nicht von Ihrer Vergangenheit bestimmt. Ihre Vergangenheit hat Sie lediglich auf das vorbereitet, was noch kommt. Sie sind auf einem guten Weg und Ihr Durchbruch steht kurz bevor.

DIE RICHTIGE HALTUNG BEI GEGENWIND

BIBELVERS FÜR DEN TAG

Habt diese Gesinnung in euch,
die auch in Christus Jesus war.

PHILIPPER 2,5; ELB

Es gibt ein Sprichwort, das besagt: „Wie der Mensch im Herzen denkt, so ist er.“ Ich lese daraus Folgendes: Mit einer positiven, vom Glauben bestimmten Grundhaltung kommt man im Leben weiter als mit einer negativen, selbstkritischen Einstellung, die einen nur herunterzieht.

Wenn uns der Wind hart ins Gesicht bläst, dann hängt es sehr von unserer inneren Einstellung ab, wie die Sache ausgehen wird. Behandeln wir Menschen auch dann noch korrekt und anständig, wenn wir selbst schlecht behandelt werden? Bewahren wir uns auch dann noch unsere Freude, wenn alles schiefgeht? So viele Menschen lassen den Kopf hängen und fangen an, sich zu beklagen, wenn es nicht so läuft wie erwartet. Doch solch eine Haltung verschließt nur die Tür zur Gottes Kraft, die Wunder wirken kann. In der Bibel lesen wir, dass es Gott gefällt, wenn wir fest im Glauben stehen. Er versucht, uns darauf vorzubereiten, dass wir vorwärtskommen, aber dazu müssen wir ganz nah an ihm dranbleiben, durchhalten und den guten Kampf des Glaubens kämpfen!

Bewahren Sie sich also Ihren Glauben und bleiben Sie erwartungsvoll, auch wenn Sie gerade eine schwere Zeit durchmachen. Fangen Sie schon jetzt an, Gott dafür zu danken, dass er Sie hindurchtragen wird. Und wenn Sie standhaft bleiben, dann können Sie sich darauf verlassen, dass Sie gestärkt und weiser als je zuvor aus der Krise hervorgehen werden.

EIN GEBET FÜR HEUTE

Himmlischer Vater, ich danke dir für deine bedingungslose Liebe und Barmherzigkeit. Ich entscheide mich heute dafür, eine positive Haltung einzunehmen. Ich entscheide mich dafür, dich anzubeten und dir auch dann zu vertrauen, wenn ich aufgrund meiner menschlichen Denkweise nicht alles verstehen kann, was gerade passiert. Ich weiß, dass du etwas Gutes mit mir vorhast und dass mir alles zum Guten dienen wird. In Jesu Namen, amen.

IMPULS FÜR DEN TAG

Gott kann dort wirken, wo er Glauben findet. Halten Sie sich an der Tatsache fest, dass der allmächtige Gott auf Ihrer Seite ist. Berufen Sie sich auf sein Versprechen, für Sie einzutreten und zu kämpfen. Denken Sie daran, dass keine Waffe, die gegen Sie gerichtet ist, Sie treffen wird. Wenn Sie anfangen, so zu denken, dann werden Sie von Glaube und Zuversicht erfüllt sein, egal, was der heutige Tag auch bringen mag.

HINTER DIE FASSADE SCHAUEN

BIBELVERS FÜR DEN TAG

Richtet nicht nach dem äußeren Schein,
sondern urteilt gerecht!
JOHANNES 7,24

Vielleicht haben Sie schon einmal gehört, dass es nur sechs Sekunden dauert, bis man sich einen ersten Eindruck von einem anderen Menschen gemacht hat. Oft merken wir gar nicht, wie wir jemanden anschauen und umgehend entscheiden, ob wir diesen Menschen mögen oder nicht. In der Bibel steht, dass der Mensch nach dem Äußeren urteilt, während Gott das Herz ansieht. Jetzt denken Sie vielleicht: *Natürlich sieht Gott das Herz an. Er ist ja schließlich Gott. Aber wie soll ich denn bitte schön einem anderen Menschen ins Herz schauen?* Da haben Sie natürlich recht, aber, so sagt Jesus in diesem Vers, wir sollen nicht nur auf den äußeren Schein achten; wir sollen uns bemühen, hinter die Fassade zu blicken.

Sie können sich beispielsweise bewusst die Zeit nehmen, jemanden besser kennenzulernen, den Sie eigentlich schon längst abgeschrieben haben, denn Sie können nie wissen, was Jesus mit dieser Beziehung in Ihrem Leben noch alles vorhat.

Jesus hat gesagt: „Wahrlich, ich sage euch, was ihr einem dieser meiner geringsten Brüder getan habt, habt ihr mir getan" (Matthäus 25,40; ELB). Das bedeutet: Wenn Sie vorschnell über Menschen urteilen, dann urteilen Sie damit auch über Jesus. Tappen Sie nicht in diese Falle, sondern werfen Sie stattdessen einen Blick hinter die Fassade. Halten Sie Ausschau nach dem Guten, finden Sie einen gemeinsamen Nenner und warten Sie ab, was Gott durch diese Beziehungen in Ihrem Leben tun möchte!

EIN GEBET FÜR HEUTE

Vater im Himmel, ich preise dich von ganzem Herzen. Danke, dass du immer das Beste in mir siehst und mir meine Fehler nicht anrechnest. Bitte hilf mir, hinter die Fassade zu schauen und den Wert meines Gegenübers zu erkennen. Ich möchte lernen, andere Menschen mit deinen Augen zu sehen. Zeige mir, wie ich mit anderen in Kontakt treten und ein Segen sein kann, wohin ich auch gehe. In Jesu Namen, amen.

IMPULS FÜR DEN TAG

Gelebter Glaube urteilt nicht darüber, ob ein Mensch Hilfe verdient hat oder nicht. Jesus selbst hat gesagt: „Nicht die Gesunden brauchen einen Arzt, sondern die Kranken" (Lukas 5,31; ELB). Gott hat uns nicht dazu berufen, über Menschen zu urteilen, sondern dazu, ihnen zu helfen. Wenn Sie sich herunterbeugen, um jemandem aufzuhelfen, dann steigen Sie aus Gottes Perspektive gleichzeitig in die höchsten Höhen auf, weil Sie genau das tun, was er sich von Ihnen wünscht. Man ist dem Herzen Gottes dann am nächsten, wenn man Menschen hilft, die in Not sind.

WIE EINE FLUT

BIBELVERS FÜR DEN TAG

Alle Völker werden dann große Ehrfurcht vor dem Herrn haben, vom Osten bis zum Westen wird man sich seiner Macht beugen. Denn er kommt wie ein reißender Strom, den der Atem des Herrn antreibt.

JESAJA 59,19

Wir alle erleben Zeiten, in denen wir uns vom Leben überfordert fühlen. Wir bekommen unerwartet eine schlechte Nachricht oder werden von jemandem enttäuscht, dem wir vertraut haben. Und was tut Gott? Lehnt er sich dann etwa zurück und denkt: *Tut mir wirklich leid, dass dein Leben gerade so schwierig ist. Nun sieh mal zu, wie du damit klarkommst.* Nein, wenn der Angriff des Feindes uns überrollt wie eine Flutwelle, dann errichtet Gott einen Damm. Er widmet der schwierigen Situation oder dem Unrecht, das uns widerfahren ist, seine ganze Aufmerksamkeit. Statt sich zurückzulehnen, schreitet er zur Tat.

Das Ganze ist vergleichbar mit einer Eltern-Kind-Beziehung. Wenn irgendjemand oder irgendetwas Ihrem Kind das Leben schwer macht, dann fackeln Sie doch auch nicht lange. Sie lassen alles stehen und liegen und eilen Ihrem Kind zur Hilfe. Und genauso macht es auch unser himmlischer Vater. Wenn der Feind uns angreift, dann ist Gott sofort zur Stelle, um ihn in die Schranken zu weisen – getreu dem Motto: „Du legst dich da gerade mit dem Falschen an! Das ist mein geliebtes Kind. Wenn du dich mit ihm anlegen willst, dann musst du erst an mir vorbei."

Seien Sie also ganz gewiss, dass Sie in schweren Zeiten nicht allein sind. Sie haben jemanden an Ihrer Seite, der für Sie kämpft – der Schöpfer des Universums leistet Ihnen Beistand!

EIN GEBET FÜR HEUTE

Vater, ich preise dich dafür, dass du deine schützende Hand über mein Leben hältst. Ich danke dir, dass du mein himmlischer Vater bist, der auf mich aufpasst. Ich entscheide mich dafür, stark zu bleiben im Glauben, weil ich weiß, dass du für mich kämpfst und hinter den Kulissen für mich am Werk bist. Selbst wenn Feinde über mich hereinbrechen wie eine Flutwelle, werden sie sich deiner Macht beugen müssen. In Jesu Namen, amen.

IMPULS FÜR DEN TAG

Vielleicht haben Sie gerade heute das Gefühl, dass eine Flut in Ihrem Leben tobt. Vielleicht stehen Sie massiv unter Druck und ein Ende ist nicht in Sicht. Nun können Sie sich Sorgen machen oder sich stattdessen Folgendes ins Bewusstsein rufen: Dieser Kampf ist nicht Ihrer; der Schöpfer des Universums kämpft für Sie! Wenn Sie Gott in dieser Situation vertrauen, werden sich Ihre Feinde seiner Macht beugen müssen. Gott wird nicht zulassen, dass Sie in der Flut umkommen, sondern er wird sie dazu benutzen, um Sie weiter voranzubringen.

STILL WERDEN

BIBELVERS FÜR DEN TAG

Seid stille und erkennet, dass ich Gott bin!
PSALM 46,11; LÜ

Heutzutage ist es für die meisten von uns ganz normal, ständig beschäftigt zu sein mit Computer, Handy, Fernsehen, E-Mails und Videospielen. Aber in der Bibel lesen wir, dass wir uns auch Zeit nehmen müssen, um vor Gott still zu werden. Das gilt ganz besonders in schwierigen Zeiten. Wenn man vor einer großen Herausforderung steht, möchte man sich automatisch mit anderen Menschen darüber austauschen. Aber es gibt einen Punkt, an dem man ganz bewusst in Gottes Gegenwart zur Ruhe kommen und sagen muss: „Ich werde jetzt still vor dir, Gott. Ich weiß, dass ich in deiner Hand sicher und geborgen bin."

Denken Sie daran, dass wir es nicht mit Gegnern aus Fleisch und Blut zu tun haben. Nicht die Menschen in Ihrem Umfeld sind die Ursache für Ihre Probleme, sondern die Mächte der Finsternis. Wenn Sie sich dazu entscheiden, still zu werden, und wenn Sie erkennen, dass der Schöpfer des Universums in Ihnen lebt, dann nehmen Sie dadurch automatisch die Haltung eines Siegers ein.

Planen Sie heute etwas Zeit ein, um vor Gott still zu werden, damit Sie in jedem Bereich Ihres Lebens seine siegreiche Hand erkennen können. Lassen Sie sich ganz von seinem Frieden einhüllen und von seinem Geist erfrischen. Und denken Sie daran, dass er für Sie kämpfen wird.

EIN GEBET FÜR HEUTE

Vater im Himmel, ich komme voller Demut vor dich, um von dir zu lernen und dir zuzuhören. Ich entscheide mich dafür, in deiner Gegenwart still zu werden. Sprich du zu meinem Herzen, damit ich dich besser kennenlernen kann. Ich werfe alle meine Sorgen auf dich, weil du für mich sorgst. Erfülle mich mit deinem Frieden, wenn ich mein Vertrauen ganz auf dich setze. In Jesu Namen, amen.

IMPULS FÜR DEN TAG

Viele Menschen denken, dass sie alles aus eigener Kraft schaffen müssen. Doch es ist viel besser, vor Gott still zu werden, als die Dinge selbst in die Hand zu nehmen. Es ist Gottes Wunsch, dass Sie heute zur Ruhe kommen, weil er bereits weiß, dass die Sache gut für Sie ausgehen wird. Er hat die Kontrolle über das gesamte Universum, und er weiß auch, was in Ihrem Fall zu tun ist.

Denn ich allein weiß, was ich mit euch vorhabe: Ich, der Herr, habe Frieden für euch im Sinn und will euch aus dem Leid befreien. Ich gebe euch wieder Zukunft und Hoffnung. Mein Wort gilt!

JEREMIA 29,11

DIE KRITIKER IGNORIEREN

BIBELVERS FÜR DEN TAG

Als Petrus wieder in Jerusalem eintraf, kritisierten ihn daher einige der jüdischen Gläubigen.

APOSTELGESCHICHTE 11,2; NLB

Einmal war Jesus am Sabbat, dem jüdischen Ruhetag, im Tempel. Als er dort einen Mann mit einer verkrüppelten Hand sitzen sah, sagte Jesus zu ihm, er solle seine Hand ausstrecken, und im gleichen Augenblick war der Mann geheilt. Die Pharisäer, die sich auch gerade im Tempel aufhielten, mochten Jesus nicht, und obwohl er eigentlich etwas Wunderbares getan hatte, kritisierten sie ihn dafür, dass er am Sabbat einen Menschen geheilt hatte.

Egal, was Sie tun, es wird immer Menschen geben, die etwas an Ihnen auszusetzen oder gegen Sie einzuwenden haben. Selbst wenn Sie alles genau so machen würden, wie man es von Ihnen verlangt, gäbe es sicher auch dann noch jemanden, der Ihr Tun kritisieren würde.

Sie können sich jede Menge Kummer ersparen, wenn Sie lernen, solche kritischen Stimmen zu ignorieren. Sie brauchen die Zustimmung dieser Leute nämlich gar nicht. Wahrscheinlich werden sie alles dafür tun, um Sie schlecht dastehen zu lassen, aber wenn Sie sich an Gott halten und ihn für sich streiten lassen, dann wird er Sie umso mehr segnen, je schlechter die Leute über Sie reden. Wenn andere versuchen, Sie niederzudrücken, wird Gott Sie erheben. Konzentrieren Sie sich voll und ganz auf sein Wort, und er wird Sie stark genug machen, damit Sie Ihre Kritiker ignorieren können.

EIN GEBET FÜR HEUTE

Vater, ich preise dich und gebe dir die Ehre. Ich will dich heute ganz bewusst in den Mittelpunkt stellen. Ich entscheide mich dafür, die kritischen Stimmen zu ignorieren, die versuchen, mich von deinem guten Plan für mein Leben abzulenken. Ich weiß, dass nichts und niemand verhindern oder aufhalten kann, was du mit mir vorhast. Bitte hilf mir, denen zu vergeben, die sich gegen mich stellen. In Jesu Namen, amen.

IMPULS FÜR DEN TAG

Es hat zwar jeder das Recht, seine Meinung zu äußern, aber niemand ist dazu verpflichtet, sich diese Meinung auch anzuhören. Wenn das, was andere sagen, nicht zu dem passt, was Jesus Ihnen ins Herz gelegt hat, dann lassen Sie sich nicht davon irritieren. Es ist völlig in Ordnung, sich unterschiedliche Meinungen anzuhören, aber Sie können sich der Persönlichkeit, als die Gott Sie erschaffen hat, so sicher sein, dass Sie, wenn etwas nicht mit Ihren geistlichen Überzeugungen übereinstimmt, schließlich den Mut haben werden zu sagen: „Vielen Dank, ich weiß deine Meinung wirklich zu schätzen, aber ich sehe das anders."

NICHT LOCKERLASSEN

BIBELVERS FÜR DEN TAG

Bittet Gott, und er wird euch geben!
Sucht, und ihr werdet finden!
Klopft an, und euch wird die Tür geöffnet!

MATTHÄUS 7,7

Im 5. Kapitel des Markusevangeliums wird von einer Frau berichtet, die seit zwölf Jahren krank war. Die Ärzte konnten nichts mehr für sie tun, doch sie hatte gehört, dass Jesus in die Stadt kommen würde, in der sie lebte, und irgendetwas tief in ihrem Innern sagte ihr: „Das ist deine Chance, gesund zu werden." Als es dann aber so weit war und sie die Menschenmassen sah, von denen Jesus umringt wurde, dachte sie: *Ich werde niemals an ihn herankommen. Hier sind so viele Menschen und ich bin so schwach. Ich glaube einfach nicht, dass ich es schaffen werde.* Und so hätte sie beinah ihre Chance verpasst ... Doch statt sich in ihren negativen Gedanken zu verlieren, sagte sie sich schließlich: *Wenn ich es nur schaffe, nah genug an Jesus heranzukommen, dann werde ich geheilt werden!* Sie lenkte ihre Gedanken also ganz bewusst in die richtige Richtung und drängte sich weiter durch die Menge, bis sie so nah an Jesus herankam, dass sie den Saum seines Gewandes berühren konnte. Und im selben Moment war sie geheilt. Und Jesus sagte zu ihr: „Tochter, dein Glaube hat dich geheilt“ (Markus 5,34).

Beachten Sie, dass es der Glaube und die Hartnäckigkeit dieser Frau waren, die ihr Zugang zum Segen Gottes verschafften. Das Gleiche gilt auch für uns. Womit auch immer Sie konfrontiert werden, geben Sie nicht auf! Beten Sie weiter! Hören Sie nicht auf zu bitten! Trachten Sie weiter nach Gottes Willen, denn er ist treu! Seien Sie fest entschlossen, denn wenn Sie nicht lockerlassen, wird Gott Sie für Ihren festen Glauben schließlich mit seinem Segen überhäufen!

EIN GEBET FÜR HEUTE

Himmlischer Vater, ich komme heute mit einem demütigen Herzen zu dir. Ich liebe dich und bin dankbar für das, was du in meinem Leben tust. Bitte erfülle mich heute mit deiner Kraft, deinem Frieden und deiner Freude, damit ich erleben kann, wie meine Träume in Erfüllung gehen. Ich weigere mich aufzugeben und werde geduldig und beharrlich in Richtung des Sieges gehen, den du für mich bereithältst! In Jesu Namen, amen.

IMPULS FÜR DEN TAG

Vielleicht sind Sie gerade mit einer schlimmen Diagnose konfrontiert worden, und jetzt haben Sie das Gefühl, in einem tiefen Loch zu sitzen. Vielleicht geben Sie gerade Ihr Bestes, Sie beten und setzen Ihr Vertrauen voll und ganz auf das Wort Gottes, aber nichts ändert sich. Doch wenn Sie fast schon so weit sind zu sagen: „Was soll das alles? Es nützt ja doch nichts!“, dann möchte Gott Sie dazu ermutigen, dass Sie Ihre Zuversicht nicht wegwerfen sollen, denn Ihr Durchbruch steht kurz bevor.

KEINE ÜBERRASCHUNG FÜR GOTT

BIBELVERS FÜR DEN TAG

Denn ich allein weiß, was ich mit euch vorhabe: Ich, der Herr, habe Frieden für euch im Sinn und will euch aus dem Leid befreien. Ich gebe euch wieder Zukunft und Hoffnung. Mein Wort gilt!

JEREMIA 29,11

Jeder von uns wird von Zeit zu Zeit mit Dingen konfrontiert, die er nicht hatte kommen sehen. Doch auch wenn diese Dinge für uns völlig unvorhergesehen geschehen, muss uns bewusst sein, dass sie für Gott nicht überraschend kommen.

Vielleicht sind Sie gerade mit einem unerwarteten Verlust konfrontiert worden. Sie können jetzt mutlos und überfordert sagen: „Ich kann einfach nicht glauben, dass das passiert ist!" Oder Sie versuchen, sich ins Bewusstsein zu rufen, dass Gott von Ihren Umständen nicht überrascht worden ist. Es hat ihn nicht unvorbereitet getroffen. Er hat Sie bereits mit allem ausgestattet, was Sie brauchen, um mit dieser Situation fertigzuwerden – mit Frieden, Entschlossenheit und Zuversicht. Sie sind vorbereitet! Die Kraft, die Sie auf Ihrer Seite haben, ist stärker als die, die gegen Sie gerichtet ist.

Vertrauen Sie in schwierigen Zeiten darauf, dass Gott Sie hindurchtragen wird. Glauben Sie, dass seine Pläne für Ihre Zukunft gut sind. Seien Sie gewiss, dass die Dinge für ihn nicht überraschend gekommen sind und dass er Sie letzten Endes zum Sieg führen wird.

EIN GEBET FÜR HEUTE

Danke, Vater, für deine Liebe und Barmherzigkeit. Danke, dass du mir neue Hoffnung schenken willst. Ich weiß, dass du alles im Blick hast, was in meinem Leben geschieht oder ungewiss ist. Danke, dass du über mein Leben wachst und mich beschützt. Ich bin gewiss, dass du mich siehst und Tag für Tag meine Schritte lenkst! Ich vertraue darauf, dass du vor mir hergehst und meinen Weg zum Sieg vorbereitest. In Jesu Namen, amen.

IMPULS FÜR DEN TAG

Was auch immer Sie bis hierhin erlebt haben, heute ist ein neuer Tag. Wir dienen einem großen Gott, und was er sich für unser Leben wünscht, ist größer und besser als alles, was wir selbst uns wünschen können. Er möchte große Dinge in unserem Leben tun. Geben Sie sich also niemals mit einer zu kleinen Vorstellung von Gott zufrieden. Fangen Sie an, so zu denken, wie Gott denkt. Denken Sie groß. Denken Sie ans Weiterkommen, an den Durchbruch, an den Sieg!

JETZT KANN ICH SEHEN

BIBELVERS FÜR DEN TAG

„Ob er ein Sünder ist, das weiß ich nicht", antwortete der Mann. „Ich weiß nur eins: Ich war blind, und jetzt kann ich sehen!"

JOHANNES 9,25

Als Jesus einmal einen blinden Mann heilte, regte sich die religiöse Gemeinschaft darüber auf. Die Leute begannen darüber zu streiten, warum der Mann geheilt worden war, wie er geheilt worden war und wer überhaupt schuld daran war, dass er blind geboren wurde. Sie piesackten den Mann so lange mit ihren Fragen, bis er schließlich sagte: „Ich weiß nur eins: Ich war blind, und jetzt kann ich sehen!" Sinngemäß sagte er also: „Ihr könnt gerne noch den ganzen Tag weiterdiskutieren, aber die Fakten sprechen für sich: Ich kann wieder sehen, weil Jesus mich geheilt hat."

Auch in unserer heutigen Zeit gibt es Menschen, die es eher misstrauisch als froh stimmt, wenn jemand anderes Gottes Segen erfährt. Sie sind dann der Meinung, dass so etwas gar nicht sein kann und auch nicht sein darf. Sie können nicht glauben, dass es Gottes Wille ist, dass Menschen erfolgreich sind und siegreich leben. Doch für eine solche Einstellung ist es eigentlich schon zu spät, denn als Christen haben wir Gottes Segen ja bereits auf vielfache Weise erlebt! Gott hat uns in Christus schon längst Zugang zu seinem überreichen Segen verschafft.

Lassen Sie sich von den ewigen Nörglern also bloß nicht den Segen ausreden, den Gott für Sie bereithält. Lassen Sie sich nicht einreden, dass Gottes Wort heute nicht mehr gültig ist. Er hat bereits so viel getan und er wird noch viel mehr tun. Halten Sie durch und hoffen und glauben Sie weiter – und schon bald werden Sie seinen Segen in jedem Bereich Ihres Lebens erfahren!

EIN GEBET FÜR HEUTE

Vater im Himmel, ich preise deinen heiligen Namen. Danke für den überreichen Segen, den du über meinem Leben ausgießt. Danke, dass du mir die Augen meines Herzens öffnest, damit ich auf dich schauen und all das Gute sehen kann, das du für mich bereithältst. Ich bin voller Erwartung und glaube fest daran, dass du bereits in mir am Werk bist. In Jesu Namen, amen.

IMPULS FÜR DEN TAG

„Zu gedeihen" bedeutet, gesund zu sein, inneren Frieden zu haben, nachts gut schlafen zu können, in guten Beziehungen zu leben und mit allem versorgt zu sein, was man zum Leben braucht. Nirgends in der Bibel steht geschrieben, dass wir uns ständig abquälen müssen und trotzdem niemals genug haben werden. Im Gegenteil: Jesus ist gekommen, damit wir ein Leben in Fülle haben. Wir sind Abbilder des allmächtigen Gottes, und deshalb soll man an uns erkennen, wie gut er ist.

WIE WIR VOR GOTT TRETEN SOLLEN

BIBELVERS FÜR DEN TAG

Geht durch die Tempeltore ein mit Dank, betretet die Vorhöfe mit Lobgesang! Preist ihn und rühmt seinen Namen!

PSALM 100,4

Was für ein erstaunliches Privileg ist es doch, dass wir vor den Thron des Höchsten treten dürfen! Wir dienen einem nahbaren Gott, der sich eine persönliche Beziehung zu jedem von uns wünscht. Er ist sieben Tage die Woche, 24 Stunden am Tag, 365 Tage im Jahr erreichbar!

Doch der heutige Bibelvers lehrt uns, dass wir nicht mit leeren Händen vor den König der Könige treten sollen. Aber was haben wir zu geben, das des allmächtigen Gottes würdig wäre? Unseren Lobpreis. Unseren Dank. Unsere Anbetung. Wir sollen in anbetender und dankbarer Haltung zu ihm kommen.

Mit Lobpreis ist hier nicht nur das Singen von Anbetungsliedern im Gottesdienst gemeint, sondern alles, was unsere Dankbarkeit Gott gegenüber zum Ausdruck bringt. Lobpreis bringt uns näher zu Gott. Er ist ein starkes Instrument im Leben eines Christen, weil

Gott im Lobpreis der Gläubigen wohnt! Wenn wir mit der richtigen inneren Haltung vor ihn treten, dann kommt er mitten in unsere Lebensumstände hinein; und wenn Gott kommt, muss der Feind weichen! Treten Sie heute also mit einem dankbaren Herzen vor seinen Thron und öffnen Sie dadurch die Tür, damit er in Ihrem Leben wirken kann!

EIN GEBET FÜR HEUTE

Vater, du allein verdienst mein Lob. Voller Dankbarkeit trete ich heute vor deinen Thron. Danke, dass du über alle Maßen gibst – mehr, als ich es mir jemals erträumen oder vorstellen könnte. Wirke du nach deinem Willen in jedem Bereich meines Lebens, denn ich möchte dir gefallen und nur für dich leben. In Jesu Namen, amen.

IMPULS FÜR DEN TAG

Es ist gut, wenn Sie den Tag beginnen, indem Sie Gott dafür danken, was er für Sie getan hat. Fangen Sie einfach mit grundlegenden Dingen an und sagen Sie: „Danke, Vater, für meine Gesundheit. Danke für meine Kinder. Danke für meine Familie. Danke für mein Zuhause. Danke, Vater, für alles, was du für mich tust." Sie können sicher sein, dass Gott Ihren Lobpreis wahrnimmt und Sie für Ihre dankbare Haltung segnen wird.

GOTTES WILLE FÜR IHR LEBEN

BIBELVERS FÜR DEN TAG

Dankt Gott, ganz gleich wie eure Lebensumstände auch sein mögen. All das erwartet Gott von euch, und weil ihr mit Jesus Christus verbunden seid, wird es euch auch möglich sein.

1. THESSALONICHER 5,18

Viele Menschen fragen sich, wie sie Gottes Willen für ihr Leben erkennen können. Oft denken sie dabei an spektakuläre Dinge wie übernatürliche Zeichen und Ereignisse. Ich bin jedoch davon überzeugt, dass wir den Willen Gottes ganz einfach erkennen können, indem wir auf ihn hören und ihm mit dankbarem Herzen dienen.

Wenn Sie jeden Morgen mit einer dankbaren und ehrfürchtigen Haltung gegenüber Gott aufwachen, dann kommen Sie Ihrer Bestimmung dadurch Tag für Tag einen Schritt näher; dann leben Sie bereits nach Gottes Willen. Und wenn Sie Gott im Laufe des Tages immer wieder dafür danken, dass er seine segnende Hand über Ihnen hält und Ihre Schritte lenkt, dann ist auch das etwas, das seinem Willen entspricht.

Denken Sie also heute daran, die richtige Perspektive einzunehmen. Es ist absolut in Gottes Sinne, dass wir Ziele und Träume haben und nach vorn schauen in eine strahlende Zukunft. Die Art, wie wir heute leben, bringt uns dorthin, wo Gott uns morgen haben möchte. Also hören Sie nicht damit auf, Gott weiterzuloben und zu danken, denn dadurch kommen Sie Ihrer Bestimmung Stück für Stück näher. Unterstellen Sie Gott jeden Bereich Ihres Lebens und schreiten Sie vorwärts in Richtung Sieg.

EIN GEBET FÜR HEUTE

Vater, ich bete dich an, weil du allein würdig bist. Danke, dass du mich befreit und mein Leben neu gemacht hast. Hilf mir dabei, die richtige Sicht der Dinge zu bewahren und dankbar zu bleiben. Danke, dass du mich auf deinem ewigen Weg führst, während ich mein Herz und meinen Blick vertrauensvoll auf dich richte. In Jesu Namen, amen.

IMPULS FÜR DEN TAG

Welche Widrigkeiten und Probleme sich Ihnen auch in den Weg stellen mögen, bewahren Sie sich ein dankbares Herz. Vielleicht sind Sie gerade mit großen Hindernissen auf Ihrem Weg konfrontiert, aber wenn Sie ganz genau hinschauen, werden Sie trotz allem Gründe finden, um dankbar zu sein. In der Bibel lesen wir, dass wir Gott ganz unabhängig von unseren Lebensumständen danken sollen. Das bedeutet nicht, dass Sie Gott *für* Ihre Probleme danken müssen, sondern dass Sie ihm *trotz* Ihrer Probleme danken und in jeder Situation Ausschau nach dem Guten halten.

SCHAUEN SIE AUF DAS, WAS SIE HABEN

BIBELVERS FÜR DEN TAG

Eines habe ich begriffen: Das größte Glück genießt ein Mensch in dem kurzen Leben, das Gott ihm gibt, wenn er isst und trinkt und es sich gut gehen lässt bei aller Last, die er zu tragen hat. Das ist der Lohn für seine Mühen.

PREDIGER 5,17

In der Bibel ist die Rede davon, dass wir genießen dürfen, was Gott uns schenkt. Er segnet uns ganz bewusst mit Dingen, die uns Freude bereiten – mit Erfolg, Wohlstand, guten Freunden oder einem Job, der uns Spaß macht –, und dabei hat er jeden von uns im Blick; keiner wird übersehen.

Wenn wir diese Tatsache verinnerlichen, dann geraten wir nicht so leicht in Versuchung, uns voller Neid mit anderen Menschen zu vergleichen. Wir denken dann nicht: *Ach, hätte ich doch nur sein Talent …* Nein, uns ist klar: Wenn Gott gewollt hätte, dass wir genau dieses Talent haben, dann hätte er es uns gegeben. Nehmen Sie stattdessen dankbar an, was Gott Ihnen anvertraut hat, und entwickeln Sie es weiter, statt andere zu beneiden. Machen Sie so viel wie möglich aus dem, was Ihnen geschenkt worden ist. Denken Sie nicht: *Ach, wenn ich doch nur so gut aussehen würde wie sie ...* Gott hat Sie ganz bewusst so geschaffen, wie Sie sind. Das Leben, das Sie haben, hat er Ihnen sprichwörtlich auf den Leib geschneidert.

Tun Sie also heute Ihren Teil und freuen Sie sich über Ihr Leben. Freuen Sie sich darüber, wer Sie sind – über Ihr Aussehen, Ihre Begabungen, Ihre Fähigkeiten und Ihre Persönlichkeit. Wenn Sie mit Leidenschaft und Begeisterung die Person sind, als die Gott Sie geschaffen hat, dann geben Sie ihm dadurch die Ehre und dann wird Gott die Saat für etwas Großes in Sie hineinlegen und sie zum Blühen bringen.

EIN GEBET FÜR HEUTE

Vater, ich danke dir dafür, dass du mir Gaben, Talente und Fertigkeiten geschenkt hast sowie die Fähigkeit, das Leben zu genießen und deinen Willen zu tun. Ich will nicht länger kritisieren, wer ich bin, sondern ich will es feiern. Danke, dass du mich einzigartig gemacht hast. Ich setze meine Hoffnung und mein Vertrauen auf dich, weil ich weiß, dass du mich mit allem ausgestattet hast, was ich brauche, um meine Bestimmung zu erfüllen. In Jesu Namen, amen.

IMPULS FÜR DEN TAG

Ist es nicht im Grunde eine Beleidigung gegenüber Gott, wenn man sich wünscht, jemand anderes zu sein? Damit sagt man nämlich nichts anderes als: „Du hast einen Fehler gemacht. Wieso bin ich nicht so gut gelungen wie andere?" Doch Gott macht keine Fehler, er erschafft keine Menschen zweiter Klasse. Sie sind ein Meisterwerk! Sie sind perfekt ausgestattet für Ihren ganz persönlichen Lebensweg und deshalb wird dieser Weg auch niemals zu schwer für Sie sein.

EWIGE HERRLICHKEIT

BIBELVERS FÜR DEN TAG

Was wir jetzt leiden müssen, dauert nicht lange. Es ist leicht zu ertragen und bringt uns eine unendliche, unvorstellbare Herrlichkeit.

2. KORINTHER 4,17

Probleme und Prüfungen sind nur etwas Vorübergehendes! Wenn man sie aus der Ewigkeitsperspektive heraus betrachtet, sind sie nicht mehr als ein Windhauch. Halten Sie in schwierigen Zeiten an Ihrem Glauben fest, dann werden Sie ewige Herrlichkeit erlangen.

Wenn Sie gerade eine schwere Zeit durchmachen, dann schauen Sie ganz bewusst auf Gott, denn in der Bibel lesen wir, dass er der Urheber und Vollender unseres Glaubens ist. Er ist es, der uns den Glauben ins Herz legt, ihn in unserem Innern weiterentwickelt und ihn schließlich zur Vollendung bringt. Unsere Aufgabe ist es, unser Herz zu öffnen und seinem Wort zu vertrauen.

Denken Sie daran: Ihre Worte haben großen Einfluss darauf, wie Ihr Leben verlaufen wird. Wenn Sie sich immer wieder daran erinnern, dass Probleme nur vorübergehend sind, und wenn Sie Ihre

Hoffnung voll und ganz auf Gott setzen, dann werden Sie erleben, dass seine Hand in Ihrem Leben Gutes vollbringt. In absehbarer Zeit werden die Probleme hinter Ihnen liegen und Sie werden seine ewige Herrlichkeit erleben!

EIN GEBET FÜR HEUTE

Danke, himmlischer Vater, für deine ewige Herrlichkeit, die heute bereits in mir spürbar ist. Ich weiß, dass meine Probleme und Prüfungen nur vorübergehend sind. Ich werfe meine Sorgen auf dich, weil du versprochen hast, für mich zu sorgen. Hilf mir, stark zu bleiben durch dein Wort, damit sich mein Glaube weiterentwickeln kann. Ich bin gewiss, dass du mir zum Sieg verhelfen wirst! Danke für deinen Segen, der in jedem Bereich meines Lebens sichtbar wird. In Jesu Namen, amen.

IMPULS FÜR DEN TAG

Wenn es um Schwierigkeiten und Probleme geht, dann schaffen Sie sich gedanklich ein Schild an, wie man es manchmal vor Pensionen sieht und auf dem steht: „Zimmer belegt". Lassen Sie nicht zu, dass sich der Frust über Schwierigkeiten und Probleme bei Ihnen einnisten kann. In der Bibel steht geschrieben, dass schwere Zeiten vorübergehen werden. Sagen Sie sich also: „Im Moment bin ich vielleicht in dieser schwierigen Situation, aber das bedeutet nicht, dass es für immer so bleiben wird. Ich stehe unter dem Segen Gottes. Er wird mich heilen, Er wird mich stark machen. Er wird mich zum Sieg führen."

EMPFANGEN SIE SEINE GNADE

BIBELVERS FÜR DEN TAG

Gott hat mir das Vorrecht geschenkt, sein Apostel zu sein und bei allen Völkern Menschen für Gott zu gewinnen. Sie sollen an ihn glauben und auf ihn hören, damit sein Name geehrt wird.

RÖMER 1,5

Wenn Sie in Ihrem Leben mehr von Gottes Segen erleben möchten, dann nehmen Sie seine Gnade an. Wenn Sie Gottes Gnade und Gunst haben, dann können Sie mehr erreichen und sind effektiver, und zwar sowohl in Ihrem persönlichen Leben als auch in allem, was Sie tun, um Gottes Reich in dieser Welt zu errichten.

Der heutige Vers sagt aus, dass wir durch Gottes Gnade dazu befähigt worden sind, in allen Völkern der Welt Menschen für ihn zu gewinnen. Auch wenn Sie heute vielleicht nicht als Missionar in die Welt ziehen können, so können Sie doch das Leben der Menschen in Ihrem Umfeld zum Guten verändern, indem Sie ihnen gegenüber Gottes Liebe und Fürsorge zum Ausdruck bringen. Gott will Sie gebrauchen, um den Menschen in Ihrem Leben – Ihren

Kollegen, Ihrer Familie und Ihren Freunden – Liebe und Ermutigung zu schenken.

Nehmen Sie also heute ganz bewusst seine Gnade in Anspruch, indem Sie ihm danken und Ihr Herz für ihn öffnen. Danken Sie ihm auch für das Geschenk des Glaubens und dafür, dass er Sie im Glauben weiter voranbringen wird.

EIN GEBET FÜR HEUTE

Vater, ich liebe dich und preise deinen heiligen Namen. Danke, dass du mich durch deine grenzenlose Gnade dazu befähigst, alles zu tun, wozu du mich berufen hast. Danke für deine unverdiente Gunst und dein übernatürliches Wirken in meinem Leben. Ich nehme heute deine Gnade in Anspruch und bitte dich darum, dass deine Liebe mich durchströmt. In Jesu Namen, amen.

IMPULS FÜR DEN TAG

Wenn Sie in Gottes Gnade vorangehen, dann wird Ihr Leben zum besten Zeugnis, das Sie geben können. Es gibt Menschen, die niemals einen Gottesdienst besuchen oder in der Bibel lesen werden. Sorgen Sie dafür, dass solche Menschen in Ihrem Leben lesen können, dass sie Gottes Wirken in Ihrem Leben erkennen können. Denken Sie daran, dass Sie als Abbild des allmächtigen Gottes geschaffen wurden.

VORBEREITETER SEGEN

BIBELVERS FÜR DEN TAG

Du lädst mich ein und deckst mir den Tisch.

PSALM 23,5

Als Gott den Plan für Ihr Leben erstellte, plante er die richtigen Leute, jede Menge Chancen und unbegrenzte Möglichkeiten gleich mit ein. Er hält unendlich viele Geschenke bereit, die mit Ihrem Namen versehen sind. Wenn Sie im Glauben stark bleiben und Gott die Ehre geben, werden Sie eines Tages in Besitz nehmen, was Ihnen schon heute zugedacht ist. Der Segen liegt für Sie bereit!

Denken Sie nur einmal an Adam und Eva im Garten Eden. In den ersten fünf Tagen erschuf Gott das All, die Erde, den Himmel, das Land und das Meer. Dann legte er einen Garten an und bepflanzte ihn mit wunderschönen Blumen und Früchten. Er schuf Flüsse, die den Garten durchzogen, und legte kostbare Schätze wie Gold und Silber in den Boden. In der Bibel heißt es: „Dann legte Gott, der Herr, einen Garten im Osten an, in der Landschaft Eden, und brachte den Menschen, den er geformt hatte, dorthin" (1. Mose 2,8).

Gott bereitete also alles für Adam und Eva vor und sie brauchten seinen Segen nur noch anzunehmen. Genauso hält es Gott auch mit

Ihnen. Er wirkt im Hintergrund und arrangiert die Dinge zu Ihren Gunsten, sodass alles perfekt zusammenpasst. Sie selbst hätten es niemals so hinbekommen. Es ist allein die Güte Gottes, die Ihnen ein solch segensreiches Leben schenkt.

EIN GEBET FÜR HEUTE

Vater, ich danke dir für all den Segen in meinem Leben. Danke, dass du alles zu meinem Besten dienen lässt. Ich treffe heute die Entscheidung, dir und deinem perfekten Zeitplan zu vertrauen, weil ich weiß, dass du in diesem Moment bereits hinter den Kulissen für mich am Werk bist. Ich bin gewiss, dass ich in den Genuss des Segens kommen werde, den du für mich vorbereitet hast, und dass du für die richtigen Leute, Chancen und Möglichkeiten sorgen wirst. In Jesu Namen, amen.

IMPULS FÜR DEN TAG

Es ist Zeit, sich an Gottes gedeckten Tisch zu setzen und all den Segen in Anspruch zu nehmen, den er für Sie vorbereitet hat. Gott hält alles für Sie bereit, was Sie brauchen, um Ihr Potenzial voll auszuschöpfen: Freude, Vergebung, Erneuerung, Frieden und Heilung. Wenn Sie Ihren Stuhl zurechtrücken und Ihren Platz am Tisch Gottes einnehmen, dann werden Sie feststellen, dass alles für Sie vorbereitet ist. Und das Beste: Es ist auch schon alles bezahlt.

WORAUF RICHTEN SIE IHREN BLICK?

BIBELVERS FÜR DEN TAG

Obwohl Abraham sich dessen bewusst war, wurde er in seinem Glauben nicht erschüttert. Er zweifelte nicht, sondern vertraute Gottes Zusage. Ja, sein Glaube wurde nur noch stärker. Er gab Gott die Ehre, fest davon überzeugt, dass Gott sein Versprechen erfüllen würde.

RÖMER 4,19-21

Abraham musste im Hinblick auf die Verheißungen Gottes für sein Leben mit sehr vielen Hindernissen fertigwerden. Gott versprach ihm, dass er „zum Stammvater vieler Völker" werden würde (siehe 1. Mose 17,4), und Abraham war schon über neunzig Jahre alt, als diese Verheißung schließlich in Erfüllung ging. Doch in der Bibel steht, dass er trotz seines hohen Alters nicht lange über all die Gründe nachgrübelte, die dagegensprachen, dass er viele Nachkommen haben würde. Stattdessen richtete er sein Augenmerk auf die Kraft und die Treue Gottes und lobte ihn! Abraham schenkte Gottes Wort mehr Glauben als den Umständen und sorgte so dafür, dass Gott zur Tat schreiten konnte.

Gibt es etwas, wofür Sie voll und ganz auf Gott vertrauen müssen, weil es aus menschlicher Sicht unmöglich zu sein scheint? Dann rechnen Sie weiter mit ihm. Berufen Sie sich auf sein Wort und seine Treue. Und genau wie in Abrahams Fall wird Ihr Glaube Gott die Tür öffnen, sodass er auch in Ihrem Leben zur Tat schreiten kann.

EIN GEBET FÜR HEUTE

Danke, Vater, dass du in meinem Leben am Werk bist. Ich treffe heute die Entscheidung, auf deine Kraft zu schauen statt auf meine Umstände. Ich lebe mit Einschränkungen, aber deine Möglichkeiten sind grenzenlos. Ich will dir vertrauen, weil ich weiß, dass für dich nichts unmöglich ist. Dafür gebe ich dir Lob und Ehre. In Jesu Namen, amen.

IMPULS FÜR DEN TAG

Wie im Fall von Abraham wird es möglicherweise auch in Ihrem Leben Zeiten geben, in denen es so aussieht, als würden Ihre Träume niemals in Erfüllung gehen. Sie haben Ihr Möglichstes getan und verstehen einfach nicht, warum Sie nicht vorwärtskommen. Das Geschäft läuft nur schleppend und am liebsten würden Sie einfach aufgeben. Das ist Ihre Sicht der Dinge, aber Gott hat eine andere. Vertrauen Sie fest darauf, dass er sich an sein Versprechen halten wird und dass er alles unter Kontrolle hat.

SINNESWANDEL

BIBELVERS FÜR DEN TAG

Er rief: „Kehrt um zu Gott!
Denn Gottes himmlisches Reich ist nahe."

MATTHÄUS 3,2

Gibt es etwas in Ihrem Leben, das Sie gerne ändern würden? Vielleicht möchten Sie eine schlechte Angewohnheit, eine bestimmte Einstellung oder negative Gedanken loswerden? Was auch immer es ist – der Schlüssel zum Erfolg liegt in einer veränderten Denkweise. Ihre Gedanken müssen im Einklang mit Gottes Gedanken sein. Wenn Sie die Entscheidung treffen, Gott jeden Bereich Ihres Lebens anzuvertrauen, dann öffnen Sie dadurch die Tür für sein übernatürliches Eingreifen.

Vergessen Sie nicht, dass Ihr Denken Einfluss auf den Verlauf Ihres Lebens hat. Sie dürfen nicht zulassen, dass negative Gedanken oder Einstellungen Ihren Alltag bestimmen, sondern Sie müssen sich bewusst für die richtigen Gedanken entscheiden. Die einfachste Art, wie Sie dies in die Praxis umsetzen können, besteht darin, Gottes Wort laut auszusprechen. Wenn Sie „Birne" sagen, dann haben Sie dabei augenblicklich auch das entsprechende Bild vor

Augen. Genauso ist es auch, wenn Sie das Wort Gottes laut aussprechen. Wenn es dort heißt, dass Sie siegreich leben werden, dann vertreibt das automatisch negative und destruktive Gedanken.

Beginnen Sie heute damit, einen Sinneswandel zu vollziehen, indem Sie durch das, was Sie sagen, Ihr Denken verändern.

EIN GEBET FÜR HEUTE

Himmlischer Vater, ich entscheide mich heute ganz bewusst dafür, jeden Gedanken zu unterbinden, der sich gegen dein Wort und deinen Willen richtet. Ich wende mich ab von den Dingen in meinem Leben, die dir nicht gefallen. Hilf mir, auf mein Herz und meine Gedanken zu achten. Gib mir die Kraft, Versuchungen zu widerstehen und mich nicht auf faule Kompromisse einzulassen. Ich danke dir, dass die Kraft des Heiligen Geistes in mir wirkt und mir dabei hilft, nach deinem Willen zu leben. In Jesu Namen, amen.

IMPULS FÜR DEN TAG

Worte haben Kraft! Wenn Sie Ihr Denken ändern wollen, dann fangen Sie am besten damit an, indem Sie Ihr Reden ändern. Sobald Sie auf ein Hindernis treffen, erklären Sie mutig: „Denn Gott, der in euch wirkt, ist stärker als der Teufel, von dem die Welt beherrscht wird“ (1. Johannes 4,4), oder: „Alle Waffen, die man gegen dich richtet, […] treffen ins Leere“ (Jesaja 54,17), oder: „Von ganzem Herzen danke ich Gott dafür, dass er uns immer im Triumphzug von Christus mitführt“ (2. Korinther 2,14). Glauben Sie mir: Worte wie diese haben die Macht, eine Veränderung hervorzubringen.

WAS GOTT ÜBER SIE SAGT

BIBELVERS FÜR DEN TAG

Und so trage ich für Christus alles mit Freude – die Schwachheiten, Misshandlungen und Entbehrungen, die Verfolgungen und Ängste. Denn ich weiß: Gerade wenn ich schwach bin, bin ich stark.

2. KORINTHER 12,10

In der Bibel lesen wir die Geschichte eines Mannes namens Gideon, der von Gott dazu berufen wurde, das Volk Israel gegen ein feindliches Heer anzuführen. Doch Gideon glaubte nicht, dass er dazu in der Lage wäre.

Eines Tages erschien ihm ein Engel Gottes und sagte: „Der Herr steht dir bei, du starker Kämpfer!“ (Richter 6,11). Ich kann mir bildlich vorstellen, wie Gideon sich umschaute und dachte: *Von wem spricht er denn? Mich kann er jedenfalls nicht meinen, denn ich bin ganz sicher kein starker Kämpfer.* Gideon hatte Angst und war eher eingeschüchtert und unsicher – also genau das Gegenteil. Aber achten Sie darauf, dass Gott Gideon an dieser Stelle nicht als den Mann sieht, der er gerade ist, sondern als den, der er mit seiner Hilfe einmal werden wird!

Auch Sie können sich sicher sein, dass Gott Ihr Potenzial sieht. Er weiß, wozu Sie imstande sind. Sie fühlen sich vielleicht schwach, aber in Gottes Augen sind Sie selbstsicher und souverän. Geben Sie Gott recht, indem Sie anfangen zu glauben, was er über Sie sagt!

EIN GEBET FÜR HEUTE

Ich gebe dir Lob und Ehre, Vater, und nehme deine Worte des Lebens, der Kraft und der Ermutigung für mich an. Ich entscheide mich heute ganz bewusst dafür, mich selbst so zu sehen, wie du mich siehst. Ich bin gewiss, dass großes Potenzial in mir steckt, und ich entscheide mich dafür, den Weg zu gehen, den du für mich vorbereitet hast. Danke, dass du mich liebst und dass du immer nur das Beste in mir siehst. In Jesu Namen, amen.

IMPULS FÜR DEN TAG

Sie haben vielleicht das Gefühl, absolut durchschnittlich zu sein, doch in Gottes Augen sind Sie ein Siegertyp! Er glaubt an Sie und sieht in Ihnen einen Menschen, der stark, mutig und erfolgreich ist. Sie selbst mögen sich nicht so sehen, aber das ändert nichts daran, wie Gott Sie sieht. Ändern Sie Ihren Blickwinkel und sehen Sie sich so, wie Gott Sie sieht: als Sieger und Überwinder!

GOTT BESTIMMT IHREN WERT

BIBELVERS FÜR DEN TAG

Herr, dein Wort bleibt für immer und ewig – so unverrückbar wie der Himmel hat es Bestand.
PSALM 119,89

Das Denken der meisten Menschen ist stark geprägt von dem Umfeld, in dem sie aufgewachsen sind, und von dem, was andere einmal über sie gesagt haben. Vielleicht war Ihr früheres Umfeld geprägt von Menschen, die zwar ihr Bestes gegeben haben, deren Äußerungen und Beurteilungen Sie dennoch verletzt haben.

Solange Sie das glauben, was Menschen einmal über Sie gesagt haben, werden Sie auch davon bestimmt werden. Die einzige Möglichkeit, sich von der Vergangenheit frei zu machen, besteht darin, sich intensiv mit dem Guten zu beschäftigen, das Gottes Wort über Sie sagt.

Wenn Sie auf diese Weise Ihr Denken verändern, wird sich gleichzeitig auch Ihr ganzes Leben zum Guten wenden, denn in der Bibel steht, dass der Weg der Gerechten immer heller wird. Deshalb machen Sie sich immer wieder aufs Neue bewusst, dass das Beste noch vor Ihnen liegt.

Wenn Sie sich Tag für Tag mit Gottes Wort beschäftigen, dann durchbrechen Sie dadurch die Begrenzungen und Einschränkungen, die Ihnen von anderen auferlegt worden sind. Menschen mögen negative Dinge über Sie gesagt haben, aber die gute Nachricht ist: Es sind nicht Menschen, die Ihre Bestimmung und Ihren Wert festlegen. Wer Sie als Mensch sind, bestimmt ganz alleine Gott.

EIN GEBET FÜR HEUTE

Vater im Himmel, ich preise deinen heiligen Namen. Ich entscheide mich heute dafür, deinem Wort mehr zu glauben als dem, was andere über mich sagen. Du bist derjenige, der meinen Wert bestimmt. Prüfe mein Herz und mein Denken. Zeige mir die Bereiche, in denen ich Erneuerung durch dein Wort brauche. Ich bin gewiss, dass du mich aufrichten wirst und dass mir Gutes widerfahren wird. In Jesu Namen, amen.

IMPULS FÜR DEN TAG

Egal, ob Trainer, Lehrer, Eltern oder Ex-Ehepartner: Lassen Sie nicht zu, dass die Meinung anderer Sie ausbremst oder einschränkt. Sie haben vielleicht versucht, Ihnen all das aufzuführen, was Sie niemals schaffen werden, indem sie Dinge gesagt haben wie: „Du bist nicht klug genug", „Du hast nicht genug Talent", „Du bist nicht diszipliniert genug", „Du bist nicht attraktiv genug", „Du wirst niemals gute Noten schreiben" oder „Du wirst immer mit deinem Gewicht zu kämpfen haben". Befreien Sie sich von solchen Lügen und lassen Sie stattdessen die Saat für all die großartigen Dinge aufgehen, die Gott für Sie vorgesehen hat.

GOTT SCHAUT TIEFER

BIBELVERS FÜR DEN TAG

Denn ich urteile nach anderen Maßstäben als die Menschen. Für die Menschen ist wichtig, was sie mit den Augen wahrnehmen können; ich dagegen schaue jedem Menschen ins Herz.

1. SAMUEL 16,7

Manchmal sind es andere Menschen, die versuchen, Sie abzuwerten oder die Ihnen das Gefühl geben, unwichtig zu sein. Manchmal sind es aber auch Ihre eigenen Gedanken, die Sie herunterziehen, weil Sie sich einreden, dass Sie den Erwartungen anderer nicht gerecht werden können.

Doch Gottes Blick geht tiefer. Er geht vorbei an den Fehlern, die Sie gemacht haben, und daran, was andere Menschen über Sie gesagt haben. Gott sieht Ihren Wert, und er weiß, wie kostbar Sie wirklich sind. Sie denken vielleicht: *Das habe ich richtig vermasselt. Ich habe auf ganzer Linie versagt und bin erledigt.* Aber das stimmt nicht. Gott sieht nicht nur das, was gerade ist, sondern auch das, was noch werden kann. Sie haben vielleicht einen Fehler gemacht, aber Gott sieht noch immer den Gewinner in Ihnen.

Nun müssen Sie Ihren Teil tun und sich von den negativen und abwertenden Gedanken befreien. Machen Sie sich bewusst, dass Sie erlöst, erneuert, talentiert und wertvoll sind. Selbst wenn Sie Fehler gemacht haben, dürfen Sie glauben, dass das für Sie noch lange nicht das Ende bedeutet. Gott ist noch lange nicht fertig mit Ihnen. Er schaut tief in Ihr Herz hinein und sieht Ihr Potenzial. Betrachten Sie die Dinge aus seinem Blickwinkel und schauen Sie zu, wie sich sein Plan für Ihr Leben entfaltet.

EIN GEBET FÜR HEUTE

Vater, ich preise dich und danke dir dafür, dass du mich so siehst, wie ich wirklich bin. Danke, dass du Potenzial und Größe in mich hineingelegt hast. Schluss mit negativen und verurteilenden Gedanken! Hilf mir, dein Wesen immer mehr zu verstehen, damit ich die Dinge aus deinem Blickwinkel betrachten kann. In Jesu Namen, amen.

IMPULS FÜR DEN TAG

Als Geschöpf Gottes sind Sie genau so geworden, wie er es sich vorgestellt hat. In seinen Augen sind Sie ein wahres Meisterwerk! Andere Menschen mögen Ihren Wert vielleicht nicht erkennen, aber deshalb brauchen Sie sich keineswegs unterlegen oder minderwertig zu fühlen. Sagen Sie sich stattdessen immer wieder: „Der Schöpfer des Universums hat mich für gut befunden worden. Ich bin angenommen. Ich bin ein echtes Meisterwerk!"

DIE WELT ÜBERWINDEN

BIBELVERS FÜR DEN TAG

Dies alles habe ich euch gesagt, damit ihr durch mich Frieden habt. In der Welt werdet ihr hart bedrängt, aber lasst euch nicht entmutigen: Ich habe diese Welt besiegt.

JOHANNES 16,33

Wenn wir als Kinder Gottes mit Prüfungen und Anfechtungen konfrontiert werden, können wir Mut fassen, zuversichtlich sein und vollkommenen Frieden haben. Sie fragen sich, warum das so ist? Weil Gott selbst uns Frieden, Mut und Zuversicht versprochen hat, wenn wir unseren Blick auf ihn gerichtet halten. Und weil er uns den Sieg versprochen hat, können wir auch in Zeiten großer Herausforderungen voller Hoffnung sein. Solange wir unser Vertrauen auf Gott setzen, werden wir am Ende als Sieger dastehen.

Was auch immer heute auf Sie zukommt, denken Sie daran, dass es Gott gefällt, wenn Sie am Glauben festhalten. Der Glaube öffnet die Tür zu seinem übernatürlichen Eingreifen, zu seiner Kraft und zu seiner Weisheit. Stellen Sie sich nicht auf eine Niederlage ein, denn Sie sind auf Sieg programmiert. Entscheiden Sie sich bewusst dafür, Gott für das zu danken, was er in Ihrem Leben tut, und für den Sieg, der auf jeden Fall kommen wird. Seien Sie stark und fassen Sie neuen Mut, weil Gott die Welt bereits überwunden hat!

EIN GEBET FÜR HEUTE

Danke, Vater im Himmel, dass du jeden Bereich meines Lebens fest im Griff hast. Ich will mutig sein und das tun, wozu du mich berufen hast. Ich werde meine Gedanken voll und ganz auf dich ausrichten, weil ich weiß, dass du mir zum Sieg verhelfen wirst. In Jesu Namen, amen.

IMPULS FÜR DEN TAG

Wenn Sie es mit Schwierigkeiten und Hindernissen zu tun bekommen, dann nehmen Sie umgehend die Haltung eines Siegers beziehungsweise einer Siegerin ein. Sie sind vielleicht müde und erschöpft und kurz davor aufzugeben. Deshalb müssen Sie jetzt willentlich handeln, nicht gefühlsmäßig. Manchmal bedeutet das, wichtige Glaubensschritte zu tun, selbst wenn Sie durch einen Angriff des Feindes angeschlagen sind. Wenn Sie sich nicht unterkriegen lassen, dann wird Gott das tun, was Sie selbst nicht tun können.

VON GOTT ERFÜLLT SEIN

BIBELVERS FÜR DEN TAG

Denn ihr sollt in Freuden ausziehen und im Frieden geleitet werden.

JESAJA 55,12; LÜ

Das Wort „Enthusiasmus“ stammt von dem griechischen Wort „entheos“ ab. „Theos“ wiederum bedeutet „Gott“. Enthusiastisch zu sein bedeutet also, von Gott erfüllt zu sein. Wenn Sie morgens aufstehen und sich auf das freuen, was vor Ihnen liegt, wenn Sie erkennen können, dass dieser Tag ein Geschenk ist, und wenn Sie einen beschwingten Gang haben, Ihre Ziele verfolgen und voller Leidenschaft sind, dann wird Gott für den nötigen Rückenwind sorgen.

Untersuchungen haben gezeigt, dass Menschen, die voller Begeisterung für etwas sind, in der Regel auch mehr erreichen. Sie bringen es weiter als andere. Das ist kein Zufall. Wenn Sie voller Leidenschaft sind, ist Ihnen gleichzeitig auch Gottes Wohlwollen sicher.

Denken Sie daran, dass Gott uns nicht sein Leben eingehaucht hat, damit wir uns mühsam durch den Tag schleppen. Er hat uns nicht nach seinem Bild geschaffen, uns überreich gesegnet und mit seiner Kraft ausgestattet, damit wir irgendwie durchs Leben kommen. Sie haben vielleicht Rückschläge erlebt, die Ihnen den Wind aus den Segeln genommen haben, aber heute ist ein neuer Tag! Gott möchte Ihnen neues Leben einhauchen, und wenn es Ihnen gelingt, Ihre Leidenschaft wieder neu zu entfachen, dann werden Sie garantiert auch frischen Wind in den Segeln spüren. Wenn Sie in Einklang mit Gott leben, wird er für den nötigen Rückenwind sorgen.

EIN GEBET FÜR HEUTE

Danke, Vater, für diesen Tag und für eine neue Gelegenheit, dich zu loben und die Träume zu verfolgen, die du in mich hineingelegt hast. Erfülle mich jeden Tag neu mit deiner Freude, deiner Begeisterung und deiner Leidenschaft. Ich bin gewiss, dass du mich dazu befähigt hast, deinen Willen zu tun! Danke, dass du mir deine Gunst schenkst, wenn ich dir von ganzem Herzen diene. In Jesu Namen, amen.

IMPULS FÜR DEN TAG

Die Frage, die sich Ihnen heute stellt, lautet: Sind Sie wirklich lebendig? Leben Sie leidenschaftlich gern oder stecken Sie in einem immer gleichen Trott fest? Lassen Sie sich vom Leben niederdrücken und nehmen Sie alles, was Sie sind und haben, als selbstverständlich hin? Dann machen Sie sich bewusst, dass Gott Sie für etwas Großes vorgesehen hat. Es gibt noch so vieles, was Sie erreichen können. Entfachen Sie heute Ihre Leidenschaft und Begeisterung wieder neu, damit Gott Großes in Ihrem Leben vollbringen kann.

SCHNELLER VORANKOMMEN

BIBELVERS FÜR DEN TAG

Doch eins dürft ihr dabei nicht vergessen, liebe Freunde: Was für uns ein Tag ist, das ist für Gott wie tausend Jahre; und was für uns tausend Jahre sind, das ist für ihn wie ein Tag.

2. PETRUS 3,8

Als Christen glauben wir, dass Gott Dinge tun kann, die jenseits unserer Vorstellungskraft liegen. Er kann zum richtigen Zeitpunkt eingreifen und Sie schneller weiterbringen, als Sie es sich jemals erträumen könnten. Er kann Dinge zu Ihren Gunsten vorantreiben, weil Sie ihn ehren und ihm vertrauen. So ist der Gott, dem wir dienen!

Dieses Phänomen wird in der Bibel immer wieder beschrieben. Innerhalb eines Tages wurde aus dem Hirtenjungen David ein Mann, der das Heer der Israeliten zum Sieg führte. Ruth war eine arme Witwe, die auf dem Feld Ähren sammelte, bis Gott sie zu Boas schickte und so aus der Almosensammlerin auf dem Feld die Besitzerin des Feldes machte. Gott sorgte für den nötigen Rückenwind und brachte Ruth dadurch schlagartig weiter.

Denken Sie daran, dass das, was Sie sagen und denken, eine entscheidende Rolle im Hinblick auf Ihre Zukunft spielt. Wenn Sie in Ihrem Leben etwas verändern möchten, dann müssen Sie in Übereinstimmung mit Gott kommen und sagen: „Danke, Vater, dass du dieses Geschenk für mich bereithältst. Ich danke dir, dass du meine Schritte lenkst, damit ich schneller an den Punkt gelange, an dem ich meine Bestimmung erfüllen kann!“

EIN GEBET FÜR HEUTE

Vater, dies ist der Tag, den du gemacht hast, und ich will mich daran erfreuen. Ich vertraue darauf, dass du hinter den Kulissen zu meinem Besten wirkst. Ich glaube, dass du mich schneller weiterbringen kannst, als ich es mir jemals vorstellen könnte, und dafür preise ich dich! Ich bin sicher, dass eine strahlende Zukunft vor mir liegt und dass ich meine Bestimmung erfüllen werde! Ich vertraue dir jeden Bereich meines Lebens an. Gebrauche du mich zu deiner Ehre. In Jesu Namen, amen.

IMPULS FÜR DEN TAG

Vielleicht würde es in Ihrem Beruf normalerweise 20 Jahre dauern, um die Position zu erreichen, die Sie sich erträumen, aber rechnen Sie damit, dass Gott eingreift und die Dinge zu Ihren Gunsten beschleunigt. Er kann für die richtigen Menschen und Chancen sorgen, sodass Sie schneller vorankommen. Lassen Sie die Worte „schneller“ und „weiter“ in Ihrem Denken Wurzeln schlagen. Nach menschlichem Ermessen müsste es eigentlich noch Jahre dauern, bis Sie Ihre Schulden abbezahlt haben, Jahre, um wieder gesund zu werden, Jahre, um mit einem bestimmten Problem fertigzuwerden. Aber denken Sie immer daran: Gott kann all Ihre Probleme schneller lösen, als Sie denken!

GOTT KANN WUNDER TUN

BIBELVERS FÜR DEN TAG

Und so trage ich für Christus alles mit Freude – die Schwachheiten, Misshandlungen und Entbehrungen, die Verfolgungen und Ängste. Denn ich weiß: Gerade wenn ich schwach bin, bin ich stark.

2. KORINTHER 12,10

Welche Schwächen Sie Ihrer Meinung nach auch haben, welche Rückschläge Sie auch erlebt haben – Gott möchte Ihnen heute wieder neue Kraft schenken. Er möchte etwas an Ihrer Situation verändern und dafür sorgen, dass Sie nicht länger auf der Stelle treten.

Im Alten Testament wird davon berichtet, dass Gott einmal das Geräusch der Schritte von vier Männern derart verstärkte, dass es sich anhörte wie ein riesiges Heer. Als die Feinde den Lärm hörten, ergriffen sie die Flucht. Tausende feindlicher Soldaten rannten in Todesangst davon, weil sie dachten, dass sie von einem gewaltigen Heer angegriffen würden, dabei waren es nur vier Männer! Was war hier passiert? Ganz einfach: Gott hatte ein Wunder getan! Er hatte eingegriffen und die Dinge zum Guten gewendet.

Und Gott weiß auch in Ihrem Fall, wie er Ihren Einfluss, Ihre Kraft, Ihr Talent und Ihren Wohlstand vermehren kann. Sie brauchen nicht krampfhaft zu versuchen, die Dinge selbst in die Hand zu nehmen. Setzten Sie stattdessen Ihr Vertrauen auf Gott und rechnen Sie fest damit, dass er Sie jeden Morgen neu mit seinem reichen Segen beschenken wird. Dann werden Sie erleben, wie er in jedem Bereich Ihres Lebens Wunder bewirkt und Dinge zum Guten wendet.

EIN GEBET FÜR HEUTE

Himmlischer Vater, ich liebe dich und bin so dankbar für alles, was du für mich tust. Ich vertraue dir heute jeden Bereich meines Lebens an, weil ich weiß, dass dich meine Unzulänglichkeiten und Rückschläge nicht einschränken! Ich bin sicher, dass du mir alles zur Verfügung stellst, was ich brauche, um deine Bestimmung für mein Leben zu erfüllen. Meine Stärke ist in dir, Herr. In Jesu Namen, amen.

IMPULS FÜR DEN TAG

Gott gebraucht ganz gewöhnliche Menschen mit all ihren Fehlern und Unzulänglichkeiten, um Außergewöhnliches zu tun. Lassen Sie sich noch durch Ihre Schwächen und Ihre Unsicherheit davon abhalten, Ihr Bestes zu geben? Sorgt Ihr Gefühl der Unzulänglichkeit dafür, dass Sie Gott weniger zutrauen? Dann lassen Sie sich heute sagen: Gott möchte Sie trotzdem gebrauchen. Schauen Sie nicht auf Ihre Schwächen, sondern auf Gott.

Worauf kann ich da noch hoffen?
Herr, du allein bist meine Hoffnung!

PSALM 39,8

SEGEN IM ÜBERFLUSS

BIBELVERS FÜR DEN TAG

Sollte dem Herrn etwas unmöglich sein?

1. MOSE 18,14; LÜ

Im ersten Buch Mose verspricht Gott Abrahams Frau Sara, dass sie ein Kind bekommen wird. Zuerst glaubt sie ihm nicht, denn sie ist sich sicher, dass sie schon viel zu alt ist, um Kinder zu bekommen. Und wissen Sie, wie Gott auf Saras Zweifel reagiert? Die Antwort liefert unser heutiger Vers. Gott fragte sie: „Sollte dem Herrn etwas unmöglich sein?"

Glauben auch Sie, dass Ihre Träume zu groß sind, als dass Gott sie wahrmachen könnte? Glauben Sie, dass eine bestimmte Beziehung schon zu kaputt ist, als dass Gott sie noch heilen könnte? Glauben Sie, dass Sie für den Rest Ihres Lebens mit dieser Krankheit leben müssen?

Wenn Sie das tun, dann ändern Sie heute Ihre Sichtweise, denn egal, wie aussichtslos Ihre Situation auch scheinen mag: Sie dienen niemand Geringerem als dem Schöpfer des Universums und seine Frage ist auch an Sie gerichtet: „Sollte dem Herrn etwas unmöglich sein?"

Wenn Sie das nächste Mal denken: *Das ist einfach zu schön, um wahr zu sein*, dann rufen Sie sich ins Bewusstsein, dass Gott Sie über Ihre kühnsten Träume hinaus segnen will. Und dann lassen Sie alles außer Acht, was dagegenzusprechen scheint, und wagen Sie zu glauben, dass Gott eine wunderbare Zukunft für Sie bereithält.

EIN GEBET FÜR HEUTE

Vater im Himmel, danke für deine Liebe und deinen Segen in meinem Leben. Ich entscheide mich heute ganz bewusst dafür, dir jeden Bereich meines Lebens anzuvertrauen. Ich weiß, dass für dich nichts zu schwer ist. Deshalb lasse ich alle Zweifel hinter mir und glaube, dass du wunderbare Dinge für mich bereithältst. Danke, dass du ein Leben in Fülle für mich vorgesehen hast! Hilf mir, an meinem Glauben festzuhalten und ganz nah bei dir zu bleiben. In Jesu Namen, amen.

IMPULS FÜR DEN TAG

Ich bin der festen Überzeugung, dass, wenn wir aufhören, Gottes Möglichkeiten gedanklich einzuschränken, er uns nicht nur alles geben wird, was wir brauchen. Ich glaube vielmehr, dass er dann sogar noch einen Schritt weitergehen und alles dafür tun wird, damit selbst unsere kühnsten Träume in Erfüllung gehen. Damit meine ich all die Dinge, über die Sie mit niemandem reden und die nur Gott und Sie etwas angehen. Seien Sie gewiss, dass Gott diese Anliegen sieht und sie erfüllen will. Die Frage ist nur: Sind Sie bereit, daran zu glauben?

WER HAT DAS SAGEN?

BIBELVERS FÜR DEN TAG

Aber auch das sage ich euch: Wenn zwei von euch hier auf der Erde meinen Vater im Himmel um etwas bitten wollen und sich darin einig sind, dann wird er es ihnen geben.

MATTHÄUS 18,19

Unser heutiger Vers lehrt uns, dass Gott uns schenken wird, worum wir ihn bitten, wenn wir ihn gemeinsam mit einem anderen Gläubigen aufrichtig und in Einigkeit darum bitten. Wir müssen allerdings davon ausgehen, dass dieses Prinzip auch in umgekehrter Weise funktioniert: Wenn uns der Feind einen Gedanken in den Kopf setzt und wir nichts dagegenhalten, sondern ihm zustimmen, dann gibt unsere Zustimmung diesem Gedanken die Kraft, wahr zu werden. Wenn Sie ihm jedoch nicht zustimmen, dann können Sie ihn erfolgreich abwehren.

Wenn Ihnen ein Gedanke in den Kopf kommt wie: *Deine Kinder werden früher oder später garantiert in Schwierigkeiten geraten,* dann halten Sie sofort etwas dagegen, indem Sie sagen: *Nein, das stimmt nicht. Ich bin gewiss, dass meine Kinder eine strahlende Zukunft erwartet und dass sie ihre Bestimmung erfüllen werden.* Oder Sie fürchten sich und denken: *Geh heute lieber nicht aus dem Haus. Dir könnte etwas Schlimmes zustoßen.* Dann wehren Sie sich und sagen Sie: *Nein, das stimmt nicht. Gott hat versprochen, mich zu beschützen.*

Lassen Sie nicht zu, dass Ihre Ängste das Sagen haben. Natürlich werden trotzdem Dinge in Ihrem Leben geschehen, die Ihnen nicht gefallen. Aber seien Sie gewiss, dass Gott die Kontrolle darüber hat. Weil Sie das wissen, können Sie sicher sein, dass sie Ihnen nicht schaden, sondern zum Besten dienen werden. Achten Sie heute einmal bewusst darauf, wessen Aussagen Sie recht geben. Hören Sie nicht auf die Stimme der Angst, sondern nehmen Sie Gottes Wort und all das Gute in Anspruch, das er für Sie bereithält.

EIN GEBET FÜR HEUTE

Vater, ich gebe dir die Ehre. Danke für all das Gute, das du für mich bereithältst. Ich beschließe heute, meine Gedanken, meine Worte und mein Handeln an deinem Wort auszurichten, das meines Fußes Leuchte ist und ein Licht auf meinem Weg. Ich werde dein Wort in meinem Herzen tragen. Hilf mir, das zu tun, was deinem Willen entspricht. In Jesu Namen, amen.

IMPULS FÜR DEN TAG

Wenn Sie in Einklang mit Gottes Willen leben, dann gehört Ihnen der Sieg, denn Gott kämpft an Ihrer Seite. Beschäftigen Sie sich also weniger mit dem, was Ihnen fehlt, mit den Fehlern, die Sie gemacht haben oder damit, dass Ihre Konkurrenten vielleicht mehr Talent haben als Sie, denn dadurch konzentrieren Sie sich nur auf das Sichtbare. Mit Gott an Ihrer Seite steht Ihnen eine Kraft zur Verfügung, die weit über Ihr Talent, Ihre Bildung und Ihre Fähigkeiten hinausgeht.

DIE FLUT KOMMT!

BIBELVERS FÜR DEN TAG

Von den Bergen stürzen Wildbäche tosend in die Tiefe. Mir ist zumute, als würden die Fluten mich mitreißen und fortspülen.

PSALM 42,8

Gott möchte Sie mit seiner Gnade überfluten – nicht mit einem traurigen Rinnsal, sondern mit einer Flut an Wachstum und Entwicklung, einer Flut an Heilung und guten Ideen. Lassen Sie sich deshalb auf keinen Fall dazu hinreißen, Ihre Träume aus Angst vor Enttäuschung kleinzureden. Geben Sie sich nicht mit dem Istzustand zufrieden, weil Sie meinen, schon alles erreicht zu haben, sondern machen Sie sich bereit für etwas Großes! Erwarten Sie mehr von Ihrer Zukunft!

Mit den Augen des Glaubens können Sie schon heute sehen, wie die Flutwelle auf Sie zurollt. Doch es ist keine Welle der Niederlagen. Nein, es ist eine Welle des Wachstums und der Entwicklung, eine Welle des Segen und der Heilung! Gottes Segensflut wird Ihnen helfen, jedes Hindernis in Ihrem Leben zu überwinden; sie wird maßgeblich zur Verwirklichung Ihrer Träume beitragen.

Wagen Sie es heute, daran zu glauben? Wagen Sie es, Ihr „Rinnsal-Denken“ gegen ein „Flut-Denken“ einzutauschen? Glauben Sie mir: Wenn Sie bereit sind, an Gottes Fülle zu glauben, dann kann er Ihnen auch ein Leben in Fülle schenken. Wenn Sie bereit sind, an seine Segensflut zu glauben, dann wird dieser Segen in jedem Bereich Ihres Lebens sichtbar werden.

EIN GEBET FÜR HEUTE

Danke, Vater, für einen neuen Tag, an dem ich dich preisen kann. Ich öffne heute mein Herz für dich, um die Flutwelle deiner Güte zu erleben, die du für mich bereithältst. Ich danke dir, dass du ein Leben in Fülle für mich vorgesehen hast. Hilf mir, meinen Blick auf deine übernatürliche Versorgung zu richten und dadurch jedes Hindernis zu überwinden. Danke für den Sieg. In Jesu Namen, amen.

IMPULS FÜR DEN TAG

Vielleicht finden Sie sich im Leben mit Dingen ab, die weit entfernt sind von dem Besten, das Gott Ihnen eigentlich zugedacht hat. Und vielleicht dauert dieser Zustand bereits so lange an, dass Sie sich nicht mehr vorstellen können, wie sich daran noch etwas ändern sollte. Aber heute ist ein neuer Tag. Eine neue Saat hat in Ihrem Innern Wurzeln geschlagen, und die gute Nachricht ist, dass der Durchbruch kurz bevorsteht. Glauben Sie in größeren Dimensionen. Glauben Sie, dass Gottes Segensflut jederzeit über Sie hereinbrechen kann.

UNBEGRENZTER VORRAT

BIBELVERS FÜR DEN TAG

Ihr sollt erfahren, mit welcher unermesslich großen Kraft Gott in uns, den Glaubenden, wirkt.

EPHESER 1,19

Wenn Sie 1.000 Liter Wasser speichern wollten, Sie aber nur einen 50-Liter-Behälter hätten, dann könnten Sie die Menge damit schlicht und ergreifend nicht aufnehmen. Das Problem wäre nicht der Mangel an Wasser, sondern Ihre fehlenden Mittel, um die Wassermenge aufzunehmen. Doch eigentlich müssten Sie nur den kleinen Behälter gegen einen größeren austauschen …

Genauso ist es auch bei Gott. Sie denken vielleicht: *Die Wirtschaftslage wird sich so schnell nicht erholen. Ich werde mir kein eigenes Haus leisten können. In dieser Firma werde ich niemals befördert werden. Mir fehlen einfach die nötigen Beziehungen, um vorwärtszukommen.*

Aber das ist die falsche Einstellung; das ist das viel zu kleine Gefäß, von dem Sie sich schleunigst trennen sollten. Der Gott, dem wir dienen, ist nämlich ein großer Gott! Er verfügt über unbegrenzte Möglichkeiten. Jesus selbst hat gesagt, dass uns geschehen soll, wie wir glauben. Gott hat alle Macht und alle Mittel der Welt. Er kann alles tun, und was wir empfangen, hängt einzig und allein davon ab, was wir für möglich halten und worum wir zu bitten wagen.

Vergrößern Sie also heute Ihre Aufnahmekapazität. Erweitern Sie Ihren Glaubenshorizont, indem Sie sich mit Gottes Wort beschäftigen. Preisen Sie seinen heiligen Namen, denn bei Gott ist alles möglich; er verfügt über unbegrenzte Möglichkeiten!

EIN GEBET FÜR HEUTE

Vater im Himmel, ich danke dir dafür, dass du mich mit allem versorgst, was ich zum Leben brauche. Ich entscheide mich heute dafür, Großes von dir zu erwarten. Ich verabschiede mich von meiner Kleingläubigkeit, weil ich weiß, dass bei dir alles möglich ist. Ich preise dich und danke dir für den Segen, den du über mir ausgießt. In Jesu Namen, amen.

IMPULS FÜR DEN TAG

In der Bibel steht: „Von mir sollst du alles erwarten, und ich werde dir geben, was du brauchst!“ (Psalm 81,11). Meine Frage an Sie lautet deshalb: Was erwarten Sie von Gott? Glauben Sie an Entwicklung und Wachstum? Gehen Sie in jeden neuen Tag in der Gewissheit, dass Sie Gottes Wohlwollen erleben werden, oder stecken Sie in Ihrem Alltagstrott fest? Wenn Sie Gott in Ihren Gedanken nicht einschränken – wenn Sie jeden Morgen aufstehen und Gutes von ihm erwarten –, dann wird er Sie nicht enttäuschen.

VERPASSEN SIE NICHT IHREN MOMENT

BIBELVERS FÜR DEN TAG

Jesus drehte sich um, sah sie an und sagte: „Du kannst unbesorgt sein, meine Tochter! Dein Glaube hat dich geheilt." Im selben Augenblick war die Frau gesund.

MATTHÄUS 9,22

In der Bibel wird von einer Frau berichtet, die zwölf Jahre lang an Blutungen litt. Sie hatte wahrscheinlich alles getan, was in ihrer Macht stand, aber nichts hatte geholfen und es ging ihr immer schlechter. Eines Tages erfuhr sie, dass Jesus in ihre Stadt kommen sollte, und sie schöpfte neue Hoffnung. Sie war in ihrem Leben schon auf so viele Schwierigkeiten gestoßen, aber darauf konzentrierte sie sich nun nicht mehr, denn sie spürte innerlich, dass der Moment ihrer Heilung gekommen war. Statt aufzugeben, kämpfte sie sich durch die Menschenmenge, berührte den Saum seines Gewandes und war im selben Moment geheilt.

Wie vielen Leuten in der Menschenmenge wird es wohl genauso gegangen sein wie ihr? Wie viele von ihnen waren krank, mutlos und hatten mit großen Problemen zu kämpfen? Doch sie alle schauten nur zu, wie Jesus vorbeiging, und wahrscheinlich verhinderten sie durch alle möglichen Ausreden, dass auch an ihnen ein Wunder geschehen konnte.

Machen Sie es anders! Benutzen Sie Ihre Umstände nicht als Ausrede, um sich nicht an Gott zu wenden. Es spielt keine Rolle, was in Ihrer Vergangenheit passiert ist. Tun Sie Ihr Möglichstes, um in seine Nähe zu gelangen. Er hält Wendepunkte für Sie bereit. Bleiben Sie dran, beten Sie weiter und strecken Sie sich nach ihm aus, wie die blutflüssige Frau es getan hat. Sie können sicher sein, dass er reagieren wird.

EIN GEBET FÜR HEUTE

Vater, ich gebe dir Lob und Ehre. Ich will an meinem Glauben festhalten und deine Gegenwart suchen. Ich glaube, dass du bereits ein Wunder für mich vorbereitet hast und dass du die Dinge zum Guten wenden wirst. Ich entscheide mich heute ganz bewusst dafür, meinen Blick auf dich zu richten, weil du der Urheber und Vollender meines Glaubens bist. In Jesu Namen, amen.

IMPULS FÜR DEN TAG

Denken Sie daran, dass der Feind immer dann am schlimmsten wütet, wenn er weiß, dass Gott etwas Großes mit Ihnen vorhat. Auch die dunkelste Nacht muss schließlich dem strahlenden Sonnenaufgang weichen. Die Bibel fordert uns dazu auf, nicht müde oder mutlos zu werden, denn wenn wir nicht aufgeben, sondern stark bleiben, werden wir am Ende dafür belohnt werden. Vielleicht scheint Ihnen gerade alles besonders schwer zu sein, aber erinnern Sie sich immer daran, dass die Kraft Gottes in Ihnen bewirkt, dass Sie genau das tun können, was gerade zu tun ist.

TATKRÄFTIGE LIEBE

BIBELVERS FÜR DEN TAG

Wie kann Gottes Liebe in einem Menschen sein, wenn dieser die Not seines Bruders vor Augen hat, sie ihm aber gleichgültig ist? Und das, obwohl er selbst alles hat, was er zum Leben braucht! Deshalb, meine Kinder, lasst uns einander lieben: nicht mit leeren Worten, sondern mit tatkräftiger Liebe und in aller Aufrichtigkeit.

1. JOHANNES 3,17-18

Es heißt, man kann zwar geben, ohne zu lieben, jedoch niemals lieben, ohne zu geben. Der heutige Vers bestätigt das, indem er uns lehrt, dass es bei der Liebe nicht nur darum geht, was wir sagen und denken, sondern vor allem darum, wie wir uns anderen Menschen gegenüber verhalten. Zu lieben bedeutet, auf andere zuzugehen und sich um ihre Bedürfnisse zu kümmern.

Manchmal ist das ganz einfach – indem man jemanden anlächelt oder etwas Ermutigendes sagt. Es gibt so viele Möglichkeiten, Gottes Liebe weiterzugeben. Man kann beispielsweise jemandem die Tankfüllung bezahlen oder den Einkauf an der Supermarktkasse.

Kennen Sie jemanden, der etwas braucht, das Sie ihm oder ihr schenken könnten? Gott möchte Sie heute segnen, damit Sie anderen ein Segen sein können. Er möchte durch Sie wirken und anderen Menschen seine Liebe und sein Mitgefühl zeigen.

Suchen Sie also ganz bewusst nach Möglichkeiten, Ihre Liebe praktisch zum Ausdruck zu bringen. In der Bibel steht, dass es Gottes Güte ist, die Menschen zur Umkehr bewegt. Bringen Sie seine Güte durch Ihr Handeln zum Ausdruck und tragen Sie seine Liebe in die Welt, indem Sie sich um andere kümmern. Gott hat versprochen, dass er Sie reich dafür belohnen wird!

EIN GEBET FÜR HEUTE

Danke, himmlischer Vater, für deine segnende Hand in meinem Leben. Ich bitte dich, dass du heute durch mich wirkst und deine Güte zum Ausdruck bringst. Ich stelle mich dir mit allem zur Verfügung, was ich bin und habe. Bitte gib mir Gelegenheiten, deine Liebe in die Welt zu tragen, und zeige mir, wie ich anderen ein Segen sein kann, damit sie deine Güte erfahren können. In Jesu Namen, amen.

IMPULS FÜR DEN TAG

Wenn Sie sich mit dem Leben Jesu beschäftigen, werden Sie feststellen, dass er sich immer Zeit für Menschen genommen hat. Er war nie zu beschäftigt, um stehen zu bleiben und Menschen in Not zu helfen. Seine Absichten waren Gottes Absichten. Als Gott uns geschaffen hat, hat er uns allen seine übernatürliche Liebe ins Herz gelegt. Lernen Sie, der Stimme seiner Liebe zu folgen. Sie haben die Möglichkeit, im Leben anderer Menschen Gutes zu bewirken. Übergehen Sie diese Tatsache nicht, sondern handeln Sie. Irgendjemand braucht gerade genau das, was Sie zu geben haben.

AN DIE SPITZE

BIBELVERS FÜR DEN TAG

Der Herr half Josef, sodass ihm alles glückte, was er unternahm.

1. MOSE 39,2

Viele biblische Glaubenshelden haben ganz klein angefangen. Denken Sie nur einmal an die Geschichte von Josef. Er wurde von seinen eigenen Brüdern in einen Brunnen geworfen und als Sklave verkauft, doch selbst unter diesen widrigen Umständen entwickelte er seine Fähigkeiten weiter. Als Sklave machte er sich derart nützlich, dass ihm die Verantwortung für das gesamte Haus seines Herrn übertragen wurde. Als er aufgrund falscher Anschuldigungen im Gefängnis landete, nutzte er auch dort seine Fähigkeiten, sodass ihm die Verantwortung für das gesamte Gefängnis übertragen würde. Und als der Pharao schließlich jemanden brauchte, der sein Land verwaltete und das landesweite Verteilungsprogramm für Nahrungsmittel während der Hungersnot organisierte, suchte er dafür nicht etwa ein Mitglied seines Kabinetts aus oder einen Dezernenten. Nein, er entschied sich für Josef, den Häftling und Sklaven.

Doch wie konnte das alles sein? Es lag wohl ganz einfach daran, dass Josef seine Fähigkeiten und Fertigkeiten immer genau dort weiterentwickelte, wo er gerade war – ob im Brunnen, als Sklave im Haus seines Herrn oder im Gefängnis. Und genau diese Fähigkeiten waren es, die ihm den Weg ebneten und weshalb er es am Ende an die Spitze schaffte.

Sie sehen: Es gibt eigentlich nie eine Entschuldigung dafür, warum wir nicht versuchen sollten, auf unserem Weg weiterzukommen. Es spielt keine Rolle, ob Ihnen Ihr derzeitiger Job gefällt, und es spielt auch keine Rolle, ob die Leute Sie gut behandeln – mit Gottes Hilfe können Sie aus dem Brunnen herauskommen, die Vergangenheit hinter sich lassen und in Ihrem Leben weiter vorankommen!

EIN GEBET FÜR HEUTE

Danke, Vater, für die Gaben und Talente, die du mir geschenkt hast. Ich rede mich nicht mehr heraus, sondern ich entscheide mich heute dafür, immer mein Bestes zu geben. Ich will anderen zum Segen werden, wohin ich auch gehe. Ich wende meinen Blick ab von meinen Umständen und schaue stattdessen auf dich, weil ich weiß, dass du es bist, der mir den Weg ebnen wird. In Jesu Namen, amen.

IMPULS FÜR DEN TAG

Wohin Josef auch ging, er war überall von unschätzbarem Wert, weil er es lernte, Probleme zu lösen. Er war eine lösungsorientierte Person. Gehen Sie also nicht mit einer Liste von Problemen zu Ihrem Chef, wenn Sie ihm nicht gleichzeitig auch eine Liste mit Lösungen zu bieten haben. Bemühen Sie sich um ein konstruktives und weises Verhalten, damit Sie es wie Josef in jeder Situation nach oben schaffen.

RIESEN ZU FALL BRINGEN

BIBELVERS FÜR DEN TAG

Ein Geschenk öffnet viele Türen und kann dir Zugang zu einflussreichen Leuten verschaffen.

SPRÜCHE 18,16

Wenn man die Geschichte von David und Goliat hört, dann ist es naheliegend zu denken: *Nicht David, sondern Gott war es, der den Riesen zu Fall brachte.* Und in gewisser Weise stimmt das auch. Aber es war David, der den Stein gegen Goliats Kopf schleuderte. Er hat also auch einen Teil dazu beigetragen. Gott schenkte David eine Fähigkeit, die er dann trainieren musste, um im entscheidenden Moment einen Volltreffer zu landen.

Genau wie David hat Gott auch Ihnen Fähigkeiten geschenkt, damit Sie die Riesen in Ihrem Leben erledigen können. Sie haben Fähigkeiten, die Ihnen neue Türen öffnen, und Fertigkeiten, die zu einem Leben in Fülle führen können. Der springende Punkt dabei ist jedoch, dass diese Fertigkeiten trainiert und weiterentwickelt werden müssen. Jeden Tag, an dem Sie etwas dazulernen und Ihre Fähigkeiten verbessern, werden Sie für die nächste Stufe vorbereitet.

Auch wenn Sie heute vielleicht noch auf Ihre große Chance warten, arbeiten Sie trotzdem weiter an Ihren Fertigkeiten. Wenn Sie sich beispielsweise beruflich weiterentwickeln wollen, schauen Sie sich genau an, was Ihr direkter Vorgesetzter tut, und eignen Sie sich das an, was für diese Positionen nötig ist, damit Sie in der Lage sind, ihn zu vertreten. Wenn Gott erkennt, dass Sie sich weiterentwickelt haben, dann kann er Ihnen neue Türen öffnen. Hören Sie also nicht damit auf, an sich zu arbeiten, denn auch in Ihnen steckt jemand, der es mit Riesen aufnehmen kann!

EIN GEBET FÜR HEUTE

Vater, ich danke dir, dass du alles in mich hineingelegt hast, was ich brauche, um siegreich leben zu können. Ich entscheide mich bewusst dafür, dir treu zu sein und meine Fähigkeiten zu verbessern. Zeige mir, wie ich mich weiterentwickeln kann, um anderen zum Segen zu werden. Hilf mir, auf jede Chance vorbereitet zu sein, die du für mich bereithältst. In Jesu Namen, amen.

IMPULS FÜR DEN TAG

Für die Aufgabe, einen Riesen zu besiegen und sein auserwähltes Volk anzuführen, wählte Gott einen Menschen aus, der sich die Mühe gemacht hatte, die Talente auszubauen, die er in ihn hineingelegt hatte. Verstehen Sie dies als einen Aufruf zu handeln! Gott hält auch für Sie neue Aufgaben bereit, doch um diese Aufgaben übernehmen zu können, müssen Sie vorbereitet sein und aktiv Schritte tun, um das weiterzuentwickeln, was Gott Ihnen anvertraut hat. Wenn es um die Erfüllung unserer Bestimmung geht, müssen wir stets unser Bestes geben!

BEGABUNGEN WEITERENTWICKELN

BIBELVERS FÜR DEN TAG

Dann nämlich könnt ihr so leben, dass der Herr dadurch geehrt wird und er sich in jeder Hinsicht über euch freut. Euer Leben wird für Gott Frucht bringen, indem ihr in vielerlei Weise Gutes tut. Ihr werdet ihn immer besser kennen lernen.

KOLOSSER 1,10

Es gibt viel zu viele Menschen, die sich mit dem Status quo in ihrem Leben zufriedengeben. Sie haben vielleicht ein bestimmtes Ziel erreicht, und nun ist ihnen nichts mehr daran gelegen, das weiterzuentwickeln, was sie einmal alles gelernt haben.

Untersuchungen zufolge liest jeder Zweite von uns kein einziges Buch mehr zu Ende, wenn er erst einmal mit der Ausbildung fertig ist. Einer der Gründe dafür ist wohl, dass die Menschen das Lernen als eine Phase in ihrem Leben betrachten anstatt als Lebensstil. Sie denken: *Jetzt, wo ich meine Ausbildung hinter mir und einen festen Job in der Tasche habe, ist mit dem Lernen endlich Schluss!* Aber Gott hat uns nicht dazu geschaffen, ein bestimmtes Niveau zu erreichen und dann für immer auf diesem Stand zu bleiben. Auch wenn Sie schon 90 Jahre alt sind, sollten Sie nicht aufhören zu lernen, sondern Ihre Fähigkeiten stets weiterentwickeln.

Entscheidend dabei ist, dass Sie selbst die Verantwortung dafür übernehmen, denn Entwicklung geschieht nicht automatisch. Welche Schritte unternehmen Sie, um sich zu verbessern und weiterzuentwickeln? Lesen Sie Bücher? Hören Sie sich CDs mit Lerninhalten an? Besuchen Sie Seminare? Haben Sie Mentoren? Lassen Sie sich nicht einfach nur durchs Leben treiben, während Sie sich auf das verlassen, was Sie einmal gelernt haben. In Ihnen steckt so viel mehr! Entwickeln Sie Ihre Talente weiter und werden Sie zu dem Menschen, als den Gott Sie geschaffen hat.

EIN GEBET FÜR HEUTE

Danke, Vater, für deine Liebe und deinen Segen in meinem Leben. Hilf mir, die Talente und Fähigkeiten weiterzuentwickeln, die du mir geschenkt hast. Zeige mir, wie ich wachsen, an meine Grenzen gehen und mich verbessern kann. Hilf mir, das zu vermehren, was du mir anvertraut hast, und der Mensch zu werden, zu dem du mich geschaffen hast. Danke für deine Treue. In Jesu Namen, amen.

IMPULS FÜR DEN TAG

Eins ist sicher: Siegertypen hören nicht auf zu lernen. Ich bin der Meinung, jeder von uns sollte einen möglichst konkreten Plan für seine persönliche Entwicklung haben. Sagen Sie nicht bloß: „Ich werde hin und wieder ein Buch lesen“, oder: „Ich werde im Laufe des Jahres an einer Fortbildung teilnehmen.“ Sie brauchen vielmehr einen konkreten Plan, der genau festhält, welche Schritte Sie wann unternehmen wollen, um sich weiterzubilden. Wenn Sie Verantwortung für Ihre eigene Entwicklung übernehmen, dann wird Gott Ihre Mühe belohnen.

DER ABSCHLUSSTERMIN STEHT FEST

BIBELVERS FÜR DEN TAG

Ich bin ganz sicher, dass Gott sein gutes Werk, das er bei euch begonnen hat, zu Ende führen wird, bis zu dem Tag, an dem Jesus Christus kommt.

PHILIPPER 1,6

Was Gott anfängt, das bringt er auch zu Ende. Immer und ohne Ausnahme. In dem Moment, in dem Gott Ihnen einen Traum ins Herz legt, in dem Moment, in dem seine Verheißung in Ihnen Wurzeln schlägt, hat Gott damit nicht nur etwas begonnen, sondern auch schon einen Termin festgelegt, an dem „das Projekt" abgeschlossen wird. In der Bibel steht, dass Gott der Urheber und Vollender unseres Glaubens ist. Das bedeutet, dass Gott uns keinen Traum schenken und uns versprechen würde, dass dieser Traum wahr werden wird, wenn er nicht auch schon einen Plan hätte, wie genau wir unseren Traum verwirklichen können.

Dabei spielt es absolut keine Rolle, wie lange es dauert oder wie unmöglich es zu sein scheint. Ihr Kopf sagt Ihnen vielleicht, dass es eigentlich schon zu spät ist, dass Sie zu viele Chancen verpasst haben, dass Ihr Traum niemals wahr werden wird, aber vergessen Sie nicht, dass Gott das letzte Wort in dieser Sache hat. Er weiß bereits, wie und wann Ihr Traum in Erfüllung gehen wird. Halten Sie also weiter am Glauben fest und hören Sie damit auf, sich Ihren Traum selbst auszureden, dann ist es nur eine Frage der Zeit, bis Sie ihn verwirklichen können!

EIN GEBET FÜR HEUTE

Vater im Himmel, ich danke dir, dass du das, was du in meinem Leben begonnen hast, auch zu Ende bringen wirst. Ich weigere mich aufzugeben! Ich werde dir und deinem Zeitplan vertrauen. Ich bin gewiss, dass meine Träume zum richtigen Zeitpunkt in Erfüllung gehen werden, wenn ich dir bedingungslos vertraue und Geduld habe. In Jesu Namen, amen.

IMPULS FÜR DEN TAG

Wenn in der Bibel dir Rede davon ist, dass Gott sein gutes Werk *zu Ende führen wird,* dann ist damit sicher nicht gemeint, dass Sie am Ende völlig fertig sind und es nur mit Ach und Krach über die Ziellinie schaffen werden. Sie können vielmehr davon ausgehen, dass Sie am Ende strahlend auf dem Siegertreppchen stehen werden, denn wenn die Gnade Gottes über dem Ende seines Werkes steht, dann wird Sie keine Macht der Finsternis aufhalten können!

DAS TAL DURCHWANDERN

BIBELVERS FÜR DEN TAG

Und ob ich schon wanderte im finstern Tal, fürchte ich kein Unglück; denn du bist bei mir, dein Stecken und Stab trösten mich.

PSALM 23,4; LÜ

Manchmal muss man im Leben auch unter Schmerzen weitergehen. Wir müssen auch dann weitermachen, wenn uns absolut nicht danach zumute ist. Wir müssen auch dann die Dinge weiter vorantreiben, wenn es nicht leicht ist.

Manch einer wird Ihnen einreden wollen: „Das war's. Jetzt bist du endgültig erledigt." Glauben Sie solche Lügen bloß nicht! Gott sieht, wie Sie sich anstrengen. Es ist das eine, das Richtige zu tun und gute Entscheidungen zu treffen, wenn alles so läuft, wie man es sich vorgestellt hat. Aber es ist etwas ganz anderes, auch in schweren Zeiten weiterzumachen, wenn nichts so läuft, wie Sie es erwartet haben; wenn Sie leiden und eigentlich Ihre Wunden lecken müssten. Wenn Sie dann immer noch pünktlich zur Arbeit erscheinen und immer noch freundlich zu anderen sind, wenn Sie immer noch von Gott erwarten, dass er diese verkorkste Situation umkehren kann, dann wird Gott Ihr Verhalten auf besondere Weise würdigen. Ich glaube fest daran, dass Gott einen besonders großen Lohn für Menschen bereithält, die ihm auch in schweren Zeiten vertrauen.

Wenn auch Sie heute zu diesen Menschen gehören, dann seien Sie gewiss, dass Gott Sie dafür segnen wird. Er geht mit Ihnen durch dieses Tal und er führt Sie den Weg der Gerechtigkeit um seines Namens willen. Loben und preisen Sie ihn weiter. Gehen Sie Schritt für Schritt weiter in der Gewissheit, dass Gott bei Ihnen ist, dass er Sie tröstet und Sie an einen besseren Ort führen wird!

EIN GEBET FÜR HEUTE

Danke, Vater, dass du wie ein guter Hirte für mich sorgst. Danke, dass du auch auf schweren Wegstrecken bei mir bleibst. Ich will keine Angst haben, weil du mit mir gehst und mich tröstest. Gutes und Barmherzigkeit werden mir mein Leben lang folgen. Danke, dass du meine Seele erneuerst und mich zum Sieg führen wirst. In Jesu Namen, amen.

IMPULS FÜR DEN TAG

Wenn Sie alles erreichen wollen, wozu Gott Sie geschaffen hat, dann dürfen Sie nicht zulassen, dass Verletzungen oder Enttäuschungen Sie dazu bringen, am Spielfeldrand des Lebens sitzen zu bleiben. Verbinden Sie Ihre Wunden und Verletzungen. Schütteln Sie die Mutlosigkeit ab und gehen Sie wieder zurück aufs Spielfeld. Vergeben Sie den Menschen, die Ihnen Unrecht getan haben. Lassen Sie los, was nicht gut gelaufen ist, und spielen Sie weiter. Wie auch immer Ihnen das Leben mitspielt, lassen Sie sich nicht unterkriegen!

PLATZ SCHAFFEN FÜR ETWAS GRÖẞERES

BIBELVERS FÜR DEN TAG

So werden die Letzten die Ersten und die Ersten die Letzten sein. Denn viele sind berufen, aber wenige auserwählt.

MATTHÄUS 20,16; SL

Bevor wir im Leben einen Aufstieg erleben können, müssen wir erst einmal darauf vorbereitet werden. Manchmal ist es eine geistliche Vorbereitung, manchmal auch eine körperliche, aber irgendeine Art von Vorbereitungsphase ist immer notwendig.

Zu oft verpassen Menschen ihren großen Moment, weil sie unvorbereitet sind. Sie schauen sich um, sehen die anderen und denken: *Ach, die sind sowieso viel besser geeignet als ich.* Aber diese Denkweise ist falsch! Wenn Sie sich bereit machen und über sich hinauswachsen, dann wird Gott Platz schaffen für etwas Größeres.

Machen Sie sich also keine Gedanken darüber, wer eigentlich vor Ihnen an die Reihe kommen müsste, sondern entwickeln Sie sich weiter, lernen Sie weiter und machen Sie sich bereit. Dann werden sich die richtigen Türen für Sie öffnen. Vielleicht hat Gott Sie am Ende ja gar nicht für die Position vorgesehen, die Sie momentan ins Auge gefasst haben, sondern für eine viel höhere. Vielleicht möchte Gott Sie an all den anderen vorbei auf eine ganz neue Ebene befördern. Ihr Job ist es, ihm treu nachzufolgen und die Begabungen weiterzuentwickeln, die er in Sie hineingelegt hat. Wenn Sie das tun, werden Sie am Ende weiterkommen, als Sie jemals zu träumen gewagt hätten!

EIN GEBET FÜR HEUTE

Vater, ich preise deinen heiligen Namen. Ich möchte mich heute innerlich für die Dinge öffnen, die du noch mit mir vorhast. Ich entscheide mich dafür, treu zu sein und mich bewusst darauf vorzubereiten. Ich werde nicht nach links oder rechts schauen, sondern meinen Blick fest auf dich richten. Danke, dass du mir die richtigen Türen öffnest und mich weiterbringst, als ich selbst es jemals tun könnte. In Jesu Namen, amen.

IMPULS FÜR DEN TAG

Vielleicht haben Sie das Gefühl, dass es an Ihrem Arbeitsplatz gerade keine Aufstiegschancen für Sie gibt. Setzen Sie es sich dennoch zum Ziel, sich weiterzubilden und sich die Fähigkeiten anzueignen, die nötig sind, um mehr Verantwortung innerhalb der Firma zu übernehmen. Wenn Sie bessere Leistungen bringen, mehr schaffen und mehr lernen als andere, dann werden Ihre Gaben Ihnen den entsprechenden Platz verschaffen, und Gott wird Sie dorthin bringen, wo er Sie haben möchte.

MACHEN SIE AUF SICH AUFMERKSAM

BIBELVERS FÜR DEN TAG

Kennst du jemanden, der gute Arbeit leistet? Er wird erfolgreich sein und Königen statt einfachen Leuten dienen.

SPRÜCHE 22,29

Kürzlich habe ich einen Artikel darüber gelesen, wie man das Risiko verringern kann, seinen Arbeitsplatz zu verlieren. Es gibt drei Hauptkriterien, auf die Unternehmer schauen, wenn sie im Zuge betriebsbedingter Kündigungen entscheiden müssen, wen sie behalten und wen nicht. Die Mitarbeiter, die in aller Regel bleiben können, haben eine positive Einstellung, sind vielseitig einsetzbar und stets darum bemüht, ihre Leistungen zu verbessern.

Wie sieht es bei Ihnen aus? Tun Sie etwas dafür, dass Sie in der Firma unentbehrlich werden? Merken Ihre Vorgesetzten, dass es nicht so reibungslos läuft, wenn Sie einmal nicht da sind? Oder anders ausgedrückt: Wenn Sie Urlaub haben, niemand Sie vermisst und Ihre Aufgaben von Kollegen problemlos übernommen werden können, dann sollten bei Ihnen alle Alarmglocken läuten. Dann sollten Sie einen Gang höher schalten und produktiver werden als bisher.

Unser heutiger Bibelvers spricht eine deutliche Sprache: Wenn wir unsere Fähigkeiten und Fertigkeiten verbessern und immer unser Bestes geben, dann werden wir letztendlich denen auffallen, die etwas zu sagen haben, und dann wird es für uns aufwärtsgehen. Denken Sie also immer daran: Wenn Sie stets Ihr Bestes geben, wenn Sie am Ball bleiben und sich weiterentwickeln, wird Gott dafür sorgen, dass man auf Sie aufmerksam wird und dass Sie weiter vorankommen in Richtung des Sieges, den er für Sie vorgesehen hat.

EIN GEBET FÜR HEUTE

Danke, Vater, für die Gaben und Talente, die du mir geschenkt hast. Bitte zeige mir, wo Aufstiegsmöglichkeiten auf mich warten. Hilf mir, meine Fähigkeiten zu verbessern. Ich danke dir dafür, dass du bewirkst, dass die richtigen Leute auf mich aufmerksam werden. Ich will gewissenhaft arbeiten und stets mein Bestes geben, damit ich dir mit allem, was ich tue, die Ehre gebe. In Jesu Namen, amen.

IMPULS FÜR DEN TAG

Gott möchte ein neues Feuer in Ihnen entfachen. Ein Mensch, der sich Höchstleistungen auf die Fahne geschrieben hat, strengt sich besonders an, um das zu tun, was richtig ist. Er hält sein Wort auch dann, wenn es schwierig ist. Menschen, die Höchstleistungen anstreben, kommen nicht zu spät oder melden sich krank, wenn sie es gar nicht sind. Wenn Sie stets darum bemüht sind, Ihr Bestes zu geben, dann zeigt sich das in der Qualität Ihrer Arbeit und in der Einstellung, mit der Sie sie tun.

NEU ENTFACHTE LEIDENSCHAFT

BIBELVERS FÜR DEN TAG

Darum rufe ich dir ins Gedächtnis: Entfache die Gnade Gottes wieder, die dir durch die Auflegung meiner Hände zuteilgeworden ist.

2. TIMOTHEUS 1,6; EÜ

Haben Sie sich jemals gewünscht, etwas wirklich Großes zu erreichen? Vielleicht hatten Sie einen großen Traum und wollten Ihre eigene Firma gründen. Vielleicht wollten Sie abnehmen oder noch einmal studieren. Doch bisher ist es Ihnen noch nicht gelungen. Sie haben es versucht, aber es hat nicht geklappt. Der Kredit wurde nicht bewilligt. Die ärztliche Diagnose fiel schlechter aus als erwartet und nun stürmen die „Niemals-Lügen" auf Sie ein: *Ich werde niemals wieder gesund werden. Ich werde niemals erfolgreich sein. Ich werde niemals heiraten. Meine Träume werden niemals in Erfüllung gehen.*

Die gute Nachricht ist: Heute ist der Tag für Sie gekommen, um sich Ihr Feuer und Ihre Leidenschaft zurückzuerobern. Heute ist der Tag für Sie, um sich eine neue Sichtweise anzueignen. Der Schöpfer des Universums hat schon längst den Zeitpunkt festgesetzt, zu dem sich der Traum erfüllen wird. Dass es noch nicht passiert ist, heißt noch lange nicht, dass es niemals passieren wird! Gott hat bereits jetzt die richtigen Leute, den richtigen Zeitpunkt und die richtigen Antworten parat. Alles, was Sie brauchen, ist schon da. Nun ist es an Ihnen, Ihre Zweifel über Bord zu werfen. Ob es noch 1 Jahr, 5 Jahre oder 50 Jahre dauern wird – was auch immer Gott Ihnen versprochen hat, wird er auch zustande bringen!

Bleiben Sie also stark, hoffen Sie weiter und geben Sie nicht auf. Entfachen Sie Ihre Leidenschaft neu und erleben Sie, wie Gott jeden einzelnen der Träume erfüllen wird, die er in Sie hineingelegt hat.

EIN GEBET FÜR HEUTE

Vater, dir allein gebührt mein Lob. Danke für jeden Traum und jede Sehnsucht, die du in mich hineingelegt hast. Ich entscheide mich heute ganz bewusst dafür, weiterzumachen und den „Niemals-Lügen" keinen Glauben zu schenken. Ich will stark bleiben und an meinem Glauben festhalten. Hilf mir, gewissenhaft zu sein in allem, was du mir anvertraust. In Jesu Namen, amen.

IMPULS FÜR DEN TAG

Wo auch immer Sie gerade im Leben stehen: Machen Sie das Beste daraus! Sorgen Sie dafür, dass Sie alles, was Sie tun, mit Leidenschaft und Feuer im Herzen angehen. Geben Sie sich nicht mit Mittelmäßigkeit zufrieden. Tun Sie alles von ganzem Herzen. Schütteln Sie den Staub ab und entfachen Sie das Feuer wieder neu. Dann werden Sie sich nicht nur besser fühlen, sondern Ihre Leidenschaft wird andere Menschen anstecken, und sie werden das haben wollen, was Sie haben.

AUF KURS BLEIBEN

BIBELVERS FÜR DEN TAG

Und kommt ihr vom richtigen Weg ab, so hört ihr hinter euch eine Stimme: „Halt, dies ist der Weg, den ihr einschlagen sollt!"

JESAJA 30,21

Gott hat jedem von uns eine Verheißung gegeben. Wie die Israeliten müssen aber auch die meisten von uns zuerst einmal die Wüste durchqueren, bevor sie in ihr Gelobtes Land einziehen können. Oftmals haben auch wir eher das Gefühl, wie Josef in einem tiefen Loch zu sitzen, statt Zutritt zum Palast gewährt zu bekommen.

Vielleicht befinden Sie sich gerade in einer Phase, in der es für Sie nicht weiterzugehen scheint, und Sie denken: *Ich bete und vertraue Gott jetzt schon so lange – doch es passiert einfach nichts.* Dann möchte ich Sie heute dazu ermutigen, weiter auf Kurs zu bleiben und nicht aufzugeben. Auch wenn Sie müde, mutlos und frustriert sind: Geben Sie niemals die Hoffnung auf eine bessere Zukunft auf! Bleiben Sie auf dem rechten Weg, denn unser Gott ist ein treuer Gott. Auch wenn es in Ihren Augen zu lange dauert – was er in

Ihrem Leben begonnen hat, wird er auch zu Ende bringen. In der Bibel lesen wir, dass Gott nach Menschen Ausschau hält, die ihm treu nachfolgen. Seien Sie ein solcher Mensch! Halten Sie am Glauben fest, beten Sie weiter, hören Sie weiter auf das, was er sagt, und bleiben Sie auf Kurs, weil Gott Sie auf dem Weg zum Sieg führt!

EIN GEBET FÜR HEUTE

Danke, Vater, dass du mich auf rechtem Weg führst um deines Namens willen. Ich entscheide mich dafür, dir zu vertrauen, auch wenn ich nicht immer alles verstehe. Ich bin gewiss, dass du hinter den Kulissen für mich am Werk bist. Ich will auf dem richtigen Weg bleiben und weiter auf dein Wort hören, weil ich weiß, dass du deinen Segen und den Sieg für mich bereithältst. In Jesu Namen, amen.

IMPULS FÜR DEN TAG

Wenn Sie im Glauben vorwärtsgehen und Gott die Ehre geben, dann wird er Sie mit seiner unermesslichen Kraft versorgen, die Sie weiter voranbringt als je zuvor. Gottes Gnade bringt alles zu einem guten Ende. Sie hätten bereits untergehen können, aber Gott hat dafür gesorgt, dass Sie auf dem Wasser laufen konnten. Wo Sie sich hätten beklagen können, hat er Sie dazu befähigt, ein Loblied zu singen. Als Sie keinen Ausweg mehr sahen, hat er Ihnen einen aufgezeigt. So gut ist unser Gott!

ER DENKT AN SIE

BIBELVERS FÜR DEN TAG

Gott dachte nun auch an Rahel und erhörte ihre Gebete.

1. MOSE 30,22

Unser himmlischer Vater ist liebevoll, barmherzig und treu. Selbst wenn wir mutlos werden und nicht mehr glauben können, bricht Gott nicht mit dem, was er uns versprochen hat.

Vielleicht haben Sie den Mut verloren, weil Ihr Leben nicht so verläuft, wie Sie es sich eigentlich wünschen, und nun denken Sie: *Ich werde bestimmt nie wieder glücklich sein. Ich werde sicher niemals heiraten. Meine Träume werden niemals in Erfüllung gehen.* Dann erinnern Sie sich heute daran, dass Gott nicht nur an Sie denkt, sondern dass er Ihnen auch etwas versprochen und in Sie hineingelegt hat. Er kennt Ihre Bestimmung. Sie haben die Sache vielleicht schon abgehakt, aber die gute Nachricht lautet: Nicht Sie haben das letzte Wort, sondern Gott. Und er gibt Ihnen sein Wort, dass er das, was er in Ihnen begonnen hat, auch zu einem guten Ende führen wird.

Auch wenn Sie Ihren Traum bereits aufgegeben haben – Gott hat es nicht! Er denkt an Sie und er wird Sie zum Sieg führen.

EIN GEBET FÜR HEUTE

Danke, Vater, dass du auch dann treu bist, wenn ich es nicht bin. Danke, dass du mich ganz nah an dich heranziehst, wenn ich den Mut verliere. Ich entscheide mich heute dafür, auf dich zu schauen, denn du bist meine Kraftquelle und mein Helfer in der Not. Ich bin gewiss, dass du bei mir bist und mich zum Sieg führen wirst. Bitte erfülle mich mit deinem Heiligen Geist und mit deiner Freude. In Jesu Namen, amen.

IMPULS FÜR DEN TAG

Was Gott anfängt, das bringt er auch zu Ende. Er gibt sich nicht damit zufrieden, wenn Sie Ihre Bestimmung nur teilweise erfüllen – er sorgt dafür, dass Sie all das erfüllen werden, wozu er Sie berufen hat. Sie wissen vielleicht noch nicht, wie das gehen soll, weil Sie scheinbar schon zu alt sind oder bereits zu viele Gelegenheiten verpasst haben. Doch Gott weiß genau, wie es funktionieren kann. Er weiß, wie er die einzelnen Punkte miteinander verbinden muss.

EIN GRUND IST NOCH LANGE KEIN RECHT

BIBELVERS FÜR DEN TAG

Vorbei ist die Leidenszeit der Einwohner Zions! Sie streuen sich nicht mehr voller Verzweiflung Asche auf den Kopf, sondern schmücken sich mit einem Turban. Statt der Trauergewänder gebe ich ihnen duftendes Öl, das sie erfreut. Ihre Mutlosigkeit will ich in Jubel verwandeln, der sie schmückt wie ein Festkleid. Wer sie dann sieht, vergleicht sie mit Bäumen, die Gott selbst gepflanzt hat. Man wird sie „Garten des Herrn" nennen, an dem er seine Größe und Macht zeigt.

JESAJA 61,3

Wenn alles genauso läuft, wie wir es uns wünschen, fällt es uns in der Regel leicht, eine positive Einstellung zu bewahren und unsere Träume voller Leidenschaft zu verfolgen. Dazu ist nicht viel Glauben nötig. Aber wie sieht es in schweren Zeiten aus – wenn eine Beziehung nicht gut läuft, wenn wir eine schlimme ärztliche Diagnose bekommen oder wenn ein Freund uns unrecht tut? Wenn man verletzt ist, verliert man schnell die Begeisterung. Es gibt so viele Menschen, die nur noch am Spielfeldrand des Lebens sitzen, ihre Wunden lecken und sich nicht mehr trauen, aktiv am Spiel teilzunehmen.

Sie haben vielleicht allen Grund, sich selbst zu bemitleiden, aber das bedeutet noch lange nicht, dass Sie auch das Recht dazu haben. Gott hat versprochen, dass er aus der Asche in Ihrem Leben etwas Schönes hervorbringen will, doch dazu müssen auch Sie Ihren Beitrag leisten. Wenn Sie statt Asche Schönheit sehen wollen, dann müssen Sie Ihre Mutlosigkeit und Ihr Selbstmitleid abschütteln.

Seien Sie gewiss, dass die besten Tage noch vor Ihnen liegen. Gott hat versprochen, dass Ihnen alle Dinge zum Besten dienen, und er wird dafür sorgen, dass Sie am Ende als glorreicher Sieger dastehen werden!

EIN GEBET FÜR HEUTE

Vater, ich preise dich für deine Liebe und dafür, dass du mich so gut kennst. Ich entscheide mich heute dafür, auf dein Wort zu hören und mein Selbstmitleid und meine Mutlosigkeit abzulegen. Hilf mir, denen zu vergeben, die mich verletzt haben, damit ich all das empfangen kann, was du für mich bereithältst. Danke, dass du mir Schönheit statt Asche schenken und meine Trauer in Freude verwandeln willst. In Jesu Namen, amen.

IMPULS FÜR DEN TAG

Gott möchte alles Negative in Ihrem Leben zum Positiven wenden. Der entscheidende Punkt ist, dass Sie Ihr Selbstmitleid loswerden müssen, damit Gott etwas Schönes aus der Asche in Ihrem Leben entstehen lassen kann. Asche ist das, was übrig bleibt, wenn etwas verbrennt – unsere Enttäuschungen, unsere Verletzungen und unser Versagen. Bringen Sie all das im Gebet vor Gott, damit er etwas Gutes und Schönes daraus hervorbringen kann.

DIE VERGANGENHEIT HINTER SICH LASSEN

BIBELVERS FÜR DEN TAG

Wie gesagt, meine lieben Brüder und Schwestern, ich weiß genau: Noch bin ich nicht am Ziel angekommen. Aber eins steht fest: Ich will vergessen, was hinter mir liegt, und schaue nur noch auf das Ziel vor mir.

PHILIPPER 3,13

Jeder von uns hat bereits Enttäuschungen und Rückschläge erlebt. Vielleicht haben Sie lange für die Heilung eines geliebten Menschen gebetet, aber er ist trotzdem nicht wieder gesund geworden. Vielleicht haben Sie sich so sehr angestrengt, um endlich befördert zu werden, aber es hat nicht geklappt. Oder die Beziehung, an die Sie so fest geglaubt haben, ist am Ende doch gescheitert.

Wissen Sie, was das Beste ist, das Sie in einem solchen Fall tun können? Lassen Sie die Sache hinter sich. Bleiben Sie nicht darin stecken und hören Sie auf, sich ständig zu fragen, wieso Ihnen so etwas passieren musste, denn das führt nur zu Bitterkeit und Selbstmitleid. Dann dauert es meistens nicht mehr lange, bis Sie anderen, sich selbst oder sogar Gott die Schuld daran geben. Vielleich können Sie nicht verstehen, was passiert ist. Womöglich war es auch nicht fair. Aber wenn es Ihnen gelingt, die Sache loszulassen, dann ist das eine Form von gelebtem Glauben, indem Sie sagen: „Gott, ich vertraue dir, denn ich weiß, dass du die Lage noch immer im Griff hast. Auch wenn es nicht so ausgegangen ist, wie ich es mir gewünscht habe, will ich dennoch fest darauf vertrauen, dass mir alles zum Besten dienen muss und dass du immer noch etwas Gutes für mich bereithältst.“ Dieser Schritt gibt Ihnen die nötige Kraft, um die Vergangenheit und die damit verbundenen Enttäuschungen loslassen zu können. Und wenn Sie dann all Ihre Hoffnung auf Gott setzen, kann er Sie innerlich heil machen und Sie in eine gute Zukunft führen.

EIN GEBET FÜR HEUTE

Vater, ich vertraue dir heute all meine Verletzungen und offenen Fragen an, und ich beschließe, meinen Frust und meine Enttäuschungen loszulassen. Ich möchte dir mein Leben anvertrauen, auch wenn ich nicht alles verstehe, was passiert. Hilf mir, denen zu vergeben, die mich verletzt haben, und die Vergangenheit loszulassen. Bitte heile mich innerlich und zeige mir den guten Plan, den du für meine Zukunft hast. Ich will meinen Blick fest auf dich richten. In Jesu Namen, amen.

IMPULS FÜR DEN TAG

Übernehmen Sie heute Morgen die Einstellung des Apostels Paulus. Schütteln Sie die Asche der Entmutigungen und Enttäuschungen von gestern ab und sagen Sie sich: „Ich blicke jetzt nicht mehr zurück und beschäftige mich nicht mehr damit, dass ich schlecht behandelt worden oder zu kurz gekommen bin. Ich schaue nicht nach hinten, sondern nach vorn. Ich gehe weiter in dem Wissen, dass Gott etwas Gutes für mich bereithält.“

DEN BLICK AUF DAS GUTE RICHTEN

BIBELVERS FÜR DEN TAG

Schließlich, meine lieben Brüder und Schwestern, orientiert euch an dem, was wahrhaftig, vorbildlich und gerecht, was redlich und liebenswert ist und einen guten Ruf hat. Beschäftigt euch mit den Dingen, die auch bei euren Mitmenschen als Tugend gelten und Lob verdienen.

PHILIPPER 4,8

Ihre Gedanken haben großen Einfluss auf den Verlauf Ihres Lebens. Menschen, die positiv und hoffnungsvoll denken, leben glücklicher, gesünder und länger. Sie sind weniger gestresst, dynamischer und schlafen besser. Deshalb ermutigt uns die Bibel auch dazu, uns gedanklich mit guten Dingen zu beschäftigen – mit allem, was wahrhaftig, vorbildlich und gerecht, redlich und liebenswert ist. Wenn man seine Gedanken auf positive Dinge richtet, sperrt man negative Stimmen aus und wird innerlich offen für das Handeln und Wirken Gottes im eigenen Leben.

Entscheiden Sie sich deshalb heute dafür, Ihre Gedanken auf das Gute zu richten. Tun Sie alles, was nötig ist, um die guten Dinge in

Ihrem Leben im Blick und im Sinn zu behalten. Schreiben Sie sie auf kleine Zettel, die Sie beispielsweise an Ihren Badezimmerspiegel kleben können. Sprechen Sie die Verheißungen und den Segen Gottes jeden Tag wieder neu über Ihrem Leben aus, denn auf diese Art werden Sie von seinem Frieden erfüllt, und Sie werden erleben, wie Ihre Träume und Wünsche in Erfüllung gehen.

EIN GEBET FÜR HEUTE

Vater im Himmel, ich preise dich für deine Barmherzigkeit und deine Gnade. Ich sperre die negativen Gedanken aus und entscheide mich ganz bewusst dafür, mich auf Positives zu konzentrieren, auf Dinge, die ermutigend und aufbauend sind, auf Gedanken des Friedens und der Hoffnung. Hilf mir, heute ganz bewusst darauf zu achten, und erfülle mein Herz mit deinem Frieden. In Jesu Namen, amen.

IMPULS FÜR DEN TAG

Es ist wichtig, dass wir selbst die Verantwortung für unser Denken und Handeln übernehmen. Nicht das, was Ihnen passiert, zieht Sie runter, sondern das, was Sie darüber denken. Ich bin der festen Überzeugung, dass es möglich ist, selbst im heftigsten Kampf Frieden und Freude zu empfinden – wenn wir es nur lernen, uns für die richtigen Gedanken zu entscheiden. Fangen Sie heute damit an, indem Sie Ihr Denken mit dem Wort Gottes füllen.

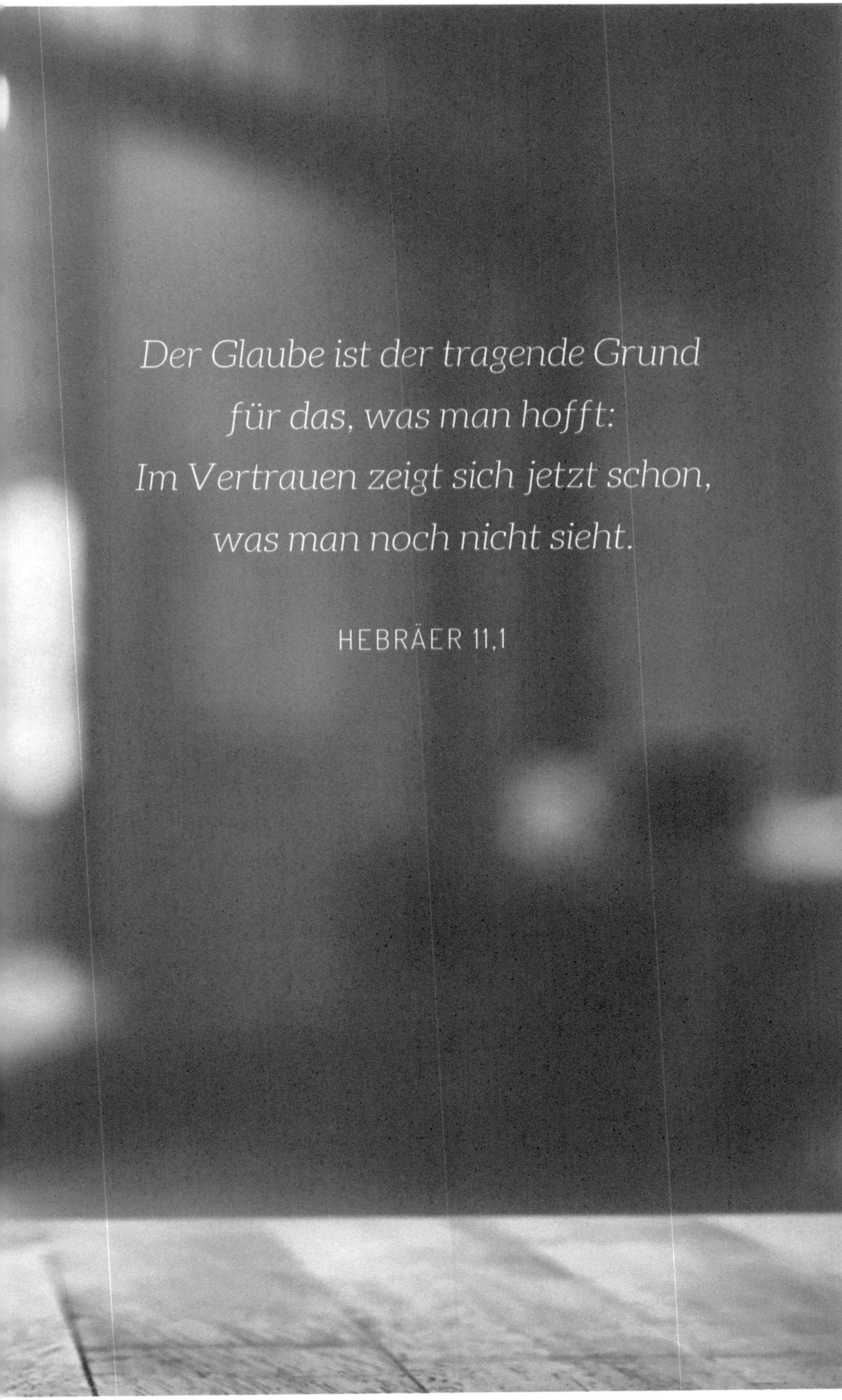

Der Glaube ist der tragende Grund für das, was man hofft: Im Vertrauen zeigt sich jetzt schon, was man noch nicht sieht.

HEBRÄER 11,1

DAS BESTE KOMMT NOCH

BIBELVERS FÜR DEN TAG

Denn Gott hatte einen besseren Plan: Sie sollten mit uns zusammen ans Ziel kommen.

HEBRÄER 11,40

Wenn etwas nicht so ausgeht, wie Sie es sich gewünscht haben, oder wenn es nicht in dem Zeitrahmen geschieht, den Sie sich vorgestellt haben, dann kann es passieren, dass Sie den Mut verlieren oder das Gefühl haben, dass Gott Sie im Stich gelassen hat. Doch in Wahrheit bedeutet es nur, dass er noch etwas Besseres für Sie bereithält.

Wenn Sie beten, auf Gottes Wort vertrauen und am Glauben festhalten und trotzdem noch keine Antwort auf Ihr Gebet bekommen haben, dann ist dies noch lange kein Grund, sich zurückzuziehen. Denken Sie daran: Wenn sich eine Tür schließt, wird Gott eine andere für Sie öffnen.

Wir dürfen nie vergessen, dass es der Feind ist, der versucht, uns zu entmutigen. Er versucht, Ihren Blick auf die geschlossene Tür zu lenken statt auf die offene Tür, die sich direkt daneben befindet. Gehen Sie ihm nicht auf den Leim. Wagen Sie den nächsten Schritt.

Hören Sie nicht auf, Gott zu loben, und bleiben Sie fest im Glauben, weil Sie wissen, dass das Beste noch vor Ihnen liegt.

EIN GEBET FÜR HEUTE

Danke, Vater, dass du mir treu zur Seite stehst. Ich danke dir für all die offenen und auch für die geschlossenen Türen in meinem Leben, weil ich weiß, dass du immer nur das Beste für mich im Sinn hast. Ich konzentriere mich nicht auf die negativen Umstände, sondern auf deine treuen Zusagen. Ich vertraue dir auch dann, wenn die Dinge nicht so ausgehen wie geplant, weil ich weiß, dass du im Hintergrund wirkst und etwas noch Besseres für mich bereithältst. In Jesu Namen, amen.

IMPULS FÜR DEN TAG

In schweren Zeiten ist die Versuchung groß, ständig nur über das Problem zu sprechen. Doch dadurch wird es nicht kleiner, sondern eher noch größer. Drehen Sie den Spieß um. Reden Sie nicht über das Problem, sondern über Gottes Verheißungen. Statt sich zu beklagen, erklären Sie mutig: „Ich weiß, dass, wenn sich eine Tür schließt, Gott noch etwas Besseres für mich bereithält. Er lenkt meine Schritte. Ich bin gespannt, was er mit mir vorhat, und freue mich auf meine Zukunft."

DEN SCHLUSSSTEIN VOR AUGEN HABEN

BIBELVERS FÜR DEN TAG

Ein Berg von Hindernissen wird sich vor dir auftürmen, aber ich räume sie aus dem Weg. Wenn der Tempel wieder aufgebaut ist, wirst du den Schlussstein einsetzen – unter dem Jubel des Volkes!

SACHARJA 4,7

In der Bibel wird davon berichtet, dass Serubbabel den Tempel wieder aufbauen wollte und auch das Fundament dafür legte, aber dann lehnten sich die Menschen gegen ihn auf und zwangen ihn aufzuhören. Zehn Jahre lang konnte nicht weitergearbeitet werden, bis der Prophet Sacharja Serubbabel dazu aufforderte, den Schlussstein zu besorgen – jenen Stein, der beim Bau eines Gebäudes als Letztes gesetzt wurde; das Symbol für Vollendung.

Warum war es so wichtig, dass Serubbabel den Schlussstein schon zu diesem Zeitpunkt besorgte? Weil der Stein ihn jedes Mal, wenn er ihn anschaute, daran erinnerte, dass Gott zu Ende bringen würde, was er angefangen hatte. Wenn Serubbabel müde, schwach oder mutlos zu werden drohte, schaute er den Schlussstein an, der ihn daran erinnerte, dass Gott tun würde, was er verheißen hatte.

Haben auch Sie heute Ihren Schlussstein vor Augen? Gibt es etwas, das für den letzten Baustein bei der Erfüllung Ihrer Träume steht? Schauen Sie nach vorn. Konzentrieren Sie sich darauf, in welche Richtung Sie gehen wollen. Besorgen Sie sich den Schlussstein und danken Sie Gott für seine Treue, mit der er das Werk in Ihnen vollenden wird.

EIN GEBET FÜR HEUTE

Himmlischer Vater, ich preise deinen heiligen Namen. Bitte hilf mir, nach vorn zu schauen. Ich weigere mich, die Hoffnung aufzugeben, weil ich weiß, dass du an meiner Seite bist. Stattdessen richte ich meinen Blick ganz auf dich und auf dein unwandelbares Wort. Ich möchte auf dem Weg bleiben, den du für mich vorgesehen hast. In Jesu Namen, amen.

IMPULS FÜR DEN TAG

Gibt es etwas, das Sie jeden Tag aufs Neue daran erinnert, woran Sie glauben? Etwas, das Sie inspiriert und Ihren Glauben immer wieder neu entfacht? Im Buch der Sprüche steht: „Ohne Gottes Weisung verwildert ein Volk; doch es blüht auf, wenn es Gottes Gesetz befolgt!“ (Sprüche 29,18). Wenn man keine Vision hat, kommt man nicht von der Stelle. Oft geht dann auch die Leidenschaft verloren, weil die Erfüllung des Traumes in immer weitere Ferne rückt. Finden Sie etwas, das symbolisch für die Vollendung Ihres Traumes steht, und halten Sie es sich immer vor Augen.

GOTT LEGT IHREN WERT FEST

BIBELVERS FÜR DEN TAG

Wahre Größe kann kein Mensch verleihen – ganz gleich, woher er kommt!
Denn Gott allein ist Richter: Den einen lässt er fallen, den anderen bringt er zu Ansehen und Macht.

PSALM 75,7–8

Ist Ihnen schon einmal aufgefallen, wie anders sich Menschen plötzlich verhalten, wenn sie mit Leuten zusammen sind, von denen sie glauben, dass sie ihnen einen Vorteil verschaffen können – Leute, die einen gewissen Status, Einfluss oder besonders viel Geld haben?

Haben Sie es schon einmal in Erwägung gezogen, dass Gott unser Verhalten anderen Menschen gegenüber als eine Art Test betrachten könnte? Ich glaube nämlich, dass er uns manchmal ganz bewusst Leute über den Weg schickt, die nach menschlichem Ermessen keine große Rolle spielen. Sie scheinen uns gar nichts zu nützen, dabei sind sie in Wirklichkeit mit der Erfüllung unserer Bestimmung verknüpft. Sie haben den Schlüssel zu Ansehen und Macht für uns in der Hand.

Deshalb fragen Sie sich heute einmal: Behandeln Sie Menschen auch dann freundlich und respektvoll, wenn Sie davon ausgehen müssen, dass sie Ihnen kein bisschen nützlich sind? Tatsache ist, dass die Menschen, vor denen wir uns aufspielen oder deren Gunst wir zu erlangen versuchen, uns vielleicht sogar die ein oder andere Tür öffnen können. Doch es ist Gott, der unseren wahren Wert und unser Ansehen festlegt. Und manchmal gebraucht er die merkwürdigsten Menschen, um uns die richtigen Türen zu öffnen.

Doch wie können Sie den Test nun bestehen? Indem Sie jeden Menschen so behandeln, als hätte Gott ihn ganz bewusst über Ihren Weg geschickt, denn höchstwahrscheinlich ist genau das der Fall.

EIN GEBET FÜR HEUTE

Vater, ich liebe dich und danke dir für deine segnende Hand in meinem Leben. Danke, dass du meine Schritte lenkst, mich mit den richtigen Menschen zusammenbringst und mir den Weg zeigst, auf dem ich gehen soll. Hilf mir, ein Segen für andere zu sein und die Menschen in meinem Umfeld zu ermutigen. Ich möchte dich ehren, indem ich ihnen Respekt und Achtung entgegenbringe. In Jesu Namen, amen.

IMPULS FÜR DEN TAG

Gott schickt Ihnen Menschen über den Weg, die mit Ihrer Bestimmung zu tun haben. Wenn Sie diesen Menschen helfen, weiterzukommen und aufzusteigen, dann werden Sie auch selbst weiterkommen. Ob wir unser Potenzial voll entfalten können, hängt häufig davon ab, ob wir auch anderen Menschen helfen, ihr Potenzial zu entfalten. Im Prinzip verhält es sich so wie mit einem Bumerang. Wenn man jemandem hilft voranzukommen, wird man dadurch automatisch auch selbst vorankommen.

TIEFER GRABEN

BIBELVERS FÜR DEN TAG

Lasst uns also nicht müde werden, Gutes zu tun. Es wird eine Zeit kommen, in der wir eine reiche Ernte einbringen. Wir dürfen nur nicht vorher aufgeben.

GALATER 6,9

Anfang des 19. Jahrhunderts machten Forscher eine Expedition in eine riesige Wüste. Schnell stellte sich heraus, dass sie nicht genug Wasser mitgenommen hatten, sodass sie begannen, auf der Suche nach Wasser an verschiedenen Stellen etwa einen halben Meter tief zu graben. Doch am Ende verdursteten sie alle. Viele Jahre später stellte sich heraus, dass es genau dort, wo die Männer ums Leben gekommen waren, tatsächlich Wasser gab; jedoch etwa einen halben Meter tiefer, als sie gegraben hatten. Wenn sie nur ein wenig tiefer gegangen wären, wären sie auf Wasser gestoßen und hätten überlebt.

Dasselbe Prinzip gilt, wenn Sie eine Dürreperiode in Ihrem Leben durchstehen müssen – wenn neue Chancen ausbleiben, die Geschäfte nicht gut laufen oder Sie sich mit einer schwierigen Beziehung abquälen. In solchen Situationen liegt es nahe zu denken:

Es wird sich niemals etwas ändern. Ich werde niemals erleben, dass meine Träume in Erfüllung gehen. Doch es ist ähnlich wie im Falle der Forscher. Das Wasser ist da. Es ist für alles gesorgt, Sie müssen nur noch ein wenig tiefer graben. Wenn Sie die Erinnerung an das, was nicht geklappt hat, abschütteln, wenn Sie sich weigern aufzugeben und wenn Sie Gott weiterhin loben und preisen, dann werden Sie schon bald auf seine Segensquellen stoßen!

EIN GEBET FÜR HEUTE

Danke, Vater, für deine Versorgung und deinen überreichen Segen. Ich entscheide mich heute ganz bewusst dafür, dich zu loben und anzubeten, egal, wie die Umstände auch sein mögen. Ich weiß, dass du auch dann einen Weg für mich vorgesehen hast, wenn ich keinen sehe. Bitte hilf mir, meine Hoffnung aufrechtzuerhalten, damit ich den Segen empfangen kann, den du für mich bereithältst. Ich bin gewiss, dass du mir zur rechten Zeit helfen wirst. In Jesu Namen, amen.

IMPULS FÜR DEN TAG

Vielleicht sind Sie heute Morgen frustriert, weil Sie das Gefühl haben, dass Gottes Plan für Ihr Leben nicht aufgehen wird. Doch haben Sie keine Angst, denn Gott wird alles so zusammenfügen, dass es passt und dass er seinen Plan für Ihr Leben umsetzen kann. Bleiben Sie also geduldig und versuchen Sie nicht, Türen aus eigener Kraft aufzustoßen. Ihre Situation sieht vielleicht genauso aus wie in den vergangenen zehn Jahren, aber der Tag wird kommen, an dem Gott die Wende für Sie bringt.

DEN STURM ABWEHREN

BIBELVERS FÜR DEN TAG

Jesus stand auf, gebot dem Wind Einhalt und befahl dem See: „Sei still! Schweig!“ Sofort legte sich der Sturm, und es wurde ganz still.

MARKUS 4,39

Haben Sie schon einmal darüber nachgedacht, dass ein Schiff von Wassermassen umgeben ist, während es über das weite Meer segelt, und dass das kein Problem darstellt, solange kein Wasser eindringt? Sobald jedoch Wasser ins Schiff gelangt, wird es über kurz oder lang sinken.

Dasselbe Prinzip gilt auch für unser Leben. Wir können um uns herum jede Menge Probleme und Ärger haben – Stress, Frustration und Sorgen. Aber die gute Nachricht lautet: Wir müssen das, was um uns herum ist, nicht zu uns hereinlassen.

Wenn schwere Zeiten kommen, brauchen Sie sich nicht von den Wellen der Sorge und Angst überwältigen zu lassen. Denken Sie immer daran, dass der Schöpfer des Universums in Ihnen lebt, egal, welche Stürme gerade um Sie herum toben. Bitten Sie ihn um Frieden in jedem Bereich Ihres Lebens und tun Sie dann Ihren Teil dazu, damit der Sturm und die Wassermassen Sie nicht überwältigen können!

EIN GEBET FÜR HEUTE

Danke, Vater, dass du mich mit deinem Heiligen Geist erfüllst und dass du mir hilfst, den Stürmen des Lebens standzuhalten. Ich werde alles tun, was in meiner Macht steht, damit der Sturm nicht in mein Inneres gelangen kann. Bitte hilf mir, ruhig zu bleiben, weil du für mich kämpfst. Ich bitte dich um deinen Frieden in allen Bereichen meines Lebens und danke dir dafür, dass mir alle Dinge zum Besten dienen müssen. In Jesu Namen, amen.

IMPULS FÜR DEN TAG

Wenn ein Adler in einen Sturm gerät, dann kämpft er sich nicht etwa mühsam und mit aller Kraft durch den Wind und Regen hindurch. Er breitet vielmehr seine Flügel aus und lässt sich von dem starken Wind emporheben, bis er über den Sturmwolken weiterfliegen kann, wo es ruhig und friedlich ist. Machen Sie es wie der Adler, indem Sie in Sturmzeiten Ihr Vertrauen auf Gott setzen und sich von ihm hindurchtragen lassen.

SAGEN SIE NEIN ZUM SORGEN

BIBELVERS FÜR DEN TAG

Und wenn ihr euch noch so viel sorgt, könnt ihr doch euer Leben um keinen Augenblick verlängern.

MATTHÄUS 6,27

Gott möchte nicht, dass wir ständig in Angst und Sorge leben. Er weiß, dass Sorgen kontraproduktiv sind. Sie rauben uns nur den Frieden und die Freude und wirken sich negativ auf unser Leben aus – auf unseren Schlaf, unsere Gesundheit und unser Wohlbefinden. Sorgen rauben uns wertvolle Augenblicke.

Treffen Sie also heute die Entscheidung, sich nicht länger mit Sorgen herumzuschlagen. Hören Sie damit auf, sich immer nur auf das Schlechte in der Welt zu konzentrieren. Natürlich ist es wichtig, informiert zu sein, aber noch viel wichtiger ist es, Gottes Wort zu kennen und zu verinnerlichen. Stärken Sie Ihren Glauben, indem Sie sich mit seinem Wort beschäftigen, und füllen Sie Ihren Verstand und Ihr Herz mit seinen Verheißungen. Sprechen Sie sich jeden Tag Folgendes zu: „Gott kümmert sich um alle meine Bedürfnisse. Er bereitet mir einen Weg, wo keiner ist. Er steht mir treu zu Seite und lässt mich niemals allein."

Wenn Sie sich voll und ganz auf Gottes Wort konzentrieren, vertreiben Sie damit die Sorgen und erfüllen Ihr Herz mit Glauben und Hoffnung. Dann werden Sie seinen Frieden und seine Freude erleben sowie all den Segen, den er für Sie bereithält.

EIN GEBET FÜR HEUTE

Himmlischer Vater, ich danke dir dafür, dass in deiner Gegenwart eine Fülle an Freude, Frieden und Ruhe zu finden ist. Ich entscheide mich heute ganz bewusst dafür, Schluss zu machen mit dem Sorgen. Ich will meinen Glauben stärken, indem ich mich mit deinen Verheißungen beschäftige und sie für mein Leben in Anspruch nehme. Ich bin gewiss, dass ich in deinem Frieden leben werde, egal, wie die Umstände auch aussehen mögen. Hilf mir, dir heute von ganzem Herzen zu vertrauen. In Jesu Namen, amen.

IMPULS FÜR DEN TAG

Wenn Sie sich sorgen, müssen Sie die gleiche Energie aufbringen, die es Sie kosten würde, um zu glauben. Wenn die Sorgen das nächste Mal bei Ihnen anklopfen, wehren Sie sie ab, indem Sie die Gelegenheit nutzen, um Gott zu danken. Danken Sie ihm dafür, dass er bereits an der Lösung Ihres Problems arbeitet. Danken Sie ihm dafür, dass er alles im Griff hat. Statt eine schwierige Situation bis zum Verdruss zu analysieren, verbringen Sie lieber Zeit damit, sich mit stärkenden Bibelworten zu beschäftigen, wie beispielsweise: „Alles kann ich durch Christus, der mir Kraft und Stärke gibt" (Philipper 4,13).

IN RUHE UND FRIEDEN LEBEN

BIBELVERS FÜR DEN TAG

Doch wir, die wir ihm vertrauen, werden zu der Ruhe gelangen, die Gott versprochen hat.

HEBRÄER 4,3

Gott wünscht sich, dass Sie in Ruhe und Frieden leben können, egal, was um Sie herum passiert. Wenn Sie Gott vertrauen, wird er Sie vollkommen ruhig machen.

Wenn Sie sich jedoch von Ihren Umständen abhängig machen – wenn Sie gut drauf sind, solange es in Ihrem Leben läuft, und niedergeschlagen sind, wenn sich die Dinge anders entwickeln als geplant –, dann wird Ihr Leben zu einer regelrechten Achterbahnfahrt. Doch Gott wünscht sich, dass Sie beständig sind und nicht von Ihren Lebensumständen umhergeworfen werden.

Wenn harte Zeiten kommen, bleiben Sie ruhig und bewahren Sie sich Ihren Frieden, denn damit drücken Sie Ihr Vertrauen gegenüber Gott aus. Und genau das ist Glaube – die feste Überzeugung, dass Gott wirklich der ist, der er zu sein behauptet, dass er zur rechten Zeit eingreifen wird und dass er diejenigen belohnen wird, die ihm aufrichtig nachfolgen.

Denken Sie immer daran: Wenn Sie Gott vertrauen, dann können Sie in Frieden und Freude leben, egal, was um Sie herum gerade geschieht.

EIN GEBET FÜR HEUTE

Vater im Himmel, du bist der Einzige, der meines Lobes würdig ist. Danke, dass du mir Frieden und Ruhe schenken möchtest, wenn ich dir von ganzem Herzen vertraue. Du allein bist mein König, mein Erlöser und mein Retter! Hab Dank für deine Treue und hilf mir, trotz aller Höhen und Tiefen im Leben beständig zu bleiben. Ich setze mein Vertrauen auf dich, weil ich weiß, dass du einen guten Plan für mein Leben hast. In Jesu Namen, amen.

IMPULS FÜR DEN TAG

Wenn Sie im Vertrauen auf Gott leben, können Sie ganz ruhig sein, weil Sie wissen, dass Gott zum richtigen Zeitpunkt – und damit keine Sekunde zu spät – sein Versprechen in die Tat umsetzen wird. Machen Sie sich nicht selbst dafür fertig, dass in einigen Bereichen Ihres Lebens noch Entwicklungsbedarf besteht. Wenn Sie wirklich aus dem Glauben heraus leben, dann können Sie sich voll und ganz in Gottes Frieden entspannen. Wenn Sie ihm von ganzem Herzen vertrauen, wird er Ihr unruhiges Herz mit seinem Frieden erfüllen.

STILLE SEIN

BIBELVERS FÜR DEN TAG

Seid stille und erkennet, dass ich Gott bin!
PSALM 46,11; LÜ

Als Gott Adam schuf, setzte er ihn ganz bewusst in den Garten Eden – einen sehr ruhigen, friedvollen und stillen Ort, an dem er ihm selbst immer wieder begegnete, um mit ihm Gemeinschaft zu haben.

Heutzutage ist unser Leben sehr laut. Wenn wir es zulassen, sind wir ständig gestresst, angespannt, reizüberflutet und in Eile. Inmitten der Geschäftigkeit müssen wir lernen, uns abzugrenzen und den Stress nicht an unser Innerstes heranzulassen. Um uns herum mag es hektisch sein, aber tief im Innern können wir ganz ruhig sein, weil wir wissen, dass wir in Gottes Hand geborgen sind.

Vielleicht machen Sie sich schon lange Sorgen oder sind gestresst, weil Sie nicht vorwärtskommen oder weil Sie vor einer großen Herausforderung stehen. Aber genauso, wie Gott Adam Ruhe verschafft hat, möchte er es auch bei Ihnen tun. Er ruft Sie heraus aus all Ihren Problemen, um Sie an einen Ort des Friedens zu führen. Dort möchte er Sie mit Weisheit und neuer Kraft versorgen.

EIN GEBET FÜR HEUTE

Vater, ich liebe dich und preise dich dafür, dass du der Gott des Friedens bist. Hilf mir, Nein zu sagen zu den Dingen, die nur für Frust und Stress in meinem Leben sorgen. Ich möchte dir nah sein und in deiner Gegenwart zur Ruhe kommen. Ich vertraue dir, weil ich weiß, dass du mich mit allem versorgst, was ich brauche. In Jesu Namen, amen.

IMPULS FÜR DEN TAG

Wenn es stressig wird, wenn Ihre Kinder Sie dringend brauchen, es im Büro hektisch ist und Sie gleichzeitig noch tausend andere Dinge zu tun haben, dann sprechen Sie ein Machtwort und sagen Sie: „Nein, so geht das nicht. Wenn ich stark sein will, wenn ich heute mein Bestes geben will, wenn ich Gottes Segen empfangen will, dann muss ich meine Prioritäten derart setzen, dass trotz all der Hektik genug Zeit bleibt, die ich mit Gott verbringen kann." Der Grund dafür ist einfach: Wenn Sie Zeit in Ihr geistliches Wohl investieren, wird sich dies in allen Bereichen Ihres Lebens widerspiegeln.

ZUR NACHAHMUNG EMPFOHLEN

BIBELVERS FÜR DEN TAG

So ahmt nun Gott nach als geliebte Kinder und wandelt in der Liebe, wie auch Christus uns geliebt hat und hat sich selbst für uns gegeben als Gabe und Opfer, Gott zu einem lieblichen Geruch.

EPHESER 5,1-2; LÜ

Haben Sie schon einmal beobachtet, wie ein Baby die Geräusche und Bewegungen seines Gegenübers imitiert? Für die Kleinen ist es ein lustiges Spiel, aber gleichzeitig ist es auch ein wichtiger Lernprozess, weil sie sich dadurch neue Fähigkeiten aneignen.

Wie kleine Kinder sind auch wir Erwachsenen Nachahmer, die sich durch gezieltes Beobachten Verhaltensweisen aneignen – positive wie negative. Dieses Verhalten liegt ein Stück weit in unserer Natur, aber heutzutage gibt es so viele Menschen, die *nur noch* das nachmachen, was sie bei anderen sehen – sei es im Fernsehen oder im Internet.

Doch die Bibel sagt, dass wir Gott nacheifern und uns ein Beispiel an seiner Liebe nehmen sollen. Wenn Sie also das Gefühl haben, Ihr Handeln ändern zu müssen, dann beschließen Sie heute, Ihren Fokus zu ändern. Konzentrieren Sie sich voll und ganz auf Gottes Wort, und Sie werden feststellen, dass Sie ihm mit der Zeit immer ähnlicher werden. Und wenn Sie sich so verhalten, wie Gott es sich von Ihnen wünscht, dann werden Sie schließlich eine reiche Ernte einfahren: seinen Frieden, seine Freude und seinen lebenslangen Segen!

EIN GEBET FÜR HEUTE

Vater im Himmel, ich danke dir dafür, dass du es gut mit mir meinst. Ich entscheide mich heute ganz bewusst dafür, dich an die erste Stelle in meinem Leben zu setzen und dir nachzueifern. Ich konzentriere mich auf dich und dein Wort, und ich lade dich ein, mein Herz und meine Gedanken zu erforschen. Schenke mir dein liebendes Herz und lehre mich, ein Beispiel für deine Güte zu sein. In Jesu Namen, amen.

IMPULS FÜR DEN TAG

Machen Sie sich heute bewusst, dass Sie nach Gottes Bild geschaffen sind. Sie sind ein Abbild des Einen, der das Universum geschaffen hat, und er selbst hilft Ihnen dabei, Tag für Tag ein Stückchen mehr zu werden wie er. In Ihnen ist Großartiges angelegt. Setzen Sie es sich zum Ziel, wie Jesus zu lieben, zu dienen und zu reden.

ES GIBT EIN „DANACH“

BIBELVERS FÜR DEN TAG

Und es begab sich danach, dass David die Philister schlug und sie unterwarf.

2. SAMUEL 8,1; LÜ

Wenn Sie einen Rückschlag erlebt haben, machen Sie sich bewusst, dass Ihr Leben deshalb noch lange nicht vorbei ist. Für Gott gibt es ein „Danach“. Er hat bereits den nächsten Sieg für Sie eingeplant. Er möchte Sie weiterbringen, als Sie es sich jemals hätten träumen lassen!

Wundern Sie sich in schweren Zeiten nicht darüber, wenn der Feind Ihnen ins Ohr flüstert, dass Sie nie mehr so glücklich sein werden, wie Sie es einmal waren. Hören Sie einfach nicht hin, sondern lassen Sie es zum einen Ohr rein- und zum anderen wieder rausgehen, denn mit Gott an Ihrer Seite gibt es für Sie ein Leben nach der Niederlage.

Lassen Sie sich heute sagen, dass Sie Ihren besten Tanz noch nicht getanzt haben. Sie haben noch nicht ihr herzlichstes Lachen gelacht. Sie haben noch nicht den schönsten Traum geträumt. Wenn Sie am Glauben festhalten und sich weigern, bitter zu werden, dann hält

Gott ein „Danach“ für Sie bereit. Und besser als das: Sie werden diese schwere Zeit nicht nur überstehen, sondern sogar gestärkt und erhobenen Hauptes aus ihr hervorgehen!

EIN GEBET FÜR HEUTE

Lieber Vater, ich danke dir für den Sieg, den du für mich bereithältst. Womit auch immer ich konfrontiert worden bin oder noch werde – ich bin gewiss, dass es ein „Danach“ gibt. Ich werde es schaffen und gestärkt für die Zukunft aus dieser Situation hervorgehen, damit ich die Bestimmung erfüllen kann, die du für mich vorgesehen hast. In Jesu Namen, amen.

IMPULS FÜR DEN TAG

In der Bibel lesen wir die Geschichte von Hiob, der eine so schwere Zeit durchstehen musste, dass ihm selbst seine Frau am Ende dazu riet aufzugeben, weil sie glaubte, dass es nicht mehr besser werden würde. Doch Hiob hielt an seinem Glauben fest, und ein Jahr später hatte Gott ihn nicht nur aus seinem Elend herausgeholt, sondern ihm sogar doppelt erstattet, was er verloren hatte.

IN HERZLICHER LIEBE VERBUNDEN

BIBELVERS FÜR DEN TAG

Seid in herzlicher Liebe miteinander verbunden, gegenseitige Achtung soll euer Zusammenleben bestimmen.

RÖMER 12,10

Wenn man mit einem Menschen in herzlicher Liebe verbunden ist, dann bedeutet das, demjenigen treu zur Seite zu stehen und etwas in die Beziehung zu investieren.

Wem oder was widmen Sie eine solche Liebe? Heutzutage gibt es viele Menschen, die sich voll und ganz einer Sache oder Tätigkeit hingeben – sei es in Form von Freizeitaktivitäten, dem Anschauen von Fernsehserien oder der Zeit, die sie mit ihrem Handy verbringen. Daran ist erst einmal nichts auszusetzen, aber wir müssen genau prüfen, ob wir auch unserer von Gott gegebenen Berufung mit derartigem Eifer folgen.

Sind Sie in herzlicher Liebe mit den Menschen verbunden, die Gott in Ihr Leben gestellt hat? Liegt Ihnen das Wohl anderer mehr am Herzen als Ihr eigenes? Die Welt möchte uns weismachen, dass wir uns zuerst einmal um uns selbst kümmern müssen. Doch Gott wünscht sich, dass wir uns zuerst um andere Menschen kümmern, weil er sich dann um uns kümmern wird.

Wenn Sie heute Ihr Herz, Denken und Handeln prüfen, dann bitten Sie Gott, Ihnen zu zeigen, wie Sie sich anderen Menschen gegenüber verhalten sollen – zum Beispiel, indem Sie Wort halten, wenn Sie etwas versprechen. Leben Sie redlich und ehrenhaft. Wenn Sie Ihr Leben aus herzlicher Liebe zu Ihren Mitmenschen führen, dann geben Sie Gott dadurch die Ehre, und er wird Ihnen Ihre Freundlichkeit vergelten und Sie sowohl in diesem Leben als auch in Ewigkeit dafür belohnen.

EIN GEBET FÜR HEUTE

Vater, ich möchte ein Leben führen, das dir gefällt. Prüfe mein Herz und zeige mir Wege auf, wie ich dir zu Ehren leben kann. Lehre mich, ein redlicher und ehrenhafter Mensch zu sein. Lehre mich, anderen Menschen liebevoll zu begegnen und ihnen zum Segen zu werden. Erfülle mich mit deiner Liebe und hilf mir, dein Botschafter zu sein, wohin ich auch gehe. In Jesu Namen, amen.

IMPULS FÜR DEN TAG

Selbst als David besonders heftig unter König Sauls Willkür zu leiden hatte, behandelte er Saul weiterhin respektvoll und mit der nötigen Ehrerbietung. Solange andere Menschen freundlich zu uns sind, fällt es uns leicht, ihnen mit Respekt und Achtung zu begegnen. Zu einer echten Prüfung wird es dann, wenn man einem „König Saul" begegnet, der einen ohne ersichtlichen Grund unfair behandelt. Doch wenn Sie selbst in einer solchen Situation die richtige Einstellung wahren, wird Gott selbst für Gerechtigkeit sorgen.

DER GLAUBE SAGT „DANKE“

BIBELVERS FÜR DEN TAG

Preist den Herrn, denn er ist gut,
und seine Gnade hört niemals auf.
1. CHRONIK 16,34

Wenn Sie eine dankbare Grundhaltung haben, dann danken Sie Gott nicht nur für das, was er in Ihrem Leben bereits getan hat, sondern auch für das, was er noch tun wird. Sie danken ihm bereits heute dafür, dass er Ihnen Türen öffnen wird. Sie danken ihm dafür, dass Sie vorwärtskommen werden. Sie danken ihm dafür, dass er Ihnen die richtigen Menschen über den Weg schicken wird.

Wenn Sie das tun, dann bringen Sie damit Ihren tiefen Glauben zum Ausdruck. Sie sagen damit: „Gott, ich bin mir dermaßen sicher, dass du in meinem Leben am Werk bist, dass ich dir schon heute für das danke, was du in Zukunft für mich tun wirst.“

Ich bin mir sicher: Solch ein Glaube gefällt Gott! Er wünscht sich nämlich, dass wir auf seine Güte vertrauen und fest damit rechnen, dass er diejenigen belohnen wird, die ihm aufrichtig nachfolgen. Gott freut sich, wenn er ein glaubendes Herz sieht. Er freut sich über eine dankbare Haltung.

Bringen Sie also heute Ihren Dank gegenüber Gott zum Ausdruck. Loben und preisen Sie ihn mit einer fröhlichen Haltung und rechnen Sie fest damit, dass er Sie in jedem Bereich Ihres Lebens segnen wird.

EIN GEBET FÜR HEUTE

Danke, Vater, für einen neuen Tag, an dem ich deinen Namen ehren kann. Danke für alles, was du in meinem Leben bisher getan hast und noch tun wirst. Du bist ein treuer und zuverlässiger Gott und ich lobe dich von ganzem Herzen. Hilf mir, eine dankbare, vertrauensvolle Grundhaltung zu bewahren, egal, wie die Umstände auch sein mögen. Ich weiß, dass du diejenigen belohnen wirst, die dir aufrichtig nachfolgen. In Jesu Namen, amen.

IMPULS FÜR DEN TAG

Haben Sie schon einmal darüber nachgedacht, dass Ihre Gebete vielleicht deshalb nicht erhört werden, weil Sie nicht dankbar sind für das, was Gott bereits alles für Sie getan hat? Die Bibel lehrt uns, dass wir Gott ohne Unterlass danken sollen – was im Prinzip mit einer dankbaren Grundhaltung gleichzusetzen ist. Es gibt so viel, wofür wir dankbar sein können. Machen Sie es sich deshalb zur Gewohnheit, Gott zu danken, und fangen Sie am besten gleich damit an, indem Sie ihm für diesen Morgen danken.

STEHEN SIE WIEDER AUF!

BIBELVERS FÜR DEN TAG

Denn ein Gerechter fällt siebenmal und steht wieder auf, aber die Frevler versinken im Unglück.

SPRÜCHE 24,16; LÜ

Im Leben geschehen immer wieder Dinge, die uns herunterziehen können. Jeder von uns erlebt Enttäuschungen und Rückschläge, sei es in Form von beunruhigenden Diagnosen beim Gesundheitscheck, dem Verlust der Arbeitsstelle oder durch eine Beziehung, die zerbricht.

Wenn solche Dinge geschehen, werden wir schnell mutlos, verlieren die Begeisterung und geraten in Versuchung, uns mit dem zufriedenzugeben, was uns geblieben ist.

Doch wenn Sie herausfinden wollen, was Gott alles für Sie bereithält, dann müssen Sie eine „Stehaufmännchen-Mentalität" entwickeln. Bleiben Sie nicht am Boden liegen, sondern klopfen Sie den Dreck ab und stehen Sie wieder auf. Machen Sie sich bewusst: Jedes Mal wenn Sie mit Widrigkeiten oder Hindernissen konfrontiert werden, ist das gleichzeitig auch die Chance für einen Neubeginn!

Als Christ dürfen Sie immer darauf bauen, dass dieselbe Kraft, die Jesus vom Tod auferweckt hat, auch in Ihnen lebt. Deshalb gibt es keine Herausforderung, die zu schwierig wäre, und kein Hindernis, das zu groß wäre. Keine Krankheit, keine Enttäuschung und kein Mensch können Sie daran hindern, Ihre von Gott gegebene Bestimmung zu erfüllen. Wenn Sie am Glauben festhalten, dann wird Gott das gebrauchen, was für Sie zum Stolperstein werden sollte, und Sie werden siegreich und voller Kraft und Glauben durchs Leben gehen!

EIN GEBET FÜR HEUTE

Vater, ich preise dich für deine Treue. Ich entscheide mich heute ganz bewusst dafür, wieder aufzustehen und weiterzumachen. Ich werde nicht liegen bleiben, nur weil ich mutlos oder enttäuscht bin. Danke, dass du mir in allem, was ich tue, Gelingen schenken willst. Ich will dir vertrauen und mich ganz auf dich verlassen, weil ich weiß, dass du nur das Beste für mich vorgesehen hast. Ich weiß, dass meine beste Zeit noch vor mir liegt, und ich freue mich auf all den Segen, den du für mich bereithältst. In Jesu Namen, amen.

IMPULS FÜR DEN TAG

Wissen Sie, wodurch David zum König wurde? Durch Goliat. Gott benutzte ein Hindernis, um David auf den Thron zu bringen. Wenn Sie mit großen Herausforderungen konfrontiert werden, dann könnte es durchaus sein, dass Gott Sie dadurch weiterbringen will. Der „Riese“ wird Sie dann nicht besiegen, sondern Sie weiter voranbringen. Vielleicht machen Sie gerade eine schwere Zeit durch, aber seien Sie gewiss, dass Sie stärker als je zuvor aus dieser Situation hervorgehen werden!

LIEBEVOLL MITEINANDER UMGEHEN

BIBELVERS FÜR DEN TAG

Geht liebevoll miteinander um, so wie auch Christus euch seine Liebe erwiesen hat. Aus Liebe hat er sein Leben für uns gegeben, und dies war für Gott wie ein wohlriechendes Opfer, an dem er Freude hat.

EPHESER 5,2

In der Bibel ist immer wieder die Rede davon, dass wir liebevoll miteinander umgehen und einander wertschätzen sollen. Eine Definition von „Wertschätzung" ist, seinem Gegenüber mit Achtung und Respekt zu begegnen – und zwar auch dann, wenn wir einmal nicht seiner Meinung sind.

Es kommt durchaus vor, dass wir denken: *Diese Person verhält sich nicht anständig. Wieso sollte ich sie dann respektvoll behandeln?* Tatsache ist jedoch, dass wir andere Menschen deshalb mit Wertschätzung und Respekt behandeln sollen, weil sie in Gottes Augen wertvoll sind.

Wenn Sie ein sehr teures und kostbares Schmuckstück besitzen, dann tragen Sie es doch auch nicht im Fitnessstudio oder lassen es in der Küche auf der Spüle liegen, sondern gehen achtsam damit um. Sie bewahren es an einem sicheren Ort auf und passen gut darauf auf. Und genauso ist es mit anderen Menschen. Wenn wir andere als so wertvoll erachten, wie Gott es tut, dann werden wir sie auch entsprechend behandeln. Wir sprechen respektvoll mit ihnen, suchen das Gute an ihnen und achten sie als Geschöpfe Gottes. Entscheiden Sie sich deshalb ganz bewusst dafür, andere Menschen wertzuschätzen und sich an ihnen zu erfreuen. Investieren Sie in Ihre Beziehungen, und Sie werden erleben, wie Gott Sie in jedem Bereich Ihres Lebens dafür segnen wird!

EIN GEBET FÜR HEUTE

Himmlischer Vater, ich lobe und preise dich. Danke für die Menschen, die du in mein Leben gestellt hast. Ich entscheide mich heute ganz bewusst dafür, meine Mitmenschen zu lieben und zu achten. Hilf mir, ihren Wert zu erkennen und das Gute in ihnen zu sehen. Ich möchte die Menschen so wertschätzen und liebhaben, wie du es tust. Ich weiß, dass du mich segnest, damit ich zum Segen für die Menschen in meinem Umfeld werden kann. Hilf mir, durch mein Reden und Handeln deine Liebe und Freundlichkeit weiterzugeben. In Jesu Namen, amen.

IMPULS FÜR DEN TAG

Es gibt Menschen, denen man es niemals recht machen kann. Doch Sie müssen sich bewusst machen, dass Sie nicht für das Glück und die Zustimmung dieser Leute verantwortlich sind. Seien Sie immer freundlich und respektvoll und nehmen Sie eine Haltung ein, die besagt: „Du magst zwar ein negativer Mensch sein und mir unrecht tun, aber ich werde dich trotzdem respektvoll behandeln. Ich entscheide mich dafür, nicht beleidigt zu sein oder mich aufzuregen. Ich werde nicht versuchen, dich zu verändern."

GOTT PREISEN

BIBELVERS FÜR DEN TAG

Preiset mit mir den Herrn und lasst uns miteinander seinen Namen erhöhen!
PSALM 34,4; LÜ

Wenn Sie Gott preisen, geschieht etwas Kraftvolles in Ihrem Innern. Aber was bedeutet es eigentlich, ihn zu preisen? Es bedeutet, dass Sie Ihre Sichtweise ändern, indem Sie Gott ganz bewusst über Ihre Probleme und Lebensumstände stellen und dadurch erklären, dass er immer noch größer ist.

Viele Menschen vergeuden ihre Zeit und Kraft damit, über ihre Probleme zu reden und sich selbst zu bemitleiden. Das liegt daran, dass sie in ihrem Denken und in ihrer inneren Einstellung die Macht ihrer Umstände überbewerten.

Wenn Sie jedoch Gott preisen und ihm die Ehre geben, indem Sie sein Wort verinnerlichen und ihn anbeten, dann machen Sie ihn zur obersten Priorität in Ihrem Leben und öffnen ihm die Tür, damit er aktiv werden kann. Beschließen Sie also heute, Gott zu preisen, egal, was in Ihrem Leben und um Sie herum gerade geschieht. Reden Sie über seine Güte. Reden Sie über seine Treue und berufen Sie sich darauf, dass er hinter den Kulissen bereits am Werk ist.

EIN GEBET FÜR HEUTE

Himmlischer Vater, ich entscheide mich heute bewusst dafür, dich für deine Güte und Treue zu preisen und zu ehren. Ich werde auf dich schauen statt auf die Umstände. Ich werfe meine Last auf dich, weil du versprochen hast, sie für mich zu tragen. Ich weiß, dass du größer bist als alles, was heute auf mich zukommt. Hilf mir, dich fest im Blick zu behalten. In Jesu Namen, amen.

IMPULS FÜR DEN TAG

Vielleicht gibt es in Ihrem Leben ein Problem, mit dem Sie sich schon so lange herumschlagen müssen, dass Sie das Gefühl haben, es wird sich niemals etwas daran ändern. Aber genau durch diese Denkweise wird es tatsächlich immer größer. Wenn Sie stattdessen Gott großmachen, indem Sie ihn preisen, dann betrachten Sie das Problem aus der richtigen Perspektive, denn Ihnen wird bewusst, dass es für Gott gar kein Problem ist. Je größer Sie Gott machen, desto kleiner werden Ihre Probleme und desto stärker wird Ihr Glaube.

SICH SELBST GUT ZUREDEN

BIBELVERS FÜR DEN TAG

Deine Pläne werden gelingen; hell strahlt das Licht über allen deinen Wegen!

HIOB 22,28

Im 1. Buch Mose, Kapitel 17, wird davon berichtet, was geschah, als Sara erfuhr, dass sie ein Kind bekommen würde. Diese Vorstellung war so abwegig für sie, dass sie lachen musste. Sie war zu diesem Zeitpunkt schon über 90 Jahre alt, sodass es in jeder Hinsicht unmöglich zu sein schien. Man kann sie förmlich fragen hören: „Ich soll einen Sohn bekommen? Das ist doch ein Scherz, oder? Ich habe die Wechseljahre doch schon seit Jahrzehnten hinter mir. Das ist völlig unmöglich." Also tat sie es einfach ab und vergrub Gottes Verheißung tief in ihrem Innern.

Wenn Sie einmal genauer darüber nachdenken, werden Sie feststellen, dass es im Prinzip genauso einfach ist, sich etwas einzureden, wie sich etwas auszureden. Statt sich die Sache auszureden und all die Gründe aufzuzählen, die dagegensprechen, dass Sie wieder gesund werden, dass ein bestimmter Traum in Erfüllung geht oder dass Ihre Ehe trotz allem halten wird, fangen Sie doch einfach einmal an, sich all das bewusst einzureden, indem Sie sagen: „Ich kann alles tun durch Christus, der mir Kraft gibt. Gott kann Wege schaffen, wo ich jetzt noch keine sehe. Ich bin gesegnet, begabt und mit allem ausgestattet, was ich brauche."

Je öfter Sie Gottes Wort laut aussprechen, desto mehr werden Sie es glauben und verinnerlichen, und wenn Sie Gottes Wort glauben, dann wird es sich in Ihrem Leben bewahrheiten. Fangen Sie heute damit an, seine Verheißungen über Ihrem Leben auszusprechen. Nähren Sie Ihren Glauben und gehen Sie weiter in Richtung des Segens, den Gott für Sie bereithält.

EIN GEBET FÜR HEUTE

Vater, ich danke dir für deine Treue in meinem Leben. Ich entscheide mich ganz bewusst dafür, deinen Verheißungen mehr zu glauben als negativen Aussagen und Gedanken. Dein Wort ist Wahrheit. Selbst wenn es mir unmöglich zu sein scheint, so ist bei dir doch alles möglich. Ich will deine Wahrheit verkünden und deinem Wort glauben, statt daran zu zweifeln. In Jesu Namen, amen.

IMPULS FÜR DEN TAG

Es ist eine Tatsache, dass man nichts zur Welt bringen kann, was man nicht vorher empfangen hat. Genauso ist es auch mit Glaubensdingen: Man muss sie mit den Augen des Glaubens sehen, bevor sie Gestalt annehmen können. Im Umkehrschluss heißt das: Wir dürfen negativen Gedanken nicht so viel Macht geben, dass wir am Ende glauben, gar nichts mehr erreichen zu können. Stattdessen sollten wir es Gott erlauben, unser Denken zu erfüllen und uns dadurch bei der Verwirklichung unserer Träume zu unterstützen.

WIE FEUER IM HERZEN

BIBELVERS FÜR DEN TAG

Wenn ich mir aber vornehme: „Ich will nicht mehr an Gott denken und nicht länger in seinem Namen reden“, dann brennt dein Wort in meinem Herzen wie ein Feuer, ja, es glüht tief in mir. Ich habe versucht, es zurückzuhalten, aber ich kann es nicht!

JEREMIA 20,9

In der Bibel lesen wir, dass Gott Jeremia die Verheißung gab, dass er ein großer Prophet werden und zu allen Völkern sprechen würde. Aber da war Jeremia noch jung und hatte Angst. Er konnte sich nicht vorstellen, wie das gehen sollte, und er begann, Gott Gründe dafür aufzuzählen, wieso das nicht möglich sei. Er sagte: „O nein, mein Herr und Gott! Ich habe keine Erfahrung im Reden, denn ich bin noch viel zu jung!“ (Jeremia 1,6).

Doch im Laufe der Zeit stellte Jeremia fest, dass Gottes Verheißung für sein Leben größer war als all seine Zweifel, und schließlich sagte er: „Dein Wort [brennt] in meinem Herzen wie ein Feuer“ (Jeremia 20,9). Indirekt sagte er damit Folgendes: „Ich weiß zwar nicht, wie das gehen soll, Gott, und es spricht alles gegen mich, aber diese

Verheißung, die du mir da gegeben hast, die werde ich einfach nicht los. Sie ist brennt in mir wie ein lebendiges Feuer."

Vielleicht sind auch Sie gerade in einer Situation, in der Sie am liebsten alles hinschmeißen würden, was Ihnen Gott aufs Herz gelegt hat. Aber genau wie im Fall von Jeremia brennt auch Ihr Herz dafür. Sie können versuchen, es zu ignorieren. Sie können versuchen, sich herauszureden. Aber tief in Ihrem Innern verspüren Sie diese Unruhe, dieses Brennen. Das ist die Verheißung, die Gott Ihnen gegeben hat. Er wird Sie dazu drängen, Größeres erreichen zu wollen. Seien Sie also bereit, denn die nötigen Gaben und Talente, Fertigkeiten und Ideen werden schon bald zum Vorschein kommen!

EIN GEBET FÜR HEUTE

Vater im Himmel, hab Dank für deine Barmherzigkeit. Ich weiß, dass du bei mir bist und mich mit allem ausrüstest, was ich brauche. Ich spüre, dass deine Wahrheit wie ein Feuer in meinem Herzen brennt! Ich werde sie weitersagen und dadurch erleben, wie sie sich immer weiter ausbreiten wird. Hilf mir, stark und mutig zu sein und bereitwillig das anzunehmen, was du für mich bereithältst. In Jesu Namen, amen.

IMPULS FÜR DEN TAG

Unser Leben muss jeden Tag aufs Neue von der Güte Gottes durchdrungen und neu erfüllt werden. Wenn wir das, was Gott bereits für uns getan hat, als selbstverständlich ansehen, wird uns über kurz oder lang die Begeisterung verloren gehen. Lassen Sie nicht zu, dass Ihre Beziehung zu ihm fad wird oder dass Ihre Dankbarkeit ihm gegenüber nachlässt. Betrachten Sie es nicht als selbstverständlich, dass er Ihnen durch Jesus Christus das größte Geschenk aller Zeiten gemacht hat!

DAS ENDE DER DÜRRE

BIBELVERS FÜR DEN TAG

Du ließest so viel Regen fallen, dass das ausgedörrte Land wieder fruchtbar wurde.
PSALM 68,10

Jeder Mensch erlebt Dürrezeiten, in denen sich die Dinge nicht so entwickeln, wie man es sich ursprünglich erhofft hatte. Man hat große Träume, beruft sich auf Gottes Verheißungen und trotzdem ändert sich nichts. Alles scheint verdorrt und öde zu sein.

In solch einer Situation denkt man schnell: *So wird es jetzt immer bleiben. Ich werde ein Leben lang zu kämpfen haben.* Doch glauben Sie mir: Das stimmt nicht, denn die Dürre wird enden. Gott wird auf jeden Bereich Ihres Lebens, in dem Zerbrochenheit, Trockenheit, Einsamkeit und Leere herrschen, seinen Segen, seine Heilung und seine Wiederherstellung regnen lassen. Ihre Aufgabe ist es, ihm zu vertrauen und am Glauben festzuhalten.

Rufen Sie sich heute ins Bewusstsein, dass der Regen ganz sicher kommen wird! Diese Dürreperiode wird nicht ewig anhalten, denn jede Dürre geht irgendwann vorbei. Sie werden sich nicht Ihr Leben lang abmühen müssen. Sehen Sie nicht die Regenwolken, die bereits am Himmel aufziehen? Danken Sie Gott schon heute dafür, dass er es regnen lassen wird. Danken Sie ihm dafür, dass er Sie mit seinem Segen überfluten wird.

EIN GEBET FÜR HEUTE

Vater, ich danke dir dafür, dass du der Dürreperiode in meinem Leben ein Ende setzen wirst. Ich weiß, dass all das Schwere, mit dem ich gerade konfrontiert bin, nur vorübergehend ist und dass sich der Wind zu meinen Gunsten drehen wird. Gib mir die Kraft, um standhaft und stark zu bleiben in dir, während sich dein Plan für mein Leben entfaltet. Ich bin gewiss, dass die Dürre vorbeigehen wird, dass der Regen kommen wird und dass ich die Fülle deiner Güte in meinem Leben erfahren werde. In Jesu Namen, amen.

IMPULS FÜR DEN TAG

Wenn Sie ständig kämpfen oder eine unbefriedigende Situation aushalten müssen, wenn Sie nicht genug zum Leben haben und kaum über die Runden kommen, dann befinden Sie sich in einer Dürreperiode. Doch betrachten Sie diesen Zustand nicht als Ihr Schicksal, denn Jesus ist gekommen, damit Sie ein Leben in Fülle haben können. Sie sind die Krone der Schöpfung! Die Dürreperioden in Ihrem Leben sind nicht von Dauer, sondern nur vorübergehend. Es wird der Zeitpunkt kommen, an dem Gott Sie mit seinem Segen regelrecht überfluten wird!

SIE HABEN DIE WAHL!

BIBELVERS FÜR DEN TAG

Himmel und Erde sind meine Zeugen, dass ich euch heute vor die Wahl gestellt habe zwischen Leben und Tod, zwischen Segen und Fluch. Wählt das Leben, damit ihr und eure Kinder nicht umkommt!

5. MOSE 30,19

Sind Sie sich eigentlich im Klaren darüber, dass alles, was Sie sagen, Gutes oder Schlechtes für Ihre Zukunft bedeuten kann? Ihre Worte haben nämlich jede Menge Kraft! Wenn Sie wissen wollen, wie Ihr Leben in fünf Jahren aussieht, dann hören Sie einfach auf das, was Sie heute über sich sagen!

Zu viele Menschen sagen zum Beispiel etwas wie: „Ich werde nie wieder gesund", „Ich werde meine Schulden bestimmt niemals los" oder „Diese Ehe wird bestimmt nicht halten." Und dann fragen sie sich, warum sich nichts zum Guten ändert. Ganz einfach: Weil sie die Niederlage und das Mittelmaß praktisch in ihr Leben einladen.

Machen Sie es anders! Verschwenden Sie morgens beim Aufstehen keine Zeit damit, unnötige Worte über Ihre Situation zu verlieren, egal, wie es Ihnen geht, und egal, wie Ihre Umstände gerade aussehen. Nutzen Sie stattdessen Ihre Worte, um Ihre Situation zu ändern. Bestärken Sie Ihren Glauben, indem Sie sagen: „Dieser Tag wird großartig werden! Gott ist an meiner Seite und er lenkt jeden meiner Schritte." Auf diese Weise entscheiden Sie sich bewusst für Leben und Segen und öffnen die Tür für Gottes Wohlwollen, für Wachstum und neue Möglichkeiten.

EIN GEBET FÜR HEUTE

Vater, bitte übernimm du die Kontrolle über mein Reden. Ich weiß, dass meine Worte Kraft haben, und ich möchte sie bewusst einsetzen, um Positives zu bewirken. Ich erwarte Gutes an diesem heutigen Tag und an allen Tagen, die noch vor mir liegen. Ich bin gewiss, dass dieser Tag großartig wird! Du lenkst meine Schritte und hältst eine helle Zukunft für mich bereit. In Jesu Namen, amen.

IMPULS FÜR DEN TAG

Unsere Worte sind vergleichbar mit Samenkörnern. Indem wir etwas laut aussprechen, wird das Gesprochene in unser Unterbewusstsein gesät, wo es keimen, Wurzeln schlagen, wachsen und schließlich Frucht hervorbringen wird. Ob wir nun positiv oder negativ reden – wir ernten genau das, was wir gesät haben. Deshalb ist es besonders wichtig, dass wir auf unsere Gedanken achten.

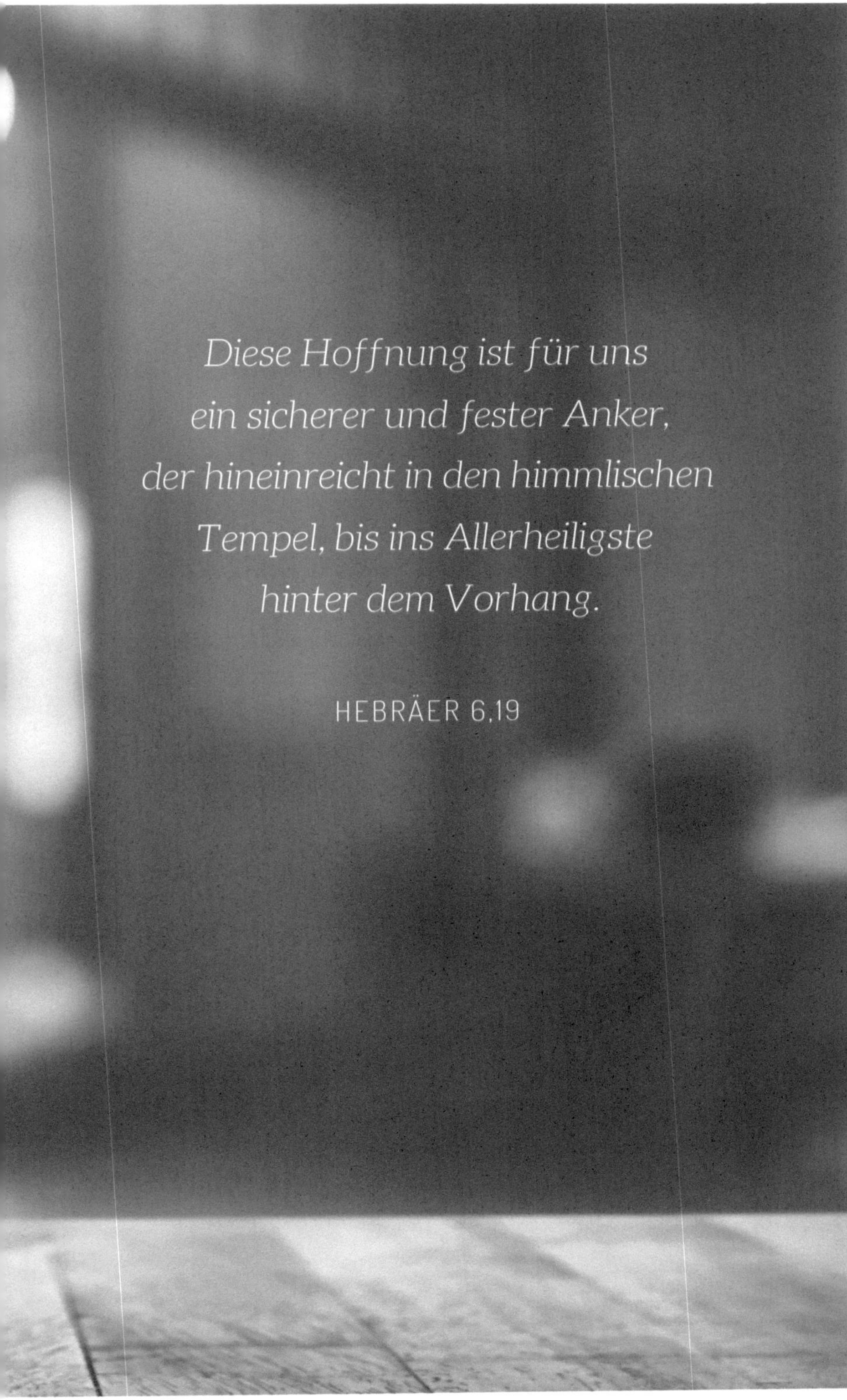

Diese Hoffnung ist für uns
ein sicherer und fester Anker,
der hineinreicht in den himmlischen
Tempel, bis ins Allerheiligste
hinter dem Vorhang.

HEBRÄER 6,19

SCHAUEN SIE NOCH EINMAL NACH

BIBELVERS FÜR DEN TAG

Nach einer Weile befahl er seinem Diener: „Steig auf den höchsten Punkt des Berges und blick über das Meer! Dann sag mir, ob du etwas Besonderes siehst." Der Diener ging, hielt Ausschau und meldete: „Kein Regen in Sicht!" Doch Elia schickte ihn immer wieder: „Geh, sieh noch einmal nach!" Endlich, beim siebten Mal, rief der Diener: „Jetzt sehe ich eine kleine Wolke am Horizont, aber sie ist nicht größer als eine Hand."

1. KÖNIGE 18,43-44

In der Bibel wird davon berichtet, wie der Prophet Elia Gott darum bat, eine Dürreperiode zu beenden. Anschließend sagte er zu den Menschen: „[…] Ich höre es schon rauschen" (1. Könige 18,41), womit er indirekt ausdrückte, dass er sich ganz sicher war, dass Gott sein Gebet erhören würde. Dann bat Elia seinen Diener, auf der anderen Seite des Berges nachzuschauen, ob bereits Regenwolken zu sehen waren, doch der Diener kam zurück und verneinte dies. Und was machte Elia? Er dachte nicht etwa: *Was machen wir jetzt bloß? Vielleicht sollte ich meinen Job als Prophet lieber an den Nagel hängen,* sondern er sagte schlicht und ergreifend: „Geh, sieh noch einmal nach!“

Sechsmal kam der Diener mit der gleichen Nachricht zurück, aber Elia ließ sich nicht entmutigen und sagte immer wieder: „Geh, sieh noch einmal nach!“ Beim siebten Mal hatte der Diener schließlich gute Neuigkeiten, denn er hatte erste kleine Regenwölkchen am Himmel entdeckt, woraufhin Elia sinngemäß antwortete: „Dann hol mal lieber deinen Regenschirm raus, denn gleich wird es regnen!“

Vielleicht glauben auch Sie wie Elia ganz fest an etwas, das Sie momentan noch nicht sehen können. Wenn das so ist, dann geben Sie nicht auf, sondern schauen Sie noch einmal nach, denn wenn Gott es versprochen hat, dann wird es auch geschehen!

EIN GEBET FÜR HEUTE

Vater, ich danke dir für deine Treue. Ich weiß, dass du eine gute Zukunft für mich geplant hast. Ich glaube fest daran, dass du hinter den Kulissen bereits am Werk bist, auch wenn ich es momentan noch nicht sehen kann. Ich entscheide mich dafür, auf dich zu schauen, dir und deinem Wort zu vertrauen und so lange noch einmal nachzuschauen, bis ich sehen kann, dass sich deine Verheißung erfüllt. In Jesu Namen, amen.

IMPULS FÜR DEN TAG

Vielleicht ist es ein unscheinbares und kaum wahrnehmbares Zeichen, aber wenn Sie fest damit rechnen, dass sich in Ihrem Leben etwas zum Guten verändern wird, dann halten Sie im Glauben an jedem noch so kleinen Zeichen fest. Geben Sie die Hoffnung nicht auf, auch wenn andere Leute es vielleicht nicht sehen können und versuchen, es Ihnen auszureden, indem sie behaupten, Sie würden sich falsche Hoffnungen machen und wären zu blauäugig.

ES IST NIE ZU SPÄT

BIBELVERS FÜR DEN TAG

Denn Gott fordert weder seine Gaben zurück, noch widerruft er die Zusage, dass er jemanden auserwählt hat.

RÖMER 11,29

Was gibt es Schlimmeres als jemanden, der am Ende seines Lebens nur Reue und Bedauern empfindet? „Hätte ich doch nur meinen Traum gelebt!“, „Wäre ich doch nur disziplinierter gewesen!“, „Hätte ich doch bloß diesen einen Glaubensschritt getan!“, „Hätte ich ihm doch nur vergeben!“

Sorgen Sie dafür, dass es Ihnen nicht so ergeht. Vielleicht gibt es auch in Ihrem Leben Dinge, die Sie viel zu lange vor sich hergeschoben haben, aber die gute Nachricht ist, dass es nie zu spät für einen Neuanfang ist. Sie können noch immer alles werden, wozu Gott Sie geschaffen hat. Entscheiden Sie sich dafür, ab sofort auf Ausreden zu verzichten. Warten Sie nicht auf den vermeintlich perfekten Zeitpunkt, denn dieser wird erfahrungsgemäß niemals kommen! Treffen Sie stattdessen die Entscheidung, sofort aktiv zu werden! Werden Sie ein „Jetzt-Mensch“. Ihre Bestimmung wartet auf Sie, und es ist nie zu spät, all das zu werden, wozu Gott Sie geschaffen hat.

EIN GEBET FÜR HEUTE

Vater, ich liebe dich und preise deinen heiligen Namen. Ab sofort verzichte ich auf alle Ausreden und entscheide mich dafür, dir mein Leben und meine Träume voll und ganz anzuvertrauen. Danke, dass du alles neu machst und mich auf dem Weg zum Sieg führst. Zeige mir, was du mit mir vorhast, und gib mir die Kraft, jede Chance zu nutzen, die du für mich bereithältst. In Jesu Namen, amen.

IMPULS FÜR DEN TAG

Setzen Sie kein Fragezeichen, wo Gott bereits einen Punkt gemacht hat. Hören Sie auf, grundsätzlich erst einmal negativ zu denken und über Dinge zu grübeln, die Sie nicht mehr ändern können. Schütteln Sie das „Hätte ich doch", „Würde ich doch" und „Könnte ich doch" ab und lassen Sie sich nicht durch die Reue über Vergangenes Ihre Träume von morgen zerstören. Es wird Zeit, aufzustehen und sich in Bewegung zu setzen. Gott hat noch immer einen Plan für Ihr Leben, und es ist an der Zeit für Sie, den nächsten Schritt in Richtung Zukunft zu machen.

DURCH GLAUBEN UND GEDULD

BIBELVERS FÜR DEN TAG

Dann werdet ihr auch nicht träge oder gleichgültig werden, sondern dem Beispiel derer folgen, die aufgrund ihres Glaubens und ihrer Geduld die Zusagen Gottes empfangen.

HEBRÄER 6,12; NLB

Die meisten von uns sind es gewohnt, alles sofort zu bekommen. Wir haben eine Art „Mikrowellen-Mentalität" entwickelt; wir sind auf „sofort" programmiert und hassen es zu warten. Doch unser heutiger Vers lehrt uns, dass Glaube und Geduld erforderlich sind, wenn wir die Zusagen Gottes empfangen wollen.

Oft fällt es uns anfangs noch leicht zu glauben. Wir glauben fest daran, dass Gott unsere Träume wahrmachen kann oder dass wir das Hindernis mit seiner Hilfe überwinden werden. Schwerer wird es jedoch, sobald wir Geduld und Ausdauer aufbringen müssen.

Wenn Sie beten, dann vertrauen Sie Gott auch im Hinblick auf das richtige Timing. Sagen Sie: „Gott, ich glaube nicht nur, dass du große Dinge tun kannst, sondern ich vertraue auch darauf, dass alles zum richtigen Zeitpunkt geschehen wird. Ich werde nicht den

Mut verlieren, wenn es nicht sofort geschieht, und ich werde auch nicht aufgeben, nur weil es eine Woche, einen Monat oder fünf Jahre dauert. Ich weiß, dass der richtige Zeitpunkt schon feststeht, und deshalb warte ich vertrauensvoll und geduldig darauf, dass du deine Zusage erfüllst."

Rufen Sie sich ins Bewusstsein, dass wir durch Glauben und Geduld letztendlich die Erfüllung von Gottes Zusagen erleben werden. Vertrauen Sie auf sein Wort, vertrauen Sie auf sein Timing und darauf, dass er bereits am Werk ist.

EIN GEBET FÜR HEUTE

Danke, Vater, für deine Barmherzigkeit. Hilf mir, geduldig zu sein und mich auf dein perfektes Timing zu verlassen. Ich vertraue auf deine Treue und Güte. Ich weiß, dass du die Dinge zu meinen Gunsten und nach deinem Zeitplan zu Ende bringen wirst, und ich bin gewiss, dass ich durch Glauben und Geduld jede deiner Zusagen empfangen werde! In Jesu Namen, amen.

IMPULS FÜR DEN TAG

Wenn etwas nicht nach Ihrem Zeitplan geschieht, dann sagen Sie sich selbst: „Gott weiß, was er tut. Er hat mein Bestes im Sinn. Es gäbe diese Verzögerung nicht, wenn Gott nicht einen guten Grund dafür hätte." Und während Sie warten, versuchen Sie bitte nicht, alles verstehen zu wollen, denn das würde Sie nur frustrieren. Geben Sie die Angelegenheit ganz an Gott ab und machen Sie sich bewusst, dass Ihre Zeit in seinen Händen steht.

SIEGERMENTALITÄT

BIBELVERS FÜR DEN TAG

Aber dennoch: Mitten im Leid triumphieren wir über all dies durch Christus, der uns so geliebt hat.

RÖMER 8,37

In der Bibel lesen wir davon, dass Paulus schwere Zeiten durchstehen musste. Doch wie genau hat er das geschafft? Indem er sich nicht beklagt hat und weder Selbstmitleid noch Verzweiflung die Oberhand hat gewinnen lassen. Er hat sich geweigert, wie ein Besiegter zu denken und zu handeln, und stattdessen die Siegerperspektive eingenommen. Und genauso sollten auch Sie es machen!

Denken Sie daran, dass Sie kein Verlierer sind, sondern dass Gott Sie mit allem ausgerüstet hat, was Sie brauchen. Sie haben den Schöpfer des Universums auf Ihrer Seite! Sagen Sie sich also jeden Morgen: „Ich bin zu allem bereit und allem gewachsen, was dieser Tag mit sich bringt. Egal, was passiert: Ich werde es schaffen!“

Und nun hören Sie noch einmal gut zu: Diese Krankheit wird Sie nicht ein Leben lang begleiten. Diese Beziehungsprobleme werden Sie nicht daran hindern, Ihre Bestimmung zu erfüllen. Der Verlust eines geliebten Menschen ändert nichts an Gottes gutem Plan für

Ihr Leben. Lassen Sie sich davon nicht aus der Bahn werfen! Gottes Kraft lebt in Ihnen. Eignen Sie sich bereits heute eine Siegermentalität an und stellen Sie so die Weichen für den Sieg, den Gott für Sie bereithält!

EIN GEBET FÜR HEUTE

Vater, ich danke dir für den Sieg, den du durch Jesus Christus bereits für mich errungen hast. Ich lege mir heute eine Siegermentalität zu, weil du die Dinge zu meinen Gunsten verändern und mich zum Sieg führen wirst. Ich vertraue dir, ich bin voller Kraft, und ich werde es schaffen, weil der, der in mir ist, größer ist als der, der in der Welt ist! Ich berufe mich auf deine Verheißungen und beschließe, mit der Haltung eines Siegers zu leben. In Jesu Namen, amen.

IMPULS FÜR DEN TAG

Gott möchte, dass Sie die Prüfungen Ihres Lebens nicht nur überstehen, sondern dass Sie triumphierend und gestärkt aus Ihnen hervorgehen. Wenn Sie anfangen, sich selbst als jemanden zu sehen, der am Ende triumphieren wird, dann werden Sie auch so leben. Gott hat den Preis schon bezahlt, damit Sie voller Freude und Frieden leben können.

TÄGLICHER GEWINN

BIBELVERS FÜR DEN TAG

Gepriesen sei der Herr für seine Hilfe!
Tag für Tag trägt er unsere Lasten.
PSALM 68,20

Wenn Sie ein Leben führen, mit dem Sie Gott ehren, wenn Sie auf sein Wort hören und stets Ihr Bestes geben, dann, so sagt die Bibel, wird Gott Sie reich dafür segnen. Dann können Sie all dem Guten, das Gott für Sie bereithält, gar nicht entkommen, weil er Ihnen Tag für Tag aufs Neue hilft und Ihre Last trägt.

Manchmal kommt es uns so vor, als müssten wir dem Segen Gottes nachjagen. Tatsächlich ist es umgekehrt: Wenn Sie Gott an die erste Stelle in Ihrem Leben setzen, wird er Sie reich dafür segnen.

Machen Sie es also heute zu Ihrer obersten Priorität, Gott zu gefallen. Lassen Sie alles los, was Sie zurückhalten oder belasten könnte. Seien Sie bereit, sich mit möglichen Problemen auseinandersetzen. Lassen Sie sich nicht auf faule Kompromisse ein, die Sie von all dem Guten abhalten, das Gott für Sie bereithält. Und dann stellen Sie sich darauf ein, dass Gott seinen Segen über jedem Bereich Ihres Lebens ausgießen wird.

EIN GEBET FÜR HEUTE

Vater, ich möchte dir heute jeden Bereich meines Lebens anvertrauen. Es soll meine oberste Priorität sein, dir zu gefallen. Bitte hilf mir, stark zu sein und mich nicht auf falsche Kompromisse einzulassen. Danke, dass du mir jeden Tag hilfst und meine Lasten trägst, wenn ich dich in allem an die erste Stelle setze. In Jesu Namen, amen.

IMPULS FÜR DEN TAG

Wieso beginnen Sie diesen Tag nicht mit der Erwartung, dass Ihnen heute Gottes Segen folgen wird, statt wieder einmal damit zu rechnen, dass Sie zu kurz kommen werden? Stellen Sie sich darauf ein, dass ein großartiger Tag vor Ihnen liegt! Vergessen Sie nicht, dass Gott nur Ihr Bestes will und dass er dafür sorgt, dass Ihnen alles zum Besten dienen muss. Wie alle guten Eltern gibt er Ihnen nicht alles, was Sie wollen, aber immer alles, was Sie brauchen.

SIE SCHAFFEN DAS!

BIBELVERS FÜR DEN TAG

[…] Meine Gnade ist alles, was du brauchst! Denn gerade wenn du schwach bist, wirkt meine Kraft ganz besonders an dir.

2. KORINTHER 12,9

Der heutige Vers lehrt uns, dass Gottes Kraft gerade dann besonders an uns wirkt, wenn wir schwach sind. Wenn Sie also mutig erklären: „Ich schaffe das", dann bedeutet das nicht nur, dass Sie positiv denken, sondern auch, dass Sie sich der Kraft Gottes in Ihrem Leben bewusst sind. Indem Sie diese Worte aussprechen, werden Sie gleichzeitig stärker.

Reden Sie also nicht immer nur über das Problem, indem Sie beispielsweise sagen: „Ich mag meinen Job einfach nicht", „Dieser Professor ist so streng. Ich werde den Kurs bestimmt nicht bestehen!" oder „Jetzt, wo er gestorben ist, habe ich keine Ahnung, wie es weitergehen soll". Das macht Sie nur kaputt. Wenn Sie wie jemand reden, der besiegt ist, raubt Ihnen das nur noch mehr von Ihrer Kraft und Kreativität. Lassen Sie sich nicht von Ihren Schwierigkeiten überwältigen. Sie sind kein Opfer, sondern ein Sieger!

Was auch immer auf Sie zukommt, Sie werden es schaffen! Sie sind bereit dafür und der Sache gewachsen. Wenn Sie gemeinsam mit Gott unterwegs sind, dann wird er das, was vom Feind dazu gedacht war, Ihnen zu schaden, zu Ihrem Vorteil nutzen. Ihre Probleme werden Sie nicht besiegen, sondern Sie weiter in Richtung des siegreichen Lebens bringen, das er für Sie bereithält.

EIN GEBET FÜR HEUTE

Danke, Vater, für deine Gnade und Barmherzigkeit. Danke, dass du mir die Kraft gibst, mit allem fertigzuwerden, womit ich im Leben konfrontiert werde. Ich entscheide mich dafür, positiv zu reden, indem ich Worte des Glaubens, der Hoffnung und des Lebens über meinen Umständen ausspreche. Was auch immer ich gerade durchmache, ich werde es schaffen, weil du mir den Sieg versprochen hast! In Jesu Namen, amen.

IMPULS FÜR DEN TAG

In Kolosser 3 steht sinngemäß, dass wir ein neuer Mensch in Christus sind. Vielleicht hat Sie jemand ungerecht behandelt. Sie können nun schlecht über diese Person reden, aber wenn Sie den Test bestehen wollen, dann suchen Sie Zuflucht bei Gott, nehmen seine Kraft in Anspruch und sind auch dann gut zu anderen, wenn sie nicht gut zu Ihnen sind, denn jedes Mal wenn Sie das Richtige tun, wird Gott Sie reich dafür segnen.

IHRE GESCHICHTE ENDET MIT EINEM SIEG

BIBELVERS FÜR DEN TAG

Als ich gerade erst entstand, hast du mich schon gesehen. Alle Tage meines Lebens hast du in dein Buch geschrieben – noch bevor einer von ihnen begann!

PSALM 139,16

In schwierigen Zeiten müssen Sie sich immer wieder daran erinnern, dass der allmächtige Gott durch nichts überrascht werden kann. Er sitzt nicht etwa oben im Himmel, kratzt sich am Kopf und sagt: „Oh Mann, Peter hat gerade seinen Job verloren. Jetzt haben wir den Schlamassel." Oder: „Ach du Schreck, bei Linda ist Krebs diagnostiziert worden." Oder: „Oh weh, Josef ist in einen Brunnenschacht geworfen worden." Oder: „Der arme Joel hat seinen Vater verloren. Was soll ich jetzt nur machen?" Nein, Gott kennt bereits von Anfang an den Ausgang der Geschichte. Er hat bereits jeden Tag Ihres Lebens in sein Buch geschrieben. Und die gute Nachricht lautet: Wenn Sie am Glauben festhalten, wird Ihre Geschichte mit einem Sieg enden!

Wenn Sie es also das nächste Mal mit einer unerwarteten Herausforderung zu tun bekommen, dann denken Sie daran, dass die

Sache für Gott alles andere als überraschend kommt. Er hat schon längst eine Lösung für Ihr Problem parat. Er weiß, was Sie jetzt brauchen. Halten Sie inne, beten Sie weiter, hoffen Sie weiter und glauben Sie fest daran, dass Sie als Sieger aus der Sache hervorgehen werden!

EIN GEBET FÜR HEUTE

Vater, ich preise deinen heiligen Namen! Danke, dass du mir die Kraft gibst, die ich brauche, um in jedem Bereich meines Lebens siegreich zu leben. Du bist ein treuer Gott und hast versprochen, für mich zu sorgen. Ich weiß, dass jeder Tag meines Lebens in deiner Hand ist. Ich glaube, dass du mich mit allem versorgst, was ich für Körper, Geist und Seele brauche. Ich bin gewiss, dass deine Kraft in den Schwachen mächtig ist. In Jesu Namen, amen.

IMPULS FÜR DEN TAG

Wenn Sie schwere Zeiten durchleben, dann ist das immer auch eine Gelegenheit, Gott zu zeigen, woraus Sie gemacht sind. Passen Sie auf, dass Sie sich auf keinen Fall negativen Gedanken hingeben, dass Sie nicht verbittern und am Ende vielleicht sogar Gott die Schuld an Ihrer Misere geben. Bewahren Sie sich Ihre Begeisterung und Ihre Leidenschaft und zeigen Sie Gott und den Menschen in Ihrem Umfeld, dass Sie eine echte Kämpfernatur sind.

LASSEN SIE SICH NICHT EINSCHÜCHTERN

BIBELVERS FÜR DEN TAG

Lasst euch auf keinen Fall von euren Gegnern einschüchtern!

PHILIPPER 1,28

Mit Gott an Ihrer Seite gibt es keinen Grund für Sie, sich von irgendetwas einschüchtern zu lassen. Sie brauchen sich nicht vor dem Krebs zu fürchten, weil Gott stärker ist. Eine Krankheit kann Sie niemals davon abhalten, Ihre Bestimmung zu erfüllen. Gott hält Sie fest und nichts und niemand kann Sie aus seiner Hand reißen. Wenn Ihre Zeit noch nicht gekommen ist, dann werden Sie auch noch nicht sterben.

Lassen Sie sich auch von finanziellen Schwierigkeiten nicht einschüchtern oder davon, was andere Menschen über Sie sagen. Ihr Leben ist reich gesegnet. Sie stehen unter Gottes Schutz. Er ist es, der Ihren Wert festlegt und Sie mit seiner Kraft ausstattet. Die Bibel sagt, dass Sie alles tun können durch Christus, der Sie stark macht (siehe Philipper 4,13).

Starten Sie heute selbstsicher in den neuen Tag. Sie können mutig sein, weil Sie wissen, dass Gott für Sie ist! Kein Feind kann es mit der Kraft des allmächtigen Gottes aufnehmen, die Ihnen zum Sieg verhelfen wird.

EIN GEBET FÜR HEUTE

Vater im Himmel, ich danke dir dafür, dass du es mir ermöglichst, siegreich zu leben, was auch immer mich heute erwarten mag. Ich werde mich nicht einschüchtern lassen, weil ich weiß, dass du für mich, in mir und bei mir bist. Ich bin gewiss, dass keine Waffe, die auf mich gerichtet ist, mich treffen wird! Nichts und niemand kann mich von der Erfüllung meiner Bestimmung abhalten. Ich vertraue darauf, dass ich in deiner Hand geborgen bin. In Jesu Namen, amen.

IMPULS FÜR DEN TAG

Wie groß der Feind auch scheinen mag, in Ihnen lebt eine Kraft, die stärker ist als jeder Gegner, mit dem Sie es zu tun bekommen können. Geben Sie sich nicht auf und weigern Sie sich, in Selbstmitleid zu versinken und sich davon unterkriegen zu lassen. Wenn Sie eine „Ich schaffe das"-Einstellung an den Tag legen, dann gibt es nichts, was Sie davon abhalten kann, Ihre Bestimmung zu erfüllen.

WENN GOTT EINGREIFT …

BIBELVERS FÜR DEN TAG

Wenn ein Mensch seinen Weg zielstrebig gehen kann,
dann verdankt er das dem Herrn, der ihn liebt.
PSALM 37,23

Ein Bekannter von uns hatte einen Vorgesetzten, den er nicht leiden konnte und der in der Firma allgemein sehr unbeliebt war, weil er sich anderen Menschen gegenüber extrem herablassend verhielt. Obwohl dieser Mann durch sein Verhalten über Jahre hinweg für jede Menge Frust sorgte, sah es ganz so aus, als würde er bis zur Rente in der Firma bleiben. Unser Bekannter versuchte zwar, ihm gegenüber eine positive Einstellung zu bewahren, aber tief in seinem Innern dachte er: *Die Zusammenarbeit mit ihm ist und bleibt eine einzige Qual.*

Eines Tages, als unser Bekannter morgens zur Arbeit kam, lud die Geschäftsleitung zu einer Betriebsversammlung ein und informierte die Mitarbeiter darüber, dass die Frau ebenjenes Vorgesetzten in einen anderen Bundesstaat versetzt worden sei und er deshalb gekündigt habe. Was war passiert? Ich bin davon überzeugt, dass Gott eingegriffen und für eine Veränderung gesorgt hat.

Auch Sie brauchen sich heute keine Sorgen zu machen, dass Sie von irgendjemandem ausgebremst werden könnten. Gott weiß nämlich, wie er die falschen Leute aus ihrem Leben nehmen und die richtigen hineinbringen kann. Er weiß, wie er Sie dorthin bringen kann, wo er Sie haben möchte. Vertrauen Sie ihm und verlassen Sie sich auf sein Timing, dann werden auch Sie erleben, dass Gott die Dinge zu Ihren Gunsten verändert.

EIN GEBET FÜR HEUTE

Vater, ich preise dich dafür, dass du mich beschützt. Danke, dass du mich auf einem sicheren Weg leitest. Danke, dass du Dinge zu meinen Gunsten veränderst. Bitte bring die richtigen Menschen in mein Leben und öffne die Türen, durch die ich gehen soll. Ich vertraue darauf, dass du meine Schritte lenkst und mich auf dem Weg in das gute Leben führst, das du für mich vorgesehen hast. In Jesu Namen, amen.

IMPULS FÜR DEN TAG

Andere mögen größer, stärker oder mächtiger sein als Sie, aber Gott weiß, wie er Sie dorthin bekommen kann, wo er Sie haben möchte. Vielleicht werden Sie seit Jahren schlecht behandelt, aber wenn Gott die Dinge zum Guten verändert, werden dieselben Menschen sich plötzlich richtig Mühe geben, nett zu Ihnen zu sein. Im Buch der Sprüche lesen wir, dass Gott selbst unsere Feinde dazu bewegen kann, Frieden mit uns zu schließen (siehe Sprüche 16,7). Wir können vielleicht nicht das Denken und die Einstellung anderer Menschen verändern, aber Gott kann es.

SEIN PLAN STEHT FEST

BIBELVERS FÜR DEN TAG

Der Mensch macht viele Pläne, aber es geschieht, was der Herr will.

SPRÜCHE 19,21

Gott handelt strategisch. Er hat einen Plan für Ihr Leben, der bis ins kleinste Detail geht. Er weiß, welche Menschen Sie kennenlernen müssen, damit Sie Ihre Bestimmung erfüllen können. Er weiß, wer Ihnen neue Möglichkeiten eröffnen kann und wer ein gutes Wort für Sie einlegen wird. Er weiß, wann jemand zur Stelle sein muss, um Ihnen aus Schwierigkeiten herauszuhelfen. Das alles weiß Gott bereits heute. Er kennt den Verlauf Ihres Lebens, und er wird dafür sorgen, dass Sie zur richtigen Zeit am richtigen Ort sind, um auf die richtigen Leute zu treffen, die er schon von Anbeginn der Zeit dafür vorgesehen hat.

Wenn Sie auf Ihren bisherigen Lebensweg zurückschauen, werden Sie erkennen, wie präzise Gott Ihre Schritte bis hierher gelenkt hat. Wären Sie nur ein paar Sekunden früher oder später an diesem oder jenen Ort gewesen, dann wäre alles anders gekommen. Gott ist es, der die Dinge zu Ihren Gunsten fügt. Gott ist es, der Ihre

Schritte lenkt. Sie brauchen nicht mehr zu tun, als ihm zu vertrauen und nachzufolgen, denn sein guter Plan für Ihr Leben steht bereits fest!

EIN GEBET FÜR HEUTE

Vater, ich preise dich und gebe dir die Ehre. Danke, dass du so gut zu mir bist. Du hast mir auf meinem bisherigen Lebensweg treu zur Seite gestanden, und ich weiß, dass es immer so bleiben wird. Danke, dass du mein Leben so sorgfältig geplant hast. Ich vertraue darauf, dass meine Zeit in deinen Händen steht und dass du alles zu meinem Besten wirkst, wenn ich an meinem Glauben festhalte und meine Hoffnung auf dich setze. In Jesu Namen, amen.

IMPULS FÜR DEN TAG

Sie können voll und ganz auf Gottes Timing vertrauen. Das, worum Sie Gott bitten, wird keine Sekunde zu früh oder zu spät eintreten. Wenn es bislang noch nicht eingetroffen ist, dann bedeutet das nicht, dass Gott böse auf Sie ist, und es bedeutet auch nicht, dass es niemals geschehen wird. Gott hat den richtigen Zeitpunkt bereits auf die Millisekunde genau festgelegt. Sie brauchen sich keine Sorgen zu machen. Ob es 20 Minuten oder 20 Jahre dauert – Sie können sicher sein, dass Gott immer hält, was er verspricht.

ER SCHENKT UNS VOLL EIN

BIBELVERS FÜR DEN TAG

Du lädst mich ein und deckst mir den Tisch vor den Augen meiner Feinde. Du begrüßt mich wie ein Hausherr seinen Gast und füllst meinen Becher bis zum Rand.

PSALM 23,5

Gott möchte Sie segnen, damit Sie selbst zum Segen für andere werden können. Oder wie David es ausdrückt: Er füllt Ihren Becher bis zum Rand, denn er ist ein Gott des Überflusses.

Doch der Punkt ist der: Wenn man in einer Grundhaltung des Mangels lebt, wenn man immer das Gefühl hat, zu kurz zu kommen, dann kann man nicht erwarten, Überfluss zu erleben. Wenn Sie bereits längere Zeit unter Druck stehen und Schwierigkeiten haben, über die Runden zu kommen, dann spiegelt sich das schnell in Ihrer Sichtweise wider, und Sie denken: *Ich werde niemals aus dieser Gegend wegziehen können. Ich werde meinen Kindern niemals ein Studium ermöglichen können.* Das mag zwar zurzeit so sein, aber es muss nicht so bleiben, denn Gott wird auch „El Shaddai" genannt, der Gott des „Mehr als genug"! Nicht der Gott, der uns gerade so mit dem Nötigsten versorgt, der uns gerade so über die Runden kommen lässt. Nein, er ist der Gott des Überflusses!

Egal, was Sie heute erleben, geben Sie sich selbst im Glauben einen Ruck und sprechen Sie laut aus, wer Gott ist. Berufen Sie sich darauf, dass er alles kann und dass er mehr als genug ist. Rufen Sie sich ins Bewusstsein, dass Ihr Becher bis zum Rand mit seinem Segen gefüllt ist!

EIN GEBET FÜR HEUTE

Danke, Vater, für deinen Gnade, Gunst und Barmherzigkeit. Danke, dass du der Gott des „Mehr als genug“ bist, der Gott des Überflusses! Ich weiß, dass du Segen für mich bereithältst, und ich bin gewiss, dass mein Becher bis zum Rand mit deinem Segen gefüllt ist. In Jesu Namen, amen.

IMPULS FÜR DEN TAG

In Psalm 35, Vers 27 (LÜ), heißt es: „Jubeln und freuen sollen sich, die Gefallen haben an meiner Gerechtigkeit, und immer sagen: Der Herr sei hochgelobt, der seinem Knecht so wohl will!“ Das sollte den Menschen zur damaligen Zeit helfen, eine Mentalität des Überflusses zu entwickeln. Denken auch Sie immer daran: Ihre Gedanken haben großen Einfluss darauf, wie Ihr Leben verlaufen wird. Wenn Sie sich gedanklich immer mit Ihrem Mangel und Ihrer Mühsal beschäftigen, dann schlagen Sie dadurch die falsche Richtung ein. „Füttern“ Sie Ihr Denken stattdessen mit positiven Gedanken wie: *Es ist alles im Überfluss vorhanden. Gott möchte dafür sorgen, dass es mir gut geht.*

SEGEN IM ÜBERFLUSS

BIBELVERS FÜR DEN TAG

Ich weiß aber: Wenn ich zu euch komme, werde ich mit dem vollen Segen Christi kommen.

RÖMER 15,29; LÜ

Wenn Gott uns segnet, ist das daran zu erkennen, dass er uns auf übernatürliche Weise versorgt und dass er uns wohlwollend gegenübersteht.

Gott hat Sie bis zum heutigen Tag bereits reich gesegnet, doch er möchte noch viel mehr für Sie tun. Er hält Verheißungen und Möglichkeiten für Sie bereit, die jenseits Ihrer Vorstellungskraft liegen! Was Sie bis hierhin erlebt haben, ist nur ein Bruchteil dessen, was sich Gott für Ihre Zukunft vorstellt.

Sie müssen nämlich wissen, dass Gott Freude daran hat, sich selbst zu übertreffen. Er möchte Ihnen neue Türen öffnen und ungeahnte Begabungen und Fähigkeiten bei Ihnen zum Vorschein bringen. Denken Sie daran, dass er ein Gott des Überflusses ist. Er will nicht nur Ihre Bedürfnisse befriedigen, sondern Ihnen so viel geben, dass Sie dadurch auch für andere Menschen zum Segen werden können. Das ist ein Leben in seiner Fülle.

Geben Sie sich also nicht mit dem zufrieden, was Sie gerade haben. Ihre Bestimmung wird nicht festgelegt durch die Wirtschaftslage, Ihre Vergangenheit oder das, was andere über Sie denken oder sagen – es ist der allmächtige Gott, der sie festlegt. Er möchte Sie durch seine Güte zum Staunen bringen und dafür sorgen, dass Sie stets aus dem Vollen schöpfen.

EIN GEBET FÜR HEUTE

Himmlischer Vater, ich komme heute voller Demut zu dir. Danke, dass du mich auf übernatürliche Weise mit allem versorgst, was ich brauche. Ich bitte dich, mir meine Gaben und Talente aufzuzeigen, damit ich sie für dich einsetzen und anderen zum Segen werden kann. Ich bin gewiss, dass du mich mit deiner Güte zum Staunen bringen wirst und dass ich mit deiner Hilfe ungeahnte Höhen erreichen werde. In Jesu Namen, amen.

IMPULS FÜR DEN TAG

In der Bibel steht, dass Gott unsere Bedürfnisse „nach dem Reichtum seiner Gnade" erfüllt (siehe Epheser 1,7). Oft genug schauen wir auf unsere Umstände und denken: *Ich werde niemals weiterkommen.* Doch entscheidend ist nicht das, was *wir* haben und tun können, sondern das, was *Gott* hat und tun kann. Und die gute Nachricht ist, dass Gott *alles* hat und tun kann. Ein Wort von ihm kann aus einem „Gerade so genug" ein „Mehr als genug" machen.

IST FÜR GOTT IRGENDETWAS UNMÖGLICH?

BIBELVERS FÜR DEN TAG

Siehe, ich bin der Herr, der Gott aller Sterblichen. Ist mir denn irgendetwas unmöglich?

JEREMIA 32,27; EÜ

Der Sohn eines Freundes von uns hat vor einiger Zeit den Führerschein gemacht und wünschte sich nun sehnlichst ein Auto. Sein Vater meinte: „Lass uns doch darauf vertrauen, dass Gott sich um ein Auto für dich kümmern wird“, woraufhin der Sohn entgegnete: „Gott wird mir kein Auto schenken, Papa. Aber du kannst mir eins kaufen.“

Doch der Vater bestand darauf, dass sie Gott die Sache überließen. Also beteten sie und baten Gott darum, dem jungen Mann ein Auto zu besorgen.

Ein paar Monate später wurde unser Freund zu seinem Chef gerufen. Dieser entschuldigte sich und sagte zu ihm: „Wir haben in den vergangenen zwei Jahren einen Fehler bei Ihrer Gehaltsabrechnung gemacht. Sie haben zu wenig bekommen.“ Als ihm dann ein Scheck über den Differenzbetrag ausgehändigt wurde, waren es sogar 500 Dollar mehr, als das Wunschauto des Sohnes kosten sollte.

In der Bibel lesen wir, dass für Gott nichts unmöglich ist. Doch Sie werden niemals herausfinden, was Gott alles für Sie tun kann, wenn Sie es nicht wagen, seinen Worten zu glauben. Wieso stellen Sie Ihren Glauben nicht einmal auf die Probe? Geben Sie Gott etwas, womit er arbeiten kann. Sprechen Sie sein Wort laut aus, beschäftigen Sie sich mit seinen Verheißungen für Ihr Leben und stellen Sie ihn an die erste Stelle, weil er der Gott der unbegrenzten Möglichkeiten ist!

EIN GEBET FÜR HEUTE

Vater, ich danke dir für deine Gnade und Güte. Ich weiß, dass bei dir alles möglich ist! Für dich ist nichts zu schwer. Ich bin sicher, dass du meine Bedürfnisse nach dem Reichtum deiner Gnade durch Jesus Christus erfüllen wirst! Ich entscheide mich dafür, fest im Glauben zu stehen, dir zu vertrauen und in dem Segen zu leben, den du für mich bereithältst. In Jesu Namen, amen.

IMPULS FÜR DEN TAG

Im 2. Buch Mose lesen wir: „Ich will sie aus diesem Land herausführen und in ein gutes, großes Land bringen [...]“ (2. Mose 3,8). Hier ist nicht etwa die Rede von einem kleinen Land, das eng und überfüllt ist, sondern von einem Land, in dem jede Menge Platz ist. Wenn Sie momentan noch nicht an einem Ort sind, der Ihnen ausreichend Platz zur Entfaltung gibt, dann lassen Sie sich dort auf keinen Fall nieder. Dann ist es nämlich nicht Ihr endgültiger Bestimmungsort, sondern nur eine vorläufige Bleibe. Vertrauen Sie darauf, dass Gott Sie in ein gutes, großes Land führen wird!

HEUTE IST IHR TAG!

BIBELVERS FÜR DEN TAG

Dies ist der Tag, den der Herr gemacht hat; wir wollen jubeln und uns an ihm freuen.

PSALM 118,24; EÜ

Oftmals fällt es uns leichter, Glauben für die Zukunft zu haben, als davon auszugehen, dass uns heute bereits Gutes widerfahren kann. Es fällt uns leichter zu glauben, dass wir irgendwann einmal unsere Chance bekommen werden, dass es uns irgendwann einmal besser gehen wird.

Wenn wir nicht aufpassen, dann schieben wir unseren Glauben immer weiter auf die Wartebank, indem wir davon ausgehen, dass uns irgendwann etwas Gutes geschehen wird, aber nicht heute. Doch wahrer Glaube zeigt sich im Hier und Jetzt. Gott ist der „Ich bin, der ich bin" (siehe 2. Mose 3,14). Er möchte Ihnen heute seine Güte, seine Gunst und seine Barmherzigkeit erweisen! Damit er das tun kann, dürfen Sie nicht nur Glauben für die Zukunft haben, sondern Sie müssen sich sagen: „Heute ist mein Tag!", „Heute ist der Tag, an dem es mit meiner Gesundheit bergauf gehen wird", „Heute werde ich den Anruf bekommen, auf den ich bereits so lange warte",

„Heute ist der Tag, an dem mein Kind wieder nach Hause kommen wird".

Rechnen Sie fest damit, dass Ihnen heute etwas Gutes wiederfahren wird. Nicht nächste Woche. Nicht nächstes Jahr. Nicht irgendwann einmal. Nein, rechnen Sie damit, dass heute Ihr Tag ist, und Sie werden staunen, was Gott für Sie tun kann und wird!

EIN GEBET FÜR HEUTE

Danke, Vater, für einen neuen Tag, an dem ich dich preisen kann. Ich danke dir, dass du der große „Ich bin, der ich bin" bist! Danke für deinen Segen und deine Versorgung, Weisheit und Liebe. Ich halte meinen Blick auf dich gerichtet und rechne fest damit, dass du zu meinen Gunsten wirken wirst. Ich bin mir sicher: Heute ist mein Tag! In Jesu Namen, amen.

IMPULS FÜR DEN TAG

Der Durchschnittsglaube sagt: „Vielleicht werde ich dieses Problem irgendwann einmal hinter mir lassen können, aber momentan bin ich mir nicht sicher." Überdurchschnittlicher Glaube sagt: „Ich weiß, dass ich das Problem nicht nur hinter mir lassen werde, sondern dass ich darüber hinaus auch noch besser dastehen werde als je zuvor." Wenn Sie einen überdurchschnittlichen Glauben haben, dann glauben Sie nicht nur, dass Sie es schaffen werden, die monatliche Rate für Ihr Haus zu bezahlen. Sie glauben, dass Sie in der Lage sein werden, Ihr Haus vollständig abzubezahlen. Sie glauben, dass Gott alles, wirklich *alles,* tun kann.

KANN GOTT IHREN GLAUBEN SEHEN?

BIBELVERS FÜR DEN TAG

Als Jesus ihren festen Glauben sah …

LUKAS 5,20

Wissen Sie, was Gottes Arm in Bewegung setzt? Es wird Sie vielleicht überraschen, aber Gott schreitet nicht dann besonders schnell zur Tat, wenn wir uns beklagen und im Selbstmitleid versinken, und auch dann nicht, wenn wir ihm unsere Bedürfnisse immer und immer wieder mitteilen. Natürlich interessiert es ihn, was wir brauchen, und er möchte unsere Bedürfnisse auch befriedigen, aber wir müssen unseren Teil dazu beitragen und ihn dazu einladen, in unserem Leben zu wirken, indem wir unseren Glauben zum Ausdruck bringen.

In der Bibel heißt es an einigen Stellen, dass Jesus in dem Moment Wunder wirkte, als er den Glauben eines Menschen sah. Wie ist es um Ihren Glauben bestellt? Ist er für Gott sichtbar? Wenn Gott sieht, dass Sie alles tun, was in Ihrer Macht steht, um gesund zu werden, wenn er sieht, dass Sie früher anfangen zu arbeiten, weil Sie unbedingt befördert werden wollen, wenn er sieht, dass Sie an der Keksdose vorbeigehen, weil Sie abnehmen wollen, wenn er sieht, dass Sie sich auf die Zunge beißen, um den Frieden in Ihrem Zuhause zu wahren, wenn er sieht, wie Sie anderen helfen, obwohl Sie eigentlich selbst Hilfe brauchen – glauben Sie mir, dann werden außergewöhnliche Dinge geschehen! Ihr Glaube ist es nämlich, der bewirkt, dass sich Gottes Arm in Bewegung setzt.

EIN GEBET FÜR HEUTE

Vater im Himmel, ich lobe und preise dich. Danke, dass du den Glauben in mir bewirkst. Ich entscheide mich heute dafür, mein Vertrauen voll und ganz auf dich zu setzen. Hilf mir, im Glauben zu wachsen, wenn ich in deinem Wort lese und deine Nähe suche. Prüfe mein Herz und zeige mir die Dinge, die nicht nach deinem Willen sind, denn ich möchte dir in allem, was ich tue, gefallen. In Jesu Namen, amen.

IMPULS FÜR DEN TAG

Einmal konnte Jesus den Glauben eines Menschen „sehen", als vier Männer einen Gelähmten durch ein Hausdach zu ihm herunterließen. In dem Raum waren noch viele andere Kranke, die auch hätten gesund werden können. Doch warum wurde der Gelähmte geheilt und nicht sie? Der Unterschied bestand darin, dass der Glaube des Gelähmten sich in seinem Handeln widerspiegelte – er tat alles, um zu Jesus zu kommen, weil er wusste, dass dieser ihn heilen würde. Gott sucht Menschen mit einem sichtbaren Glauben – nicht einen Glauben, der nur innerlich stattfindet, sondern einen Glauben, der auch nach außen hin sichtbar wird.

DEN GEGNER NICHT GRÖẞER MACHEN

BIBELVERS FÜR DEN TAG

Wir können doch nicht dulden, dass dieser unbeschnittene Philister sich über das Heer des lebendigen Gottes lustig macht!

1. SAMUEL 17,26

Ist Ihnen bewusst, dass David, als er Goliat gegenüberstand, diesen nicht als Riesen bezeichnete? Andere nannten ihn so, doch nicht so David. Er prahlte nicht, indem er seinen Gegner als besonders stark darstellte. Er machte die Herausforderung durch sein Reden nicht noch größer, sondern er tat genau das Gegenteil. Er bezeichnete Goliat als „unbeschnittenen Philister" und sagte damit indirekt: „Dieser Mann hat keinen Bund mit meinem Gott geschlossen. Gott steht nicht auf seiner Seite, sondern auf meiner. Ich bin es, der Gottes Gunst hat und dem er zum Sieg verhelfen wird."

Dann trat David Goliat gegenüber und sagte zu ihm: „Du, Goliat, trittst gegen mich an mit Schwert, Lanze und Wurfspieß. Ich aber komme mit der Hilfe des Herrn. Er ist der allmächtige Gott und der Gott des israelitischen Heeres" (1. Samuel 17,45). Wie konnte David, der Teenager, der praktisch nur halb so groß war wie Goliat und der keinerlei Kampferfahrung vorzuweisen hatte, mit einem derartigen Selbstbewusstsein auf einen erfahrenen Krieger zugehen? Er konnte es, weil er eines begriffen hatte: Mit Gott an seiner Seite würde ihn selbst der stärkste Krieger der Welt nicht besiegen können.

EIN GEBET FÜR HEUTE

Ich preise dich dafür, Vater, dass du in meinem Leben gegenwärtig bist. Danke für deinen Schutz und dafür, dass ich mit dir an meiner Seite jedes Hindernis überwinden kann. Ich entscheide mich dafür, dich über alle schwierigen Umstände zu stellen, und ich bin gewiss, dass du meine Gegner daran hindern wirst, mich zu besiegen! Danke, dass du mir den Weg zum Sieg ebnest. In Jesu Namen, amen.

IMPULS FÜR DEN TAG

Vielleicht geht es Ihnen gerade genau wie David: Sie stehen einem Riesen gegenüber – einem Schuldenriesen, einem Krankheitsriesen oder einem Gerichtsprozessriesen. Rein menschlich gesehen haben Sie keine Chance zu gewinnen. Dann machen Sie es wie David und betrachten Sie die ganze Situation aus einer neuen Perspektive. Für Gott gibt es keine Herausforderung, die zu schwer wäre, keine Krankheit, die zu schlimm wäre, und keinen Traum, der zu weit hergeholt wäre. Denken Sie daran: Dieselbe Kraft, die Jesus vom Tod auferweckt hat, lebt auch in Ihnen. Der Feind würde nicht so erbittert gegen Sie ankämpfen, wenn er nicht wüsste, dass Gott etwas Großes mit Ihnen vorhat.

DIE KRAFT IHRER WORTE

BIBELVERS FÜR DEN TAG

Auch ich sage zum Herrn: „Du schenkst mir Zuflucht wie eine sichere Burg! Mein Gott, dir gehört mein ganzes Vertrauen!"

PSALM 91,2

Ihre Worte haben Kraft. Sie können entweder dazu beitragen, dass Sie in Richtung des Sieges voranschreiten, den Gott für Sie vorgesehen hat, oder sie können Sie zu Fall bringen. Wenn Sie Tag für Tag mit einer erwartungsvollen Haltung aufwachen und Gottes Zusagen für Ihr Leben in Anspruch nehmen, dann wird Gott Sie durch seinen Heiligen Geist stärken und Sie mit allem versorgen, was Sie brauchen. Wenn Sie dagegen ständig nur über Ihre Probleme reden oder ununterbrochen eine Niederlage nach der anderen herbeireden, dann zehrt das Ihren Glauben aus und lenkt Ihren Blick in die falsche Richtung.

Deshalb achten Sie heute ganz besonders darauf, was Sie sagen. Sprechen Sie laut aus, dass Gott Ihre Zuflucht und Stärke ist, wenn sich Hindernisse vor Ihnen auftun. Berufen Sie sich auf sein Wort und darauf, dass er auf Ihrer Seite ist. Lassen Sie nicht zu, dass

Bitterkeit in Ihrem Herzen wie Unkraut wuchert, sondern entscheiden Sie sich, die Vergangenheit loszulassen und anderen zu vergeben. Sorgen Sie dafür, dass Sie in dem, was Sie sagen und tun, mit Gott in Einklang sind, und er wird dafür sorgen, dass Sie alles tun können, wozu er Sie berufen hat.

EIN GEBET FÜR HEUTE

Vater, ich preise dich und danke dir dafür, dass du in meinem Leben am Werk bist. Danke für dein Wort, das wie frisches Wasser für meine Seele ist. Ich entscheide mich ganz bewusst dafür, dir zu vertrauen, erwartungsvoll zu leben und dem zuzustimmen, was du über mich sagst. Stärke mich und hilf mir, auf deine Verheißungen zu schauen statt auf meine Probleme. Ich bin gewiss, dass ich auf der Siegerseite stehe! In Jesu Namen, amen.

IMPULS FÜR DEN TAG

In Psalm 91 heißt es: „Auch ich sage zum Herrn: Du schenkst mir Zuflucht wie eine sichere Burg!" Achten Sie darauf, wie es der Psalmist an dieser Stelle formuliert. Es heißt nicht etwa: „Ich gehe davon aus, dass …" oder „Ich hoffe, dass …", sondern „Ich *sage,* dass …". Er spricht es aus und Gott handelt danach, getreu dem Motto: „Wenn du kühn genug bist, es laut auszusprechen, dann bin ich kühn genug, es auch zu tun."

GLAUBEN SIE NUR!

BIBELVERS FÜR DEN TAG

Es ist aber der Glaube eine feste Zuversicht dessen, was man hofft, und ein Nichtzweifeln an dem, was man nicht sieht.

HEBRÄER 11,1; LÜ

Sehnen Sie sich danach, heute etwas Großes mit Gott zu erleben und sein Wirken in Ihrem Leben ganz konkret zu erfahren? Die Bibel sagt, dass es unser Glaube ist, der es Gott ermöglicht, zur Tat zu schreiten. Es gefällt Gott, wenn wir glauben. Unser Glaube ist Grundvoraussetzung für die Erfüllung dessen, worauf wir hoffen. Jeder von uns hat ein bestimmtes Maß an Glauben zugeteilt bekommen, und nun liegt es an uns, diesen Glauben zu nähren, und zwar nicht irgendwann, sondern heute.

Glauben Sie, dass Gott genau in diesem Moment Segen für Sie bereithält? Glauben Sie, dass er Ihnen heute seine Gunst zeigen wird? Wenn Sie im Glauben den nächsten Schritt machen und sich auf Gottes Wort berufen, dann öffnen Sie dadurch die Schleusen für seinen überreichen Segen in jedem Bereich Ihres Lebens!

EIN GEBET FÜR HEUTE

Himmlischer Vater, ich danke dir für das Geschenk des Glaubens. Ich entscheide mich heute dafür, deinem Wort zu vertrauen, weil es meines Fußes Leuchte und ein Licht auf meinem Weg ist. Ich bin gewiss, dass du meinen Glauben siehst und mich überreich dafür belohnen wirst. Bitte zeige mir, wie ich im Glauben wachsen kann, damit ich in jedem Bereich meines Lebens nach deinem Willen lebe. In Jesu Namen, amen.

IMPULS FÜR DEN TAG

Es ist wichtig, jeden Morgen aufs Neue die Entscheidung zu treffen, mit einer positiven Erwartung in den Tag zu starten. Beginnen Sie Ihren Tag im Glauben. Lenken Sie Ihre Gedanken in die richtigen Bahnen und rechnen Sie fest mit Gottes Segen. Durch Ihren Glauben kann er das Unmögliche tun. Erwarten Sie, dass Sie in Ihrem Beruf hervorragende Leistungen erbringen und über sich selbst und alle Herausforderungen hinauswachsen werden. Glauben Sie Gott, wenn er sagt, dass er eine großartige Zukunft für Sie bereithält.

BEVORZUGT

BIBELVERS FÜR DEN TAG

Nur einen Augenblick streift uns sein Zorn, aber ein Leben lang währt seine Güte.

PSALM 30,6

Manchmal kommt uns der Gedanke in den Sinn, dass Gott gerade eigentlich doch viel Wichtigeres zu tun hat, als sich um unser „kleines", unbedeutendes Leben zu kümmern. Aber das stimmt nicht. Sie liegen Gott sehr am Herzen. Er möchte Ihnen seine Gunst erweisen. Wenn Sie Gott in Ihrem Leben an die erste Stelle setzen, dann leben Sie fortan unter seinem Segen. Er ebnet Ihnen den Weg und versorgt Sie mit allem, was Sie brauchen. Er öffnet Ihnen Türen und sorgt für neue Chancen in Ihrem Leben.

Das Wort „Gunst" bedeutet so viel wie „Beistand", „Vorteil" oder „Bevorzugung". Wenn Sie unter Gottes Gunst stehen, dann kann das zum Beispiel bedeuten, dass Sie befördert werden, obwohl Sie objektiv betrachtet nicht die perfekte Qualifikation für den Job haben, dass Ihre Kinder in der Schule die besten Lehrer bekommen, dass Sie erfolgreiche Geschäfte abschließen oder einfach nur zur richtigen Zeit am richtigen Ort sind.

Erinnern Sie sich in diesem Zusammenhang an die Geschichte von Abraham, denn auch er stand unter Gottes Gunst, und in seinem Fall bedeutete das, dass Gott ihm half, ihm Vorteile verschaffte und dafür sorgte, dass er zum Stammvater unzähliger Völker wurde.

EIN GEBET FÜR HEUTE

Danke, Vater, für deine Güte und Treue. Ich vertraue auf deine Verheißungen und nehme sie für mich in Anspruch. Ich berufe mich auf deine Zusage, dass ich unter deiner Gunst stehe und bevorzugt behandelt werde, weil du deine segnende Hand über mein Leben hältst. Ich danke dir dafür, dass ich neue Chancen anziehe wie ein Magnet! Ich vertraue darauf, dass du hinter den Kulissen am Werk bist und in jedem Bereich meines Lebens neue Türen für mich öffnen wirst. In Jesu Namen, amen.

IMPULS FÜR DEN TAG

Wenn Sie mehr von Gottes Gunst erleben wollen, dann müssen Sie Ihr Denken voll und ganz darauf ausrichten. Rechnen Sie von nun an fest damit, dass Gott Ihnen immer und überall zur Hilfe eilen wird, einfach weil er Ihr himmlischer Vater ist und Sie liebt. Natürlich dürfen wir als Christen deshalb nicht arrogant werden und glauben, wir wären besser als andere oder könnten irgendwelche Ansprüche stellen. Doch was wir als Kinder Gottes auf jeden Fall tun dürfen, ist, mit Zuversicht in den neuen Tag zu gehen und Gutes zu erwarten.

Wir setzen unsere Hoffnung auf den Herrn, er steht uns bei, ja, er ist der Schild, der uns schützt. Er erfüllt unsere Herzen mit Freude; wir vertrauen ihm, dem heiligen Gott. Herr, lass uns deine Liebe erfahren, wir hoffen doch auf dich!

PSALM 33,20-22

DAMIT IHR GEHEILT WERDET

BIBELVERS FÜR DEN TAG

Bekennt einander also eure Sünden und betet füreinander, damit ihr geheilt werdet. Denn das Gebet eines Menschen, der nach Gottes Willen lebt, hat große Kraft.

JAKOBUS 5,16

Beziehungen sind in Gottes Augen sehr wichtig. Er möchte, dass wir als seine Kinder in Frieden leben und füreinander da sind. Wenn wir uns anderen Christen gegenüber öffnen und miteinander beten, dann setzen wir dadurch eine große Kraft frei; wir öffnen die Tür zu Gottes überreichem Segen. Wenn unser Leben von Liebe und Einigkeit bestimmt ist, dann werden unsere Gebete wirkungsvoller, und Gottes Macht wird in uns und durch uns freigesetzt.

In Frieden und Einigkeit zu leben bedeutet nicht, immer mit allen einer Meinung zu sein. Es bedeutet vielmehr, dass wir uns bemühen, einen gemeinsamen Nenner zu finden. Es bedeutet, dass wir mit anderen in Kontakt treten, dass wir für sie beten und ihre Bedürfnisse im Blick haben. Wenn wir die Bedürfnisse der anderen über unsere eigenen stellen, dann wird sich Gott im Gegenzug nämlich auch um unsere kümmern. Hören Sie also auf Gottes Wort und beten Sie füreinander, damit Sie geheilt werden!

EIN GEBET FÜR HEUTE

Vater im Himmel, ich danke dir dafür, dass du mir deine Wahrheit offenbart hast. Ich beschließe, auf dein Wort zu hören. Hilf mir, offen für andere zu sein, und zeige mir, wie ich für sie beten und ihnen zum Segen werden kann. Ich will in Frieden und Einigkeit mit ihnen leben, weil ich weiß, dass sich dadurch die Tür zu deiner Heilung für mich öffnet. In Jesu Namen, amen.

IMPULS FÜR DEN TAG

Die Bibel lehrt uns, dass es wichtig ist, jeden Morgen wieder neu zu beginnen – und das gilt ganz besonders für die Beziehungen innerhalb der Familie. Lassen Sie nicht zu, dass sich Kleinigkeiten anhäufen und dauerhaft zwischen Ihnen und Ihren Lieben stehen. Lassen Sie Ihre Vorwürfe und Ablehnung anderen gegenüber los und entscheiden Sie sich zu vergeben. Lassen Sie nicht zu, dass sich eine negative Grundhaltung in Ihnen entwickelt, denn mit der Zeit wird solch eine bittere Einstellung immer stärker und stört Ihren Frieden und Ihre Gemeinschaft. Tun Sie, was in Ihrer Macht steht, um innerlich frei und ohne Zorn und Bitterkeit zu leben.

ERWARTEN SIE MEHR!

BIBELVERS FÜR DEN TAG

Darum bitte ich dich: Lass Gottes Gabe voll in dir wirksam werden.

2. TIMOTHEUS 1,6

Es gibt viel zu viele Menschen, die sich mit dem Istzustand zufriedengeben. Einst hatten sie noch einen großen Traum und waren gespannt auf die Zukunft. Doch dann wurde der Weg steiniger, und ihr Zeitplan wurde über den Haufen geworfen, sodass sie ihren Mut und ihre Begeisterung verloren und schließlich zu der Überzeugung gelangten, dass ihr Traum wohl niemals in Erfüllung gehen würde. Und deshalb akzeptieren sie den Istzustand als ihr Los und geben sich mit dem zufrieden, was sie haben.

Lassen Sie nicht zu, dass das Gleiche mit Ihnen passiert! Beschließen Sie, sich nicht entmutigen zu lassen. Nur weil noch nicht eingetroffen ist, was Gott verheißen hat, bedeutet das noch lange nicht, dass es niemals geschehen wird! Machen Sie nicht den Fehler, sich mit Ihrem Istzustand zufriedenzugeben. Ein „Es reicht doch gerade so" ist nicht das, was Gott für Sie vorgesehen hat. Sie sind für etwas Großes geschaffen; Gott hat Sie zu einem Leben in Fülle bestimmt. Es ist erst vorbei, wenn Gott sagt, dass es vorbei ist. Fangen Sie wieder an zu glauben. Fangen Sie wieder an zu träumen. Fangen Sie an, das zu tun, was Gott Ihnen aufs Herz gelegt hat.

EIN GEBET FÜR HEUTE

Vater, ich preise dich für deine Barmherzigkeit und Güte. Ich erkläre heute, dass ich mich nicht mit dem Istzustand zufriedengeben werde. Ich werde meinen Mut nicht sinken lassen und fest darauf vertrauen, dass dein Zeitplan perfekt ist. Ich will die Träume, die Begeisterung und das Feuer in meinem Innern wiederbeleben. Führe mich auf dem Weg deiner Wahrheit und bringe mich weiter in Richtung der Verheißung, die du für mich vorgesehen hast. In Jesu Namen, amen.

IMPULS FÜR DEN TAG

Die gute Nachricht ist, dass Gott Ihren Traum noch lange nicht aufgibt, nur weil Sie es vielleicht tun. Sie haben es sich möglicherweise anders überlegt, aber Gottes guter Plan für Ihr Leben steht noch immer fest. Was Gott über Ihrem Leben ausgesprochen hat, was er Ihnen verheißen hat, was er Ihnen aufs Herz gelegt hat, das wird er auch tun. Es wird höchste Zeit für Sie, sich darin mit ihm in Einklang zu bringen.

DEN GANZEN WEG GEHEN

BIBELVERS FÜR DEN TAG

Der Herr sagte zu Abram: „Geh fort aus deinem Land, verlass deine Heimat und deine Verwandtschaft und zieh in das Land, das ich dir zeigen werde!"

1. MOSE 12,1

In der Bibel wird Abraham als einer der Glaubensväter bezeichnet. Er war einer der ersten, mit denen Gott einen Bund schloss. Interessant ist aber, dass Gott zuvor schon zu Abrahams Vater Terach gesprochen und ihn dazu aufgefordert hatte, sich auf den Weg nach Kanaan zu machen. In 1. Mose 11, Vers 31, lesen wir, dass Abrahams Vater die Stadt Ur verließ, weil er mit Abraham, Lot und Sara nach Kanaan auswandern wollte. Er machte sich auf den Weg, genau wie Gott es später auch Abraham auftragen würde. Doch dann heißt es: „Sie kamen nach Haran und schlugen dort ihre Zelte auf."

Wieso taten sie das? Vielleicht gab es unterwegs Schwierigkeiten oder die Reise war einfach zu beschwerlich. Schließlich hatte Terach seine Familie, sein Vieh und seinen kompletten Besitz bei sich und es war sicher keine bequeme Reise. Also beschloss er: „Ich gehe nicht mehr weiter. Ich weiß zwar, dass dies noch nicht das Gelobte Land ist, aber für mich ist es trotzdem gut genug."

Machen wir es nicht oft genauso wie Terach? Wir haben einen großen Traum, wollen das tun, was Gott uns aufs Herz gelegt hat, aber auf dem Weg dorthin stoßen wir auf Widerstände und Hindernisse, und nur allzu oft sagen wir uns dann: „Was soll's? Dann ist es halt so." Tun Sie das nicht, sondern entfachen Sie Ihre Begeisterung wieder neu! Beschließen Sie heute: „Ich werde mich nicht nach der Hälfte, zwei Dritteln oder neun Zehnteln des Weges niederlassen, sondern den ganzen Weg bis ins Gelobte Land gehen."

EIN GEBET FÜR HEUTE

Danke, Vater, dass du mich auf meinem Lebensweg begleitest. Ich beschließe heute, dass ich mich nicht mit einem „Es reicht doch" begnügen werde. Ich werde mich nicht auf halbem Weg zur Erfüllung deiner Verheißung niederlassen. Ich entscheide mich dafür, trotz aller Probleme stark zu bleiben, gegen sie anzukämpfen und mutig weiterzugehen auf dem Weg, der mich schließlich ins Gelobte Land führen wird. In Jesu Namen, amen.

IMPULS FÜR DEN TAG

Vielleicht haben Sie es ja auch so gemacht wie Abrahams Vater, sich auf halber Strecke niedergelassen und es sich dort schön bequem gemacht. Wenn das der Fall ist, dann ziehen Sie noch heute die Zeltpflöcke heraus, packen Sie Ihre Siebensachen zusammen und ziehen Sie weiter! Es ist nie zu spät, um aufzubrechen! Behalten Sie Ihr Ziel fest im Blick, legen Sie den Kurs fest und erklären Sie mutig: „Mit Gottes Hilfe werde ich mein Potenzial voll und ganz ausschöpfen!"

TAUSENDMAL MEHR

BIBELVERS FÜR DEN TAG

Und ich wünsche euch, dass der Herr, der Gott eurer Vorfahren, euer Volk noch tausendmal größer werden lässt und euch segnet, so wie er es versprochen hat.

5. MOSE 1,11

Das ist heute mein Gebet für Sie – dass Gott Sie tausendmal mehr segnet, als er es bereits getan hat. Können Sie sich das vorstellen? Tausendmal mehr von seiner Gunst, tausendmal mehr Möglichkeiten, tausendmal mehr Kraft?

Dabei geht unser Denken meist in eine ganz andere Richtung. Haben wir nicht viel zu lange mit der falschen Einstellung gelebt? Wir haben uns im Land des „Nicht genug“ niedergelassen, anstatt weiterzuziehen und das Land des „Tausendmal mehr“ zu erkunden.

Deshalb möchte ich Sie heute dazu ermutigen, eine neue Vision für Ihr Leben zu entwickeln. Wagen Sie es zu glauben, dass Gott Sie weiterbringen will als je zuvor. Stehen Sie jeden Morgen auf und beten Sie: „Herr, ich danke dir von ganzem Herzen dafür, dass du heute den Himmel für mich öffnen und deinen Segen über mir ausgießen wirst.“

Wenn Sie fest mit der Fülle rechnen, wird es nicht lange dauern, bis Sie sie auch tatsächlich erleben! Wagen Sie es zu glauben, dass Gott Sie tausendmal mehr segnen will als je zuvor!

EIN GEBET FÜR HEUTE

Vater, ich danke dir, dass du mich tausendmal mehr segnen willst als je zuvor! Ich will mich darauf einstellen, in deiner Fülle zu leben und Wachstum in jedem Bereich meines Lebens zu sehen. Ich entscheide mich dafür, mein Herz und mein Denken zu öffnen, um alles anzunehmen, was du für mich bereithältst. In Jesu Namen, amen.

IMPULS FÜR DEN TAG

Befreien Sie sich von dem Denken, dass Gott nicht viel von Wohlstand hält, denn das ist nicht so. David, der auch als „Mann nach dem Herzen Gottes“ bezeichnet wird, hinterließ beispielsweise ein unvorstellbares Vermögen, mit dem sein Sohn Salomo einen Tempel für Gott bauen konnte. Wenn Sie den aufrichtigen Wunsch haben, Gottes Reich voranzubringen, dann wird Gott die Schleusen des Himmels öffnen, sodass nicht nur Ihre Träume in Erfüllung gehen, sondern dass Sie darüber hinaus auch zum Segen für die Welt werden können.

SICH NICHT VON ANDEREN BEHERRSCHEN LASSEN

BIBELVERS FÜR DEN TAG

Es ehrt einen Menschen, wenn er sich auf keinen Streit einlässt; nur ein törichter Streithahn wettert sofort los.
SPRÜCHE 20,3

Machen Sie sich heute Folgendes bewusst: Jedes Mal wenn Sie zulassen, dass die Worte oder das Handeln eines anderen Menschen Sie aufregen, dann geben Sie diesem Menschen damit die Macht, Sie zu beherrschen. Wenn Sie sagen: „Du machst mich so wütend“, dann geben Sie im Grunde zu, dass Sie vom Verhalten Ihres Gegenübers bestimmt werden. Und sobald andere Menschen wissen, welche Knöpfe sie drücken müssen, um Sie in Rage zu bringen, bekommen sie dadurch genau das, was sie wollen. Natürlich können Sie nicht verhindern, dass jemand anderes etwas tut, das Sie aufregt, aber Sie können beschließen, nicht darauf zu reagieren.

Unser heutiger Bibelvers lehrt uns, dass es einen Menschen ehrt, wenn er sich nicht auf Streit einlässt. Beschließen Sie also, sich körperlich und emotional von Streit fernzuhalten. Das ist nicht einfach, aber mit der Zeit werden Sie lernen, Streit an sich abperlen zu lassen, so wie Wasser an Entenfedern abperlt.

Denken Sie daran, dass nicht immer jeder Ihrer Meinung sein muss. Gottes Zustimmung ist nicht davon abhängig, ob Sie auch die Zustimmung der anderen haben. Ihr Job ist es, die Person zu sein, als die Gott Sie geschaffen hat. Lassen Sie sich gar nicht erst auf Streit ein, damit Sie ein Leben lang siegreich und in Frieden leben können.

EIN GEBET FÜR HEUTE

Danke, Vater, dass du mich liebst und mich so annimmst, wie ich bin. Ich weigere mich zuzulassen, dass Menschen und Umstände mich aufregen und mir meine Freude rauben! Ich weiß, dass du in meinem Leben am Werk bist. Ich bitte dich um das nötige Selbstvertrauen, damit ich die Angriffe anderer Menschen ignorieren kann. Ich möchte dir in allem, was ich tue, die Ehre geben. In Jesu Namen, amen.

IMPULS FÜR DEN TAG

Lassen Sie nicht zu, dass Ihre Lebensumstände oder das, was andere tun oder sagen, Sie aufregen. Geben Sie Ihnen nicht die Macht über Ihr Leben. Machen Sie von Ihrem Recht Gebrauch, ruhig und friedlich zu bleiben, und lassen Sie sich nicht den Tag verderben. Bleiben Sie gelassen, weil Sie wissen, dass Gott für Sie kämpfen wird.

WIDRIGKEITEN STANDHALTEN

BIBELVERS FÜR DEN TAG

Doch nicht nur dafür sind wir dankbar. Wir danken Gott auch für die Leiden, die wir wegen unseres Glaubens auf uns nehmen müssen. Denn Leid macht geduldig, Geduld aber vertieft und festigt unseren Glauben, und das wiederum stärkt unsere Hoffnung.

RÖMER 5,3-4

Wie Sie mit Leid und Schwierigkeiten umgehen, hat großen Einfluss darauf, ob Sie Erfolg im Leben haben oder nicht. Wenn Sie zurückweichen, verbittern und Ihren Lebensmut verlieren, dann lassen Sie sich von den Schwierigkeiten des Lebens unterkriegen. Sie lassen zu, dass schwierige Umstände Sie daran hindern, Ihre von Gott gegebene Bestimmung zu erfüllen. Wenn Sie sich aber dafür entscheiden, mit einem Lächeln durch den Tag zu gehen und den Widrigkeiten standzuhalten, dann kann sich in Ihrem Innern das Wesen Gottes entfalten. Das ist die richtige Ausgangsposition, um weiterzukommen.

Bedenken Sie Folgendes: Der einzige Unterschied zwischen einem Brocken schwarzer Kohle und einem wertvollen Diamanten ist das Maß an Druck, dem der Diamant ausgesetzt worden ist. Wenn Sie in den Prüfungen des Lebens stark bleiben, wenn Sie zulassen, dass Gott Ihren Charakter formt, dann ist das vergleichbar mit einem Stück Kohle, das durch Druck zum Diamanten wird. Solche Schwierigkeiten ebnen den Weg für neues Wachstum, neue Möglichkeiten, neue Freundschaften und eine neue Vision. Wenn Sie den Schwierigkeiten in Ihrem Leben die Stirn bieten, werden Sie erleben, dass Sie sich weiterentwickeln wie nie zuvor in Ihrem Leben!

EIN GEBET FÜR HEUTE

Vater im Himmel, ich preise dich für deine unvorstellbare Treue. Danke, dass ich mit dir an meiner Seite jedes Hindernis überwinden kann. Ich beschließe, mit einem Lächeln durchs Leben zu gehen und zuzulassen, dass sich dein Wesen in mir entfaltet. Du bereitest mich auf Großes vor, und ich entscheide mich dafür, mich zu freuen, was auch immer mir heute widerfahren wird. In Jesu Namen, amen.

IMPULS FÜR DEN TAG

Es sind die schweren Zeiten im Leben, die dafür sorgen, dass wir uns weiterentwickeln. Unser Glaube ist nämlich vergleichbar mit einem Muskel, der durch Widerstand stärker wird; er wird trainiert, wenn er bis an seine Grenzen belastet wird. Deshalb befreit uns Gott normalerweise auch nicht von heute auf morgen von unseren Problemen oder holt uns sofort aus jeder unangenehmen Situation heraus. Stattdessen gebraucht er solche Zeiten, um unsere „geistlichen Muskeln“ zu trainieren.

AM BERG VORBEI

BIBELVERS FÜR DEN TAG

Am Berg Horeb hat der Herr zu uns gesprochen. Er sagte: „Jetzt seid ihr lange genug hier gewesen."

5. MOSE 1,6

Stehen Sie schon so lange vor einem Berg, dass Sie das Gefühl haben, dort regelrecht festgewachsen zu sein? Vielleicht waren Sie einmal fest davon überzeugt, dass Sie von der Sucht loskommen würden. Sie waren sicher, die Krankheit besiegen zu können. Sie hatten keinen Zweifel daran, dass Sie einmal heiraten würden. Doch nun sind Sie enttäuscht worden. Es ist nicht so gekommen, wie Sie es erwartet haben.

Wenn das so ist, dann nehmen Sie heute Gottes Wort für sich in Anspruch. Auch Sie haben lange genug an diesem Ort festgesessen. Es wird Zeit weiterzuziehen. Gott möchte Sie auf die nächste Stufe bringen. Er hält neue Chancen, gesunde Beziehungen und Durchbrüche für Sie bereit.

Nun ist es an Ihnen, Ihr Feuer neu zu entfachen. Sie müssen eine Siegermentalität entwickeln. Rufen Sie sich Gottes Verheißungen für Ihr Leben wieder neu ins Gedächtnis, denn er hat bereits einen

Plan, wie er sie verwirklichen kann. Wenn Sie wieder anfangen zu glauben, zu träumen und das zu verfolgen, was Gott Ihnen ins Herz gelegt hat, dann wird er einen Weg schaffen, wo momentan noch keiner ist. Lassen Sie den Berg hinter sich und schreiten Sie voran in Richtung des Sieges, den Gott für Sie vorgesehen hat!

EIN GEBET FÜR HEUTE

Danke Vater, dass ich mit deiner Hilfe jeden Berg in meinem Leben überwinden kann. Ich entscheide mich heute bewusst dafür, meinen Traum weiterzuträumen! Ich weiß, dass du einen Weg schaffen kannst, wo es momentan noch keinen gibt. Hilf mir, von heute an vorwärtszugehen. Ich schaue auf dich und vertraue darauf, dass du mich leitest und mich in jedem Bereich meines Lebens zum Sieg führen wirst. In Jesu Namen, amen.

IMPULS FÜR DEN TAG

Geben Sie sich auf keinen Fall mit dem Zweitbesten zufrieden. Werden Sie nicht betriebsblind und denken Sie, dass Sie das Ende der Fahnenstange erreicht haben. Treffen Sie stattdessen die Entscheidung, das Feuer in Ihnen wieder neu zu entfachen und Ihren Traum weiterzuträumen. Heute ist Ihr Tag! Halten Sie Ausschau nach neuen Chancen und gehen Sie Schritt für Schritt weiter auf dem Weg, den Gott für Sie vorgesehen hat. Sie können alles schaffen, wozu Gott Sie berufen hat!

DEN GLAUBEN LEBENDIG HALTEN

BIBELVERS FÜR DEN TAG

Er zweifelte nicht, sondern vertraute Gottes Zusage.
Ja, sein Glaube wurde nur noch stärker.
Er gab Gott die Ehre.

RÖMER 4,20

In der Bibel steht, dass Glaube ohne Handeln toter Glaube ist. Anders ausgedrückt: Wenn der Glaube in unserem Innern nicht an unserem Verhalten erkennbar wird, dann kann er keine Früchte hervorbringen. Wenn wir unseren Glauben nicht am Leben erhalten, dann geht er uns über kurz oder lang verloren.

Wenn wir uns mit Gottes Wort beschäftigen, dann nimmt unser Glaube zu. Deshalb ist es auch so wichtig, dass wir uns Zeit zum Bibellesen nehmen, denn nur so können wir Gottes Wort verinnerlichen und unseren Glauben am Leben erhalten. Eine weitere Möglichkeit, um unseren Glauben zu stärken, besteht darin, Gott zu preisen und anzubeten. Die Anbetung Gottes setzt nämlich eine übernatürliche Kraft frei, die bewirkt, dass wir stark bleiben im Glauben, auch wenn alles dagegenzusprechen scheint. Denken Sie immer daran: Die Anbetung Gottes lenkt Ihre Gedanken in die richtigen Bahnen, denn es ist schwer, sich mit Gottes Güte zu beschäftigen und gleichzeitig negativ und pessimistisch zu sein.

Lassen Sie also heute Ihrem Glauben Taten folgen. Beten Sie zu Gott und suchen Sie nach Gründen, ihm zu danken. Wenn Sie das tun, werden Sie innere Stärke erlangen und die Kraft dazu bekommen, um Tag für Tag im Bewusstsein des Sieges weiter voranzugehen.

EIN GEBET FÜR HEUTE

Vater, ich danke dir dafür, dass du mich versorgst, heilst und mir Kraft und Freude schenkst. Ich entscheide mich heute ganz bewusst dafür, dein Wort an die erste Stelle in meinem Leben zu setzen. Begegne mir, damit ich dich besser kennenlernen kann. Ich entscheide mich dafür, dich zu loben und zu preisen, egal, wie meine Umstände auch sein mögen. Heute werde ich meinem Glauben Taten folgen lassen. In Jesu Namen, amen.

IMPULS FÜR DEN TAG

Vielleicht warten Sie gerade darauf, dass Gott Ihre Situation zum Guten wendet, weil Sie glauben, dass Sie dann endlich glücklich werden und Gott loben und preisen können. Aber Gott möchte, dass Sie sich innerlich aufraffen und ihn bereits heute für all das preisen, was er tut. Er wartet bereits auf Sie, und wenn Sie Ihren Teil beitragen, dann wird er damit anfangen, Dinge zu verändern und auf übernatürliche Weise in Ihr Leben einzugreifen.

IN SEINER HAND

BIBELVERS FÜR DEN TAG

Fürchte dich nicht, denn ich stehe dir bei; hab keine Angst, denn ich bin dein Gott! Ich mache dich stark, ich helfe dir, mit meiner siegreichen Hand beschütze ich dich!

JESAJA 41,10

Jeder von uns erlebt hin und wieder eine Situation, in der er das Gefühl hat, die Kontrolle zu verlieren. In solchen Zeiten wird man leicht mutlos und bekommt Angst, doch so weit muss es für Sie gar nicht erst kommen. Konzentrieren Sie sich stattdessen auf die Tatsache, dass Gott Sie fest in seiner starken Hand hält. Für ihn ist nichts zu schwer und nichts unmöglich. In Gottes Hand sind Sie sicher und geborgen, und Gott selbst wird Sie mit allem versorgen, was Sie brauchen.

Was auch immer Sie heute erleben, Sie können sich darauf verlassen, dass Gott auf Ihrer Seite ist. Seien Sie nicht niedergeschlagen und deprimiert über Ihre Umstände, sondern richten Sie Ihren Blick auf Gott und führen Sie sich vor Augen, wie er die Situation zum Guten wenden wird. Beleben Sie Ihren Glauben neu und konzentrieren Sie sich auf all das Gute, das Gott Ihnen zugesagt hat. Versuchen Sie, sich in der Hand Gottes zu sehen, und malen Sie sich schon einmal den Sieg aus, den Sie mit seiner Hilfe erreichen werden.

EIN GEBET FÜR HEUTE

Himmlischer Vater, ich danke dir dafür, dass du mein Versorger bist. Es beruhigt mich zu wissen, dass ich in deiner siegreichen Hand geborgen bin. Ich entscheide mich ganz bewusst dafür, dir auch dann zu vertrauen, wenn ich gerade nichts mehr verstehe und das Gefühl habe, die Kontrolle zu verlieren. Ich bin gewiss, dass du meine Situation zum Guten wenden wirst! Ich werfe all meine Sorgen auf dich, weil ich weiß, dass du für mich sorgst. In Jesu Namen, amen.

IMPULS FÜR DEN TAG

Wenn alles dagegenzusprechen scheint, wenn es so aussieht, als würde sich niemals etwas für Sie ändern, dann vergessen Sie nicht, dass Sie der Schöpfer des Universums in seiner Hand hält. Ihre Zeit wird kommen. Machen Sie sich bereit dafür, befreit zu werden. Machen Sie sich bereit für Heilung, Wachstum und Weiterentwicklung. Vertrauen Sie darauf, dass für Gott nichts unmöglich ist.

ZUFRIEDENHEIT MACHT FREI

BIBELVERS FÜR DEN TAG

Ob ich nun wenig oder viel habe, beides ist mir durchaus vertraut, und ich kann mit beidem zufrieden sein.

PHILIPPER 4,12

Manchmal konzentrieren wir uns so sehr auf unsere Träume und Ziele, dass wir alles andere ausblenden. Das kann so weit gehen, dass wir denken, nur dann glücklich sein zu können, wenn wir dieses oder jenes Ziel erreicht haben. Doch wenn unsere Träume nur noch für Frust sorgen, wenn uns der Friede verloren geht und wir keinen Spaß mehr am Leben haben, dann ist das ein klares Zeichen dafür, dass wir uns zu sehr darauf versteift haben.

Das Einzige, was Ihnen in einer solchen Situation helfen kann, ist Loslassen. Sie werden Freiheit erleben, wenn Sie sagen: „Gott, ich überlasse es dir. Du kennst meine Wünsche und weißt, was am besten für mich ist. Ich entscheide mich dafür, mich ganz auf dich und dein perfektes Timing zu verlassen." Denn wenn Sie lernen, sich nicht von Ihren Umständen unterkriegen zu lassen, dann nehmen Sie dem Feind damit die Macht, weil Sie nicht mehr so leicht zu frustrieren sind. Und darüber hinaus stellen Sie auch noch unter Beweis, dass Sie Gott voll und ganz vertrauen.

Beschließen Sie heute, Gott die Sache zu überlassen und auf sein perfektes Timing zu vertrauen. Starten Sie voller Vorfreude in den Tag und ruhen Sie in Gott, weil Sie wissen, dass er etwas Gutes für Sie bereithält.

EIN GEBET FÜR HEUTE

Ich danke dir für deine Treue, Vater, und ich beschließe, allen Frust über noch nicht erfüllte Träume und Wünsche loszulassen und stattdessen darauf zu vertrauen, dass du weißt, was am besten für mich ist. Meine Zeit steht in deinen Händen. Ich entscheide mich ganz bewusst dafür, deiner liebevollen Fürsorge zu vertrauen, denn ich weiß, dass du mich nicht enttäuschen wirst, und dafür lobe und preise ich dich. In Jesu Namen, amen.

IMPULS FÜR DEN TAG

Verpassen Sie nicht eine großartige Zeit in Ihrem Leben, weil Sie sich mehr wünschen, als Sie haben, und sich darüber beklagen, was Ihnen alles fehlt. Die wahre Freude des Lebens besteht darin, Zufriedenheit in den einfachen Dingen zu finden – zum Beispiel schöne Familienerinnerungen zu schaffen, gemeinsam mit Freunden einen Film anzuschauen, mit den Kindern Verstecken zu spielen, einen Sonnenuntergang zu bestaunen oder mit dem Partner in den Sternenhimmel zu schauen. Lernen Sie, sich an den einfachen Dingen des Lebens zu erfreuen.

FREIHEIT FÜR ALLE

BIBELVERS FÜR DEN TAG

Jetzt erst habe ich wirklich verstanden, dass Gott niemanden wegen seiner Herkunft bevorzugt oder benachteiligt. Alle Menschen sind ihm willkommen, ganz gleich, aus welchem Volk sie stammen, wenn sie nur Ehrfurcht vor ihm haben und so leben, wie es ihm gefällt.

APOSTELGESCHICHTE 10, 34-35

....

Wo der Geist Gottes ist, da ist Freiheit, und diese Freiheit steht jedem zur Verfügung, egal, aus welchem Land er kommt, von welcher Familie er abstammt oder wie viel Geld er besitzt. Gott möchte jeden von uns von dem befreien, was ihn in diesem Leben noch zurückhält. Er möchte jeden mit seinem Segen beschenken, der ihm sein Leben anvertraut.

Im 3. Kapitel des Galaterbriefes lesen wir davon, dass es bei Christus nicht wichtig ist, ob man Jude oder Grieche ist, ob Mann oder Frau. Das bedeutet, dass Gott Sie nicht nach Äußerlichkeiten beurteilt, sondern Ihr Herz anschaut. Er sieht auf die Gaben, die er in Sie hineingelegt hat.

Lassen Sie nicht zu, dass der Feind Ihnen einredet, dass Gott alle außer Ihnen segnet. Schauen Sie stattdessen genau hin, wie und wo Gott Sie in Ihrem Leben bereits gesegnet hat. Danken Sie ihm heute dafür, dass er Sie annimmt, liebt und befreit. Loben Sie ihn, tun Sie, was richtig ist, und machen Sie sich bewusst, dass er seine Gunst und seinen Segen für jeden bereithält, der ihm von ganzem Herzen vertraut und nachfolgt.

EIN GEBET FÜR HEUTE

Danke, Vater, dass ich so zu dir kommen kann, wie ich bin. Ich danke dir dafür, dass du mich von allem frei machst, was mich zurückhalten will. Ich will dir heute durch meine Haltung, mein Reden und mein Handeln die Ehre geben. Bitte zeige mir, was ich ändern oder besser machen kann. Danke, dass wir in Christus wahre Freiheit erlangen können! In Jesu Namen, amen.

IMPULS FÜR DEN TAG

Viele von uns haben es sich zur Gewohnheit gemacht, ständig negative Dinge zu sagen wie: „Alles wird teurer", „Es gibt einfach keine guten Jobs für mich" oder „Alle anderen bekommen gute Chancen, nur ich nicht." Doch was wir damit im Grunde sagen, ist, dass wir nicht glauben, dass Gott uns segnen wird. Ändern wir also unser Reden, indem wir mutig verkünden: „Ich bin frei. Ich bin gesund. Ich bin gesegnet. Ich bin siegreich. Mit Gott an meiner Seite kann mich nichts und niemand aufhalten!"

LEBENDIG BEGRABEN

BIBELVERS FÜR DEN TAG

Ich sage euch die Wahrheit: Ein Weizenkorn, das nicht in den Boden kommt und stirbt, bleibt ein einzelnes Korn. In der Erde aber keimt es und bringt viel Frucht, obwohl es selbst dabei stirbt.

JOHANNES 12,24

Wir alle werden im Laufe unseres Lebens mit Herausforderungen und Schwierigkeiten konfrontiert. Aber wir dürfen nicht vergessen, dass wir als Christen wie Samenkörner des allmächtigen Gottes sind.

Wenn Sie Enttäuschungen oder schwere Zeiten durchmachen, dann haben Sie vielleicht das Gefühl, lebendig begraben zu sein. Es fühlt sich an wie ein dunkler, einsamer Ort.

Doch was sich für Sie wie das Ende anfühlt, ist in Wirklichkeit erst der Anfang. Tatsache ist nämlich, dass Sie nicht begraben, sondern eingepflanzt worden sind – was bedeutet, dass Sie wieder ans Licht kommen werden. Und noch viel mehr als das: Sie werden wachsen und besser und stärker werden als je zuvor in Ihrem Leben!

Fassen Sie in schweren Zeiten den Entschluss, nicht aufzugeben. Sagen Sie sich: „Von dieser Schwierigkeit werde ich mich nicht unterkriegen lassen. Dieser Verlust, diese Enttäuschung, diese Ungerechtigkeit wird nicht dazu führen, dass ich meine Träume aufgebe. Ich weigere mich, in Selbstmitleid zu versinken, denn ich weiß, dass ich ein Samenkorn Gottes bin. Das heißt, ich kann gar nicht lebendig begraben, sondern nur eingepflanzt werden. Ich bin vielleicht gerade ganz unten, aber das wird nicht so bleiben. Ich weiß, dass ich aus dieser Sache gestärkt und als Sieger hervorgehen werde!"

EIN GEBET FÜR HEUTE

Vater im Himmel, ich preise deinen heiligen Namen. Danke, dass du mich zu einem lebendigen Samenkorn gemacht hast. Ich will mich heute darauf konzentrieren, wie viel Gutes die Zukunft für mich bereithält. Ich erlebe vielleicht gerade einen Rückschlag, aber ich weiß, dass es einen Neubeginn für mich geben wird! Ich entwickle mich weiter und werde Tag für Tag stärker und besser! Ich weiß, dass ich durch deine Kraft, die in mir wirkt, jedes Hindernis überwinden werde. In Jesu Namen, amen.

IMPULS FÜR DEN TAG

Im 2. Buch Mose steht sinngemäß, dass wir umso stärker werden, je mehr Widerstand wir erleben. Wenn Sie also gerade das Gefühl haben, an einem finsteren, einsamen Ort festzusitzen, dann seien Sie nicht deprimiert, sondern sagen Sie sich: „Der Widerstand, dem ich gerade ausgesetzt bin, ist nur ein Zeichen dafür, dass eine Verbesserung für mich ansteht. Es mag mir wie ein Rückschlag vorkommen, aber im Grunde nehme ich gerade Anlauf, um neue Höhen zu erreichen. Dieses Hindernis wird mich nicht zu Fall bringen, sondern Gott wird es als Sprungbrett benutzen, um mich weiterzubringen."

EIN NEUES ZEITALTER

BIBELVERS FÜR DEN TAG

Worte haben Macht:
Sie können über Leben und Tod entscheiden.
SPRÜCHE 18,21

Sie dürfen darauf vertrauen, dass Gott neue, unglaubliche Dinge in Ihrem Leben tun möchte. Doch der Schlüssel, um Gottes Kraft in Ihrem Leben freizusetzen, liegt in Ihren Händen. Wenn Sie mit Gott in Einklang sind, wenn Sie sagen und denken, was er sagt, dann öffnen Sie ihm dadurch die Tür, damit er Gutes in Ihrem Leben bewirken kann.

Machen Sie sich heute noch einmal bewusst, dass Ihre Worte Kraft haben. Worte können die Dinge zum Guten oder Schlechten verändern, und was Sie sagen, liegt ganz allein in Ihrer Verantwortung! Was heute in Ihrem Leben geschieht, ist eine Folge dessen, was Sie in der Vergangenheit gesagt und gedacht haben. Für Ihre Zukunft bedeutet das: Was Sie künftig sehen und erleben werden, hängt davon ab, was Sie heute sagen und denken.

Warum entscheiden Sie sich nicht dafür, Ihre Zukunft unter den Segen Gottes zu stellen? Warum verkünden Sie nicht, dass mit dem heutigen Tag ein neues Zeitalter für Sie anbricht? Entscheiden Sie sich dafür, Gottes Worte zu Ihren Worten zu machen, und vertrauen Sie darauf, dass Sie schon bald ernten werden, was Sie gesät haben.

EIN GEBET FÜR HEUTE

Himmlischer Vater, ich entscheide mich heute ganz bewusst dafür, Worte des Lebens über meiner Zukunft auszusprechen. Ich weiß, dass du einen guten Plan für mich hast, und ich bin mit diesem Plan einverstanden. Ich bin gewiss, dass mit dem heutigen Tag ein neues Zeitalter in meinem Leben anbricht. Heute ist ein neuer Tag, an dem du mich reichlich segnen wirst. In Jesu Namen, amen.

IMPULS FÜR DEN TAG

In der Bibel wird die Zunge des Menschen mit dem kleinen Ruder eines Schiffes verglichen, das die Fahrtrichtung vorgibt. Ähnlich ist es auch mit unseren Worten: Sie haben großen Einfluss darauf, wie unser Leben verlaufen wird. Sie schaffen mit Ihren Worten entweder ein positives oder ein negatives Klima in Ihrem Umfeld. Wenn Sie immer nur murren, sich beklagen und darüber reden, wie schlimm Ihnen das Leben doch mitspielt, dann werden Sie die Welt tatsächlich als einen jämmerlichen Ort empfinden. Wenn Sie jedoch positiv reden, wenn Sie sich für Worte des Lebens entscheiden, dann werden Sie erleben, wie sich schwierige Situationen für Sie zum Guten wenden.

DER REGEN WIRD KOMMEN

BIBELVERS FÜR DEN TAG

Dann sagte Elia zu Ahab: „Geh und lass dir etwas zu essen und zu trinken bringen, denn gleich fängt es an zu regnen; ich höre es schon rauschen!"

1. KÖNIGE 18,41

In 1. Könige, Kapitel 18, wird davon berichtet, dass die Menschen in Samaria eine schlimme Hungersnot erlebten, weil es dreieinhalb Jahre lang nicht geregnet hatte. Plötzlich tauchte der Prophet Elia auf und sagte zu König Ahab: „Ich höre es schon rauschen", obwohl am Himmel noch kein Wölkchen zu sehen war. Warum tat er das? Weil Elia beschlossen hatte zu glauben, was Gott ihm versprochen hatte, obwohl davon noch nichts zu erkennen war. Mit den Augen sah er nur Dürre und Hungersnot, aber in seinem Innern konnte er bereits das Rauschen des Regens hören.

Und genau darum geht es im Glauben. Wir sollen an dem festhalten, was Gott uns ins Herz gepflanzt hat, auch wenn wir gerade vielleicht noch das genaue Gegenteil davon vor Augen haben. Wenn wir das tun, wird Gott der Dürre ein Ende bereiten. Er wird uns heilen, erneuern und uns weiter voranbringen als je zuvor!

Im Fall von Elia begann es kurz darauf tatsächlich zu regnen. Und genau wie Elia dürfen auch wir fest damit rechnen, dass es schon bald für uns regnen wird. Was auch immer andere Menschen sagen – verkünden Sie weiterhin, was Gott Ihnen zugesagt hat, denn der Regen wird auch für Sie ganz sicher kommen!

EIN GEBET FÜR HEUTE

Vater im Himmel, ich preise dich, denn du bist der allmächtige Gott, der mich segnen und mir zur Hilfe eilen wird. Ich bin gewiss, dass die Dürre vorbeigeht und dass du das trockene Land mit reichlich Regen versorgen wirst! Danke für den Segen und den Sieg, den du schon längst für mich bereithältst. Bitte hilf mir, in meinem Herzen die guten Dinge sehen und hören zu können, die du für mich vorgesehen hast. Ich halte meinen Blick fest auf dich gerichtet, und ich weiß, dass du mich reich dafür segnen wirst. In Jesu Namen, amen.

IMPULS FÜR DEN TAG

Siebenmal schickte Elia seinen Diener auf die andere Seite des Berges, um nachzusehen, ob es irgendwelche Anzeichen für Regen gab, bevor es dann wirklich so weit war. Hätte Elia schon beim ersten Nein oder beim sechsten Nein aufgegeben, dann hätte es nie zu regnen begonnen. Dass Elia seinen Diener immer und immer wieder losschickte, war ein reiner Glaubensakt, und ich bin davon überzeugt, dass es genau dieser Glaube war, der Gottes Arm schließlich in Bewegung setzte. Das Gleiche wird er auch für Sie tun, wenn Sie erwartungsvoll Ausschau nach der Erfüllung seiner Verheißungen halten.

GOTTES TRAUM FÜR IHR LEBEN

BIBELVERS FÜR DEN TAG

Denn meine Gedanken sind nicht eure Gedanken, und eure Wege sind nicht meine Wege, spricht der Herr.

JESAJA 55,8; LÜ

Wenn wir unsere Träume und Ziele verfolgen, dann geben wir unser Bestes, gehen mit unserem Glauben bis an unsere Grenzen und sind uns sicher: Wenn wir uns anstrengen, wenn Gott die richtigen Türen öffnet oder wir die richtigen Leute kennenlernen, dann werden wir erleben, wie unser Traum in Erfüllung geht. Aus unserer Sicht mag die Erfüllung unseres Traumes das Allergrößte sein, doch aus Gottes Perspektive ist es nur eine Kleinigkeit, denn schließlich ist er es, der das gesamte Universum erschaffen hat. Lassen Sie sich also versichern: Gott hat noch viel größere Pläne für Ihr Leben als Sie selbst, denn Sie denken auf menschliche Weise, aber Gott denkt auf göttliche Weise!

Wovon auch immer Sie heute träumen, was auch immer Sie sich erhoffen, Sie können sicher sein, dass Gottes Traum für Ihr Leben noch viel größer ist als Ihr eigener! Er denkt und handelt in vollkommen anderen Dimensionen. In Epheser 3, Vers 20, heißt es: „Gott aber kann viel mehr tun, als wir jemals von ihm erbitten oder uns auch nur vorstellen können.“ Hören Sie also auf, Gott in Ihren Gedanken einzuschränken. Sie können den Weg vielleicht noch nicht erkennen, aber Gott sieht ihn bereits. Ein kleiner Funke von Gottes Segen kann Sie weiterbringen, als Sie es alleine jemals schaffen könnten. Seien Sie offen für den Traum, den Gott für Ihr Leben hat, und empfangen Sie die Fülle des Segens, den er für Sie bereithält!

EIN GEBET FÜR HEUTE

Danke, Vater, dass du einen wunderbaren Plan für mein Leben hast. Hilf mir, die großartigen Dinge zu erkennen, die du für mich vorgesehen hast. Ich berufe mich darauf, dass du viel mehr tun kannst, als ich jemals erbitten oder mir auch nur vorstellen könnte. Du wirkst weit über meine kühnsten Träume hinaus! Du bist ein Gott der Fülle und des Überflusses. Ich strecke mich nach dir aus und bitte dich, mir meinen Weg zu zeigen. In Jesu Namen, amen.

IMPULS FÜR DEN TAG

Wenn Gott Ihnen heute Morgen zeigen würde, wohin er mit Ihnen unterwegs ist, dann würden Sie aus dem Staunen gar nicht mehr herauskommen! Vielleicht glauben Sie, dass Sie nicht geeignet sind, um Großes zu vollbringen, doch das macht nichts, denn es reicht, wenn Gott Sie für geeignet hält. Wenn Sie einfach nur dort Ihr Bestes geben, wo Sie gerade sind, dann wird Gott Sie weiterbringen, als Sie es sich jemals hätten träumen lassen!

NICHT IM HIER UND JETZT EINRICHTEN

BIBELVERS FÜR DEN TAG

Was kein Auge jemals sah, was kein Ohr jemals hörte und was sich kein Mensch vorstellen konnte, das hält Gott für die bereit, die ihn lieben.

1. KORINTHER 2,9

Gott hat Sie nicht für ein durchschnittliches Leben geschaffen – ein Leben, in dem Sie gerade so über die Runden kommen. Gott denkt nämlich in großem Maßstab, er hat Überfluss und Weite für Sie im Sinn. Deshalb sagte er auch zum Volk Israel, dass er es in ein großes, gutes Land bringen wolle (siehe 2. Mose 3,8).

Richten Sie sich also nicht dort ein, wo Sie gerade sind, denn Gott hat etwas Größeres für Sie im Sinn. Wir denken viel zu oft: *Gott hat mich doch schon gesegnet. Ich bin glücklich. Ich bin gesund. Ich kann nicht klagen. Was will ich mehr?*

Natürlich ist es gut und wichtig, dass Sie dankbar sind für das, was Sie haben. Aber geben Sie sich nicht mit dem Mittelmaß zufrieden und lassen Sie sich nicht im Hier und Jetzt nieder, denn die größten Siege, die Gott mit Ihnen erringen will, liegen noch vor Ihnen!

Denken Sie heute daran, dass Sie gerade einmal an der Oberfläche dessen gekratzt haben, was Gott noch für Sie bereithält. Er wird Ihnen Türen öffnen, von denen Sie gar nicht wussten, dass sie überhaupt existieren. Er wird Talente in Ihnen wecken, von denen Sie nichts geahnt haben! Sie werden erleben, wie Sie durch seinen Segen ganz neue Höhen erklimmen können. Beten Sie weiter, hoffen Sie weiter, glauben Sie weiter und machen Sie es sich nicht allzu gemütlich an dem Ort, wo Sie gerade sind.

EIN GEBET FÜR HEUTE

Vater, ich danke dir dafür, dass du große Träume und Visionen für mein Leben hast. Ich bin dankbar, dass du mich bis hierher gebracht hast, aber ich werde es mir deshalb jetzt nicht bequem machen. Ich glaube, dass ich gerade einmal an der Oberfläche dessen gekratzt habe, was du noch für mich bereithältst. Ich vertraue darauf, dass du mich noch weiter voranbringen wirst in meiner Beziehung zu dir und in dem Einfluss, den ich auf mein Umfeld habe. Ich weiß, dass das Beste noch vor mir liegt! In Jesu Namen, amen.

IMPULS FÜR DEN TAG

Wahrscheinlich würden Sie durchaus von sich behaupten, dass Gott Sie bereits gesegnet hat – beispielsweise mit Gesundheit, einer Familie oder einem guten Job. Ich allerdings bin der festen Überzeugung, dass dies erst ein Bruchteil des Segens ist, den Gott für Sie vorgesehen hat. Er wird Sie an einen Ort bringen, der großartiger ist, als Sie es sich vorstellen können – in Ihr Gelobtes Land –, und dort erwarten Sie noch mehr Freude, mehr Frieden, mehr Einfluss, mehr Weisheit, mehr Ideen und mehr Kreativität.

MEHR ALS NUR EIN GUTER SKLAVE

BIBELVERS FÜR DEN TAG

Darum richte den Israeliten aus: Ich bin der Herr! Ich will euch von eurer schweren Arbeit erlösen und euch von der Unterdrückung durch die Ägypter befreien. Mit starker Hand werde ich die Ägypter strafen und mein Urteil an ihnen vollstrecken. Euch aber werde ich retten.

2. MOSE 6,6

Als die Israeliten in Ägypten in der Sklaverei waren, wurden sie dazu gezwungen, Tag für Tag eine unglaubliche Menge an Ziegelsteinen zu produzieren. Dabei mussten sie ein festgesetztes Soll erfüllen, das kaum zu schaffen war. Weil der Pharao wütend auf die Israeliten war, gab er ihnen irgendwann nicht einmal mehr das Stroh, das sie zur Herstellung der Ziegel brauchten. Ihr Soll blieb bestehen, doch jetzt mussten sie zusätzlich auch noch selbst für das Stroh sorgen.

Ich kann mir gut vorstellen, dass die Israeliten etwas zu Gott sagten wie: „Bitte gib uns Stroh, Herr. Du weißt, dass die Aufseher wütend werden, wenn wir unser Soll nicht erfüllen", denn sie hatten so lange in der Unterdrückung gelebt, dass sie gar nicht mehr merkten, wie sehr sie sich bereits an ihre Rolle als Sklaven gewöhnt hatten. Anstatt Gott um ihre Befreiung zu bitten, versuchten sie nur, möglichst gute Sklaven zu sein. Aber Gott hatte einen anderen Plan: Statt die Israeliten zu besseren Sklaven zu machen, beschloss er, sie vollkommen aus der Sklaverei zu befreien, denn schließlich hatte er sie als Sieger und nicht als Opfer geschaffen.

Was will diese Geschichte Ihnen sagen? Beten Sie heute nicht nur dafür, dass Gott Ihre Schwierigkeiten erträglicher macht, sondern bitten Sie ihn, dass er Sie daraus befreit! Wenden Sie Ihren Blick weg von Ihren Umständen und hin zu Gott, damit er Sie in Richtung des Sieges führen kann, den er für Sie bereithält!

EIN GEBET FÜR HEUTE

Vater, ich preise deinen heiligen Namen. Ich beschließe, meine Sklavenmentalität abzulegen und mich voll und ganz von allen Zwängen in meinem Leben loszusagen. Hilf mir, so zu denken und zu sehen, wie du es tust. Ich berufe mich darauf, dass du mich als Krone der Schöpfung geschaffen hast. Danke, dass du mir ein Leben in Freiheit schenken möchtest. In Jesu Namen, amen.

IMPULS FÜR DEN TAG

Vielleicht haben Sie gebetet und trotzdem nicht das bekommen, was Sie sich so sehr erhofft haben. Vielleicht haben Sie einen Kredit beantragt, doch er wurde nicht bewilligt. Oder eine Beziehung, in der Sie sich wohlgefühlt haben, ist in die Brüche gegangen. Wenn das so ist, dann geben Sie sich nicht damit zufrieden. Glauben Sie stattdessen in größeren Dimensionen und vertrauen Sie darauf, dass Gott diese Tür nur deshalb geschlossen hat, weil er noch etwas viel Besseres für Sie bereithält.

DEN BLICK WEITEN

BIBELVERS FÜR DEN TAG

Vergrößere dein Zelt! Spann die Zeltdecken weiter aus! Spare nicht! Verlängere die Seile und schlag die Pflöcke fest ein!

JESAJA 54,2

Gott hält unbeschreiblichen Segen für Ihre Zukunft bereit! Er wird Ihnen ein Maß an Gunst gewähren, das Sie sich niemals hätten träumen lassen. Er möchte Sie an die außergewöhnlichsten Orte bringen. Doch um all diesen Segen auch empfangen zu können, müssen Sie bereit dazu sein, ihn auch wirklich anzunehmen.

Überlegen Sie einmal Folgendes: Wenn Sie 500 Liter Wasser speichern wollen, Ihr Wassertank aber nur 50 Liter aufnehmen kann, dann ist das Problem nicht die zur Verfügung stehende Menge an Wasser, sondern die fehlende Aufnahmekapazität des Wassertanks. Wenn Sie die volle Wassermenge speichern wollen, werden Sie nicht umhinkommen, sich einen größeren Wassertank zuzulegen.

Genauso ist es auch mit Gott. Wenn wir nicht mehr weiterwissen, dann besteht das Problem nicht etwa darin, dass Gott die Ressourcen oder Möglichkeiten fehlen, um uns zu helfen. Das Problem ist, dass wir nicht dazu in der Lage sind, seinen Segen in vollem Umfang entgegenzunehmen. Wir müssen zuerst eine größere Sicht der Dinge bekommen und Platz für das Neue schaffen, das Gott für uns bereithält. Unsere Einstellung sollte sein: *Ja, die Wirtschaftslage ist schlecht, aber ich weiß, dass Gott noch immer Herr der Lage ist. Ich weiß, dass seine Güte und Barmherzigkeit mir folgen werden, wohin ich auch gehe.* Wenn Sie Ihren Blick weiten und Gott mehr zutrauen, dann werden Sie auch in der Lage sein, seinen Segen in vollem Umfang zu empfangen!

EIN GEBET FÜR HEUTE

Danke, Vater, für deine liebevolle Fürsorge. Ich entscheide mich heute dafür, dir voll und ganz zu vertrauen und meinen Blick zu weiten. Ich lasse meine begrenzte Denkweise hinter mir und schaffe Raum für Überfluss und Segen. Ich richte mich ganz auf dein Wort aus und öffne mich für alles, was du für mich bereithältst. In Jesu Namen, amen.

IMPULS FÜR DEN TAG

Gott möchte Ihnen jetzt die beste Zeit Ihres Lebens schenken. Doch wenn Sie seinen Segen wirklich empfangen wollen, müssen Sie Ihr negatives Denken und Ihre falschen Vorstellungen ablegen. Um Gottes unermessliche Gunst zu erfahren, müssen Sie damit anfangen, fest mit seinem Segen zu rechnen. Fangen Sie an, in größeren Dimensionen zu denken. Lösen Sie sich von falschen Denkmustern und schaffen Sie Raum für Wachstum und Weiterentwicklung.

DIE HOFFNUNG AUF DEN HERRN SETZEN

BIBELVERS FÜR DEN TAG

Aber alle, die ihre Hoffnung auf den Herrn setzen, bekommen neue Kraft. Sie sind wie Adler, denen mächtige Schwingen wachsen. Sie gehen und werden nicht müde, sie laufen und sind nicht erschöpft.

JESAJA 40,31

Wenn man ständig auf die eigenen Lebensumstände schaut, ist es schwer, nicht den Mut zu verlieren. Fühlen Sie sich gerade müde und erschöpft von einem langen geistlichen oder seelischen Kampf? Fehlt Ihnen die nötige Kraft, um weiterzumachen? Dann nehmen Sie sich den heutigen Bibelvers zu Herzen, denn er besagt, dass Sie neue Kraft bekommen werden, wenn Sie Ihre Hoffnung auf den Herrn setzen; wenn Sie auf ihn „harren", wie es in der Luther-Übersetzung heißt. Die Hoffnung auf den Herrn zu setzen, auf ihn zu harren bedeutet, ihm vollkommen zu vertrauen.

Stellen Sie sich einmal vor, Sie erwarten einen besonderen Gast zum Abendessen. Dann sitzen Sie ja auch nicht einfach nur herum und fragen sich, wie es wohl werden wird. Nein, wenn sich ein besonderer Gast angekündigt hat, dann bereiten Sie alles für seinen

Besuch vor. Sie räumen auf, putzen das Haus und sorgen dafür, dass alles perfekt vorbereitet ist. Wahrscheinlich haben Sie schon Wochen vorher das Menü geplant und überlegt, was Sie anziehen werden. Wenn Sie auf den Herrn harren, ist es ähnlich. Sie sitzen nicht nur herum, sondern leben in einer vertrauens- und erwartungsvollen Haltung ihm gegenüber.

Sind Sie bereit dafür, dass Gott heute etwas für Sie tut? Hoffen Sie auf ihn? Wenn Sie im Glauben den ersten Schritt tun, dann wird er Ihnen entgegenkommen. Er wird Ihnen neue Kraft schenken und Sie in jedem Bereich Ihres Lebens zum Sieg führen!

EIN GEBET FÜR HEUTE

Ich preise dich, Vater, für deinen Frieden, der höher ist als alle Vernunft. Danke für die Zusage, dass du mir neue Kraft schenken wirst. Ich entscheide mich dafür, auf dich zu warten und zu hoffen. Ich bin gewiss, dass du mich in jedem Bereich meines Lebens zum Sieg führen willst, und ich bereite mich heute darauf vor, dass du machtvoll in meinem Leben wirken wirst. In Jesu Namen, amen.

IMPULS FÜR DEN TAG

Gott weiß, dass es Zeiten gibt, in denen wir müde werden und zu kämpfen haben. Deshalb zeigt er uns einen Weg auf, wie wir neuen Schwung bekommen können – indem wir voller Vertrauen auf ihn hoffen und fest mit seinem Eingreifen rechnen. Wenn Sie heute neue Kraft brauchen, dann besteht der richtige Weg des Wartens und Hoffens darin, Gott zu preisen. Wenn Sie das tun – wenn Sie sich immer wieder vor Augen führen, wie groß er ist–, dann leben Sie in einer erwartungsvollen Haltung und können damit rechnen, dass er die Dinge für Sie zum Guten wendet, denn genau das hat er versprochen.

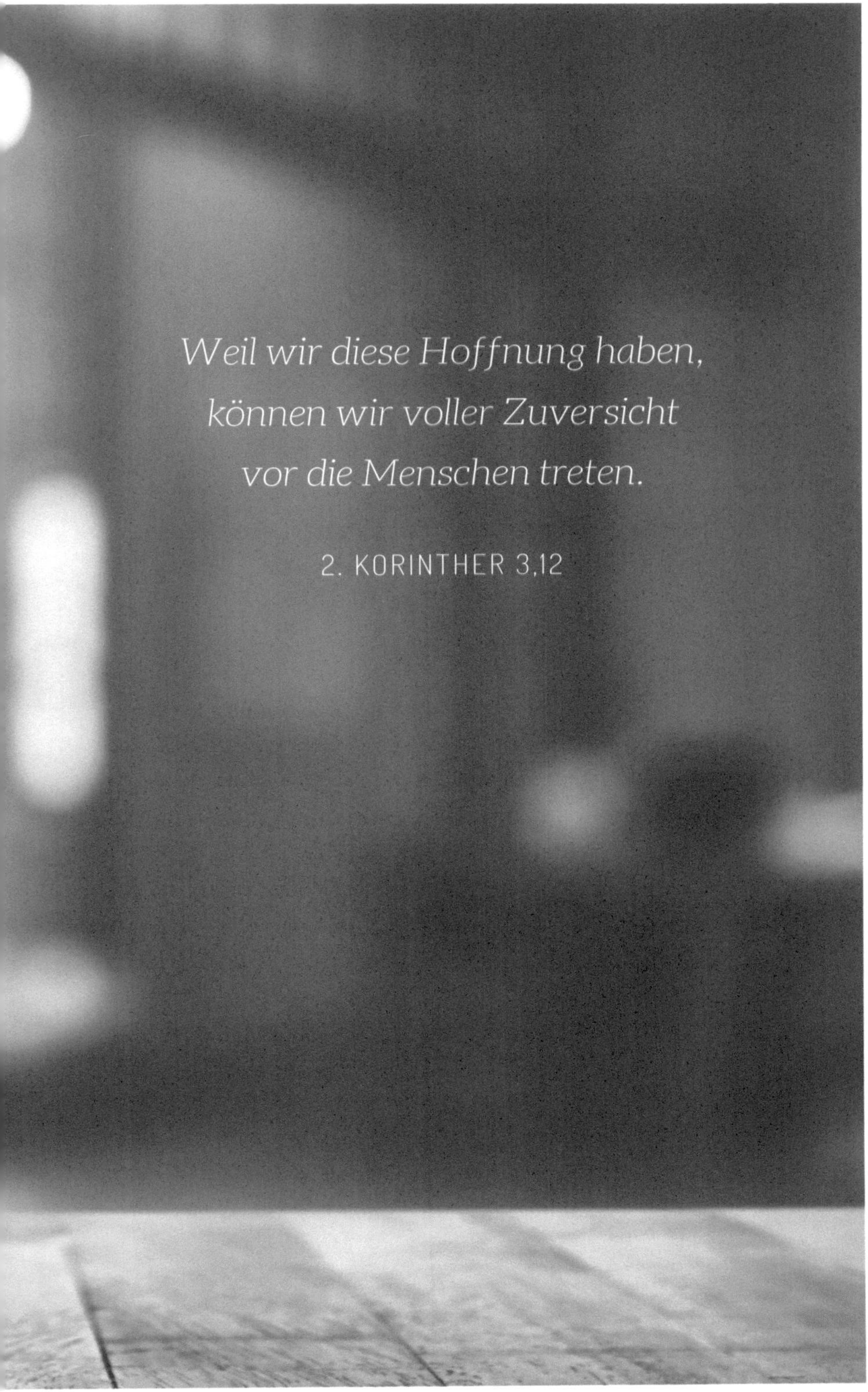

*Weil wir diese Hoffnung haben,
können wir voller Zuversicht
vor die Menschen treten.*

2. KORINTHER 3,12

GOTTES VORSTELLUNG VON „GROß“

BIBELVERS FÜR DEN TAG

Ja, der Herr hat große Taten für uns vollbracht! Wir waren außer uns vor Freude.
PSALM 126,3

Gott hat uns nicht dazu geschaffen, nur eine bestimmte Stufe zu erreichen und dann dort stehen zu bleiben. Wenn wir denken: *Hab vielen Dank, Gott, dass meine Träume jetzt erfüllt sind,* dann stelle ich mir vor, wie Gott darauf antwortet: „Freut mich, dass du dich bei mir bedankst, aber ich bin noch längst nicht fertig mit dir. Du kannst jetzt nicht einfach stehen bleiben, denn ich habe noch etwas Größeres mit dir vor." Nach unserem Maßstab haben wir vielleicht schon Gewaltiges erreicht – wir haben die Beförderung bekommen, unseren Partner fürs Leben gefunden oder Gott hat etwas Großes in unserem Leben getan –, doch Gott denkt sich wahrscheinlich: *Das war doch noch gar nichts. Ich bin froh, dass du glücklich bist, aber das ist doch erst der Anfang.* Gottes Vorstellung von „groß" ist nämlich so ganz anders als unsere.

In der Bibel wird davon berichtet, dass David am Ende nicht nur für den König arbeitete, sondern selbst König wurde.

Wahrscheinlich hat er daraufhin gedacht: *Wow, Gott, wie gut du doch zu mir bist!* Und ich stelle mir vor, wie Gott schmunzelte und ihm entgegnete: „Das ist noch längst nicht alles, David. Ich werde einen deiner Nachkommen für die nächsten tausend Generationen auf den Thron setzen."

Erinnern Sie sich heute daran, dass Gott noch nicht fertig mit Ihnen ist, solange Sie atmen. Er hält noch etwas für Ihre Zukunft bereit. Lassen Sie ihn das Steuer in Ihrem Leben übernehmen, denn Gottes Vorstellung von „groß" ist so viel größer als alles, was Sie selbst sich jemals vorstellen könnten!

EIN GEBET FÜR HEUTE

Ich danke dir, Vater, dass du mir so viel Gutes tust und mich mit deiner Freude erfüllst. Danke für jedes einzelne Geschenk, mit dem du mich segnest. Ich weite meinen Blick und denke größer, weil du noch mehr mit mir vorhast. Ich weiß, dass das Beste noch vor mir liegt, denn du hast versprochen, mich zum Staunen zu bringen! Ich vertraue dir und werde jeden Segen annehmen, den du für mich bereithältst. In Jesu Namen, amen.

IMPULS FÜR DEN TAG

Im Lukasevangelium steht: „[…] Der Vater hat beschlossen, dir sein Königreich zu schenken" (Lukas 12,32). Nehmen Sie dieses Versprechen heute für sich in Anspruch, denn Gott möchte auch Ihnen schenken, was Ihr Herz begehrt, wenn Sie glauben wie ein Kind und bereit sind, ihn darum zu bitten. Denken Sie nicht, Sie dürften ihn nur um Kleinigkeiten bitten. Denken Sie nicht, Sie würden ihn vielleicht belästigen. Bitten Sie ihn um Großes! Wenn Sie die Fülle dessen erleben wollen, was er für Sie vorgesehen hat, dann sollten Sie unbedingt lernen, in großem Maßstab zu bitten.

DIE RICHTIGEN SAMENKÖRNER GIEẞEN

BIBELVERS FÜR DEN TAG

Die übrigen Körner aber fielen auf fruchtbaren Boden, gingen auf, wuchsen heran und brachten das Dreißigfache, das Sechzigfache, ja sogar das Hundertfache der Aussaat als Ertrag.

MARKUS 4,8

Ich habe einmal einen Bericht gelesen, in dem stand, dass Kinder, die in der Schule Opfer von Mobbing geworden sind, oft noch Jahre später unter all dem Negativen zu leiden haben, was ihnen von ihren Mitschülern angetan worden ist. Es wurde unter anderem ein Mann befragt, der inzwischen etwa Mitte 40 war. Er wirkte intelligent und aufgeweckt, hatte allerdings nie lange seine Jobs halten können, hatte ständig Probleme in seinen Beziehungen und konnte scheinbar nichts zu Ende bringen, was er anfing. Er berichtete, dass er als Kind pummelig gewesen sei und einige Kinder sich ständig über ihn lustig gemacht und ihn als Verlierer und Versager bezeichnet hätten. Er hatte zugelassen, dass sich diese Worte bei ihm festsetzen und Wurzeln schlagen konnten, was schließlich dazu führte, dass er als Erwachsener in vielen Bereichen seines Lebens auf der Stelle trat.

Wenn jemand etwas über Sie gesagt hat, egal, ob positiv oder negativ, dann ist das wie ein Samenkorn, das in Sie hineingepflanzt wurde. Nun liegt es an Ihnen, ob dieses Samenkorn Wurzeln schlagen und wachsen kann. Immer wenn Sie sich gedanklich mit dem Gesagten befassen, gießen Sie das Samenkorn.

Verstehen Sie nun, warum es so wichtig ist, dass wir unser Denken in die richtigen Bahnen lenken? Es ist großartig, wenn Leute zu Ihnen sagen: „Du bist wirklich gesegnet. Du bist so begabt. Du wirst einmal Großes erreichen." Rufen Sie sich diese Aussagen immer wieder in Erinnerung und „gießen" Sie dadurch die richtigen Samenkörner in Ihrem Leben. Und dann brauchen Sie nur noch zuzusehen, wie sie wachsen und gute Frucht bringen!

EIN GEBET FÜR HEUTE

Danke, Vater, für einen neuen Tag, an dem ich dich loben und preisen kann. Ich weiß, dass du die Saat für etwas Großes in mich hineingelegt hast. Ich entscheide mich dafür, jedes negative Wort gleich wieder auszureißen, das in den Boden meines Herzens gelangt. Ich weiß, dass es Lügen sind, und ich beschließe, sie nicht länger zu glauben. In Jesu Namen, amen.

IMPULS FÜR DEN TAG

Wenn es um unsere Worte und Gedanken geht, stoßen wir in der Bibel immer wieder auf das Bild des Säens, Gießens und Erntens. Genauso, wie ein Bauer zuerst Samenkörner säen und sie gießen muss, wenn er eine gute Ernte einbringen will, so müssen wir durch positive Worte gute Samenkörner in unser Denken säen und diese dann gießen, indem wir uns immer wieder mit ihnen beschäftigen. Denn nur wenn Sie das Richtige säen und es pflegen und nähren, werden Sie schließlich auch eine gute Ernte einbringen.

GLAUBEN SIE GOTT MEHR ALS DEN „EXPERTEN“

BIBELVERS FÜR DEN TAG

Gott hat sich die aus menschlicher Sicht Törichten ausgesucht, um so die Klugen zu beschämen. Gott nahm sich der Schwachen dieser Welt an, um die Starken zu demütigen.

1. KORINTHER 1,27

Wussten Sie schon, dass Hummeln nach dem Gesetz der Aerodynamik eigentlich gar nicht in der Lage sein dürften zu fliegen? Die Spannweite ihrer Flügel ist nämlich im Verhältnis zu ihrer Körpergröße zu gering, um genügend Auftrieb zu erzeugen. Doch offenbar hat das keiner der Hummel gesagt. Es gab keine Experten und Fachleute, die ihr das Fliegen hätten ausreden können. Als die Hummel ihre Flügel spürte, sagte ihr irgendetwas in ihrer DNA: „Ich soll fliegen und nicht nur auf dem Boden krabbeln.“ Also dachte sie nicht weiter nach, sondern tat einfach das, was ihr angeboren war, indem sie mit den Flügeln schlug und sich in die Lüfte erhob.

Haben Sie schon einmal erlebt, dass ein Experte zu Ihnen gesagt hat: „Sie werden nie wieder gesund“, „Sie werden Ihre Schulden niemals abbezahlen können“ oder „Mit Ihrer Ausbildung haben Sie keinerlei Aussicht auf einen guten Job“? Bei allem nötigen Respekt – auch Experten können sich irren. So waren es beispielsweise auch die Experten, die zu meiner Mutter sagten, dass sie nur noch ein paar Wochen zu leben habe. 40 Jahre später ist sie immer noch gesund und munter, weil Gott ein Wunder an ihr getan hat. Experten waren es auch, die gesagt haben, dass es die *Lakewood*-Gemeinde ohne ihren Gründer niemals schaffen würde, aber schauen Sie sich unsere Gemeinde heute an – es geht uns ziemlich gut!

Für Sie bedeutet das Folgendes: Schenken Sie Gottes Wort mehr Glauben als dem, was die Experten sagen, und seien Sie gespannt, was Gott für Sie tun wird!

EIN GEBET FÜR HEUTE

Vater, ich beschließe heute, deinem Wort mehr Glauben zu schenken als dem, was Experten sagen, denn du nimmst die Schwachen dieser Welt an und stürzt die Starken vom Thron! Ich weiß, dass du mich trotz all meiner Schwächen gebrauchen kannst. Ich vertraue darauf, was dein Wort über mich sagt. Danke für die Kraft deines Heiligen Geistes, der in mir wirkt. In Jesu Namen, amen.

IMPULS FÜR DEN TAG

Es gibt einen bekannten Countrysong von Bonnie Raitt, in dem es heißt: „Let’s give them something to talk about“ (dt.: „Lass uns dafür sorgen, dass die Leute etwas zu reden haben“). Wenn Experten Ihnen im Detail erklären, weshalb Sie nicht wieder gesund werden oder warum Sie Ihre Schulden niemals abbezahlen können, dann vertrauen Sie darauf, dass Gott Ihnen etwas geben möchte, worüber die Leute noch lange sprechen werden. Er kann ein derartiges Wunder bewirken, dass Sie vor all Ihren Freunden, Nachbarn, Kindern und Enkeln zum Zeugnis werden, was Gott tun kann!

DIE ZELTE ABBRECHEN

BIBELVERS FÜR DEN TAG

Mit aller Kraft laufe ich darauf zu, um den Siegespreis zu gewinnen, das Leben in Gottes Herrlichkeit. Denn dazu hat uns Gott durch Jesus Christus berufen.

PHILIPPER 3,14

Gibt es Zeltpflöcke in Ihrem Leben, die Sie herausziehen müssen, um Ihre Zelte abbrechen und endlich weiterziehen zu können? Vielleicht haben Sie irgendwo vorübergehend Ihr Lager aufgeschlagen und es wird Zeit weiterzuziehen. Vielleicht haben Sie es sich dort aber inzwischen bequem gemacht und sind zu dem Schluss gekommen, dass Ihre Träume sowieso nie in Erfüllung gehen oder Sie die Krankheit niemals besiegen werden.

Wenn das bei Ihnen der Fall ist, dann möchte ich von Herzen an Sie appellieren, Ihre Zelte abzubrechen, Ihr Hab und Gut zusammenzupacken und weiterzuziehen. Sie sind vielleicht inzwischen etwas in Verzug, aber das macht nichts. Es ändert nichts an Ihrer Bestimmung. Heute kann der Tag für einen Neubeginn sein.

Denken Sie daran, dass in vielen Fällen unser eigenes Denken daran schuld ist, dass wir einen Kampf verlieren. Wenn Sie nicht glauben, dass Sie erfolgreich sein können, dann werden Sie es wahrscheinlich auch niemals sein. Wenn Sie nicht glauben, dass Sie mit Ihrer Vergangenheit fertigwerden können, die richtigen Leute kennenlernen oder Ihre Träume verwirklichen können, dann werden Sie genau an der Stelle stecken bleiben, an der Sie gerade sind.

Ändern Sie Ihr Denken! Trennen Sie sich von der negativen Denkweise des Besiegten und schaffen Sie Raum für das Neue, das Gott in Ihrem Leben tun will. Ziehen Sie die Zeltpflöcke aus dem Boden und lassen Sie sich von Gott in Ihr verheißenes Land führen!

EIN GEBET FÜR HEUTE

Vater, ich liebe dich und preise deinen heiligen Namen. Ich wage heute einen Neuanfang. Ich ziehe die Zeltpflöcke des negativen Denkens heraus und mache mich wieder auf den Weg. Danke, dass du mir die Kraft gibst, aus meinem vorübergehenden Lager aufzubrechen und weiterzuziehen in Richtung der Träume und Ziele, die du für mich bereithältst. Ich bin gewiss, dass mir noch größere Siege bevorstehen. In Jesu Namen, amen.

IMPULS FÜR DEN TAG

Ich bin davon überzeugt, dass wir das erreichen werden, was wir uns als Ziel vor Augen halten. Wenn Sie Ihren Erfolg im Blick haben und sich darauf konzentrieren, dann werden Sie sich auch darauf zubewegen. Sehen Sie sich aber selbst als einen Menschen, der immer nur gerade so über die Runden kommt oder dessen Ehe oder Gesundheit eher schlechter als besser werden, dann wird sich Ihr Leben wahrscheinlich auch in diese Richtung entwickeln. Halten Sie sich Ihre Ziele also stets vor Augen, wie es schon der Apostel Paulus getan hat, denn das, was Sie über sich und Ihr Leben denken, legt die Grenzen dessen fest, was möglich ist!

NEUES DENKEN, NEUES LEBEN

BIBELVERS FÜR DEN TAG

Ebenso füllt niemand jungen, gärenden Wein in alte, brüchige Schläuche. Sonst bringt er sie zum Platzen. Dann läuft der Wein aus, und die Schläuche sind unbrauchbar. Nein, jungen Wein füllt man in neue Schläuche!

MARKUS 2,22

Sind Sie bereit für Wachstum und Entwicklung? Sind Sie bereit dafür, die nächste Stufe zu erreichen – geistlich, körperlich und seelisch? Bei vielen Menschen findet es zunächst einmal Anklang, wenn sie hören, dass Gott mehr für sie bereithält. Ihr Geist steht in Einklang mit Gottes Wort, doch dann kommt ihr menschliches Denken ins Spiel und bombardiert sie mit Zweifeln: *Du wirst garantiert keinen neuen Job finden. Du weißt doch, wie die aktuelle Wirtschaftslage ist.* Oder: *Du wirst nie wieder ganz gesund werden. Du hast doch gesehen, was in dem Befund steht.* Oder: *Du bist jetzt schon so lange Single, du wirst wahrscheinlich niemals heiraten.*

Die alten Schläuche, von denen im heutigen Vers die Rede ist, sind vergleichbar mit der eingefahrenen Denkweise, von der Sie sich unbedingt trennen müssen, damit eine neue Zeit in Ihrem Leben anbrechen kann. Das Vergangene ist vorbei. Sie haben vielleicht Enttäuschungen erlebt, haben etwas versucht und sind gescheitert oder eine Sache hat nicht so funktioniert wie geplant. Aber das macht nichts. Gott sitzt immer noch auf dem Thron. Es wird Zeit für eine neue Sicht auf Ihr Leben, für ein neues Denken, weil Sie mit Ihrer alten Denkweise nicht mehr weiterkommen. Lösen Sie sich von der Vergangenheit und lassen Sie sich auf Neues ein, damit Sie all den Segen empfangen können, den Gott für Sie bereithält!

EIN GEBET FÜR HEUTE

Vater im Himmel, ich preise dich und gebe dir die Ehre. Ich beschließe heute, mein altes Denken und alte Gewohnheiten abzulegen und alles, was mich abhält von dem Besten, das du für mich im Sinn hast. Stärke mich durch deinen Heiligen Geist, damit ich das neue Leben annehmen kann, das du für mich bereithältst. Ich weiß, dass die Vergangenheit vorbei ist und dass eine neue Zeit für mich anbrechen wird! In Jesu Namen, amen.

IMPULS FÜR DEN TAG

Jesus wollte seine Jünger zu einer größeren Vision ermutigen, indem er sie davor warnte, neuen Wein in alte Schläuche zu füllen. Er sagte damit indirekt, dass man mit einer eingeengten Sichtweise und engstirnigen Haltung nichts Großes erwarten kann. Die gute Nachricht ist, dass Gott unser Leben mit „neuem Wein" füllen will, und er möchte uns auch „neue Schläuche" geben, in die wir ihn füllen können. Wenn Sie in Ihrem Denken Platz für Wachstum und Entwicklung schaffen, dann wird Gott sein Versprechen wahrmachen!

GLAUBE STATT ANGST

BIBELVERS FÜR DEN TAG

Ja, ich sage es noch einmal: Sei mutig und entschlossen!
Lass dich nicht einschüchtern und hab keine Angst!
Denn ich, der Herr, dein Gott, stehe dir bei, wohin du
auch gehst.

JOSUA 1,9

Wussten Sie, dass Angst im Prinzip genauso funktioniert wie Glaube, nur umgekehrt? Glaube öffnet Gott die Tür zu Ihrem Leben, sodass er dort Gutes bewirken kann, während Angst dem Feind die Tür öffnet, wodurch er in Ihrem Leben sein Unwesen treiben kann.

In der Bibel steht, dass die Angst Menschen quält. Angst ist unbarmherzig. Wenn man immer nur aus Angst statt aus Glauben handelt, dann wird man letztlich depressiv und einsam. Es gibt so viele Menschen, die Gottes Freude und Frieden nur deshalb nicht erfahren, weil sie ständig der Angst Raum geben. Sie nähren ihre Ängste durch das, was sie im Fernsehen oder Internet sehen. Sie machen sich ständig Sorgen und beschäftigen sich mit all dem Schlimmen, das sie erleben.

Machen Sie es anders. Im Römerbrief steht, dass Glaube durch das Hören von Gottes Wort entsteht. Je mehr Sie Ihr Herz und Ihr Denken mit dem Wort Gottes füllen, desto stärker werden Sie und desto weniger Macht wird die Angst über Sie haben. Denken Sie daran, dass die Kraft in Ihnen größer ist als die Macht der Angst. Wenn Gedanken kommen, die Ihnen einreden wollen, dass Sie es niemals schaffen werden, dann entscheiden Sie sich heute für den Glauben, damit Sie die Angst überwinden und fortan in der Freiheit leben können.

EIN GEBET FÜR HEUTE

Vater, ich preise dich dafür, dass du mir deinen vollkommenen Frieden schenkst. Ich nehme heute dein Wort im Glauben an, das für mich Leben, Gesundheit und Kraft bedeutet. Ich entscheide mich dafür, der Angst den Zutritt zu verweigern, indem ich darauf achte, was ich sage, was ich mir anhöre und womit ich mich beschäftige. Ich bin gewiss, dass deine Kraft in mir stärker ist als die Macht der Angst! Erfülle mich mit deiner Liebe und mit Glauben, wenn ich mich mit deinem Wort beschäftige. In Jesu Namen, amen.

IMPULS FÜR DEN TAG

Oft bemerken wir es gar nicht, wenn wir im Alltag eine angsterfüllte Aussage nach der anderen machen. Wir sagen beispielsweise: „Das ist ein paar Nummern zu groß für mich“ oder „Das ist schon viel zu lange so. Das wird sich niemals ändern.“ Doch dadurch öffnen wir die Tür für Sorgen und Zweifel und fühlen uns schwach, mutlos und eingeschüchtert. Gewöhnen Sie sich deshalb an, sich mit Gottes Wort und guten Gedanken zu beschäftigen, und Ihr Leben wird eine vollkommen neue Richtung bekommen!

WEITERGEHEN

BIBELVERS FÜR DEN TAG

Er bewahrt mich vor dem sicheren Tod und beschenkt mich mit seiner Liebe und Barmherzigkeit.

PSALM 103,4

Es gibt viele Menschen, die das Gefühl haben, durch falsche Entscheidungen Jahre ihres Lebens vergeudet zu haben. Sie haben jahrelang in einer Beziehung gelebt, die ihnen nicht gutgetan hat, sie haben über Jahre hinweg mit einer Sucht gelebt oder es viel zu lange in einem unbefriedigenden Job ausgehalten.

Wenn auch Sie dieses Gefühl kennen, dann lassen Sie sich heute versichern: Nichts von all dem, was Sie erlebt haben, ist umsonst gewesen. Ihre Erfahrungen, die guten wie die schlechten, haben Spuren in Ihnen hinterlassen. Sie haben Sie geprägt. Wenn der Feind Ihnen das Leben schwer macht, dann nimmt Gott diese Erfahrung und kehrt sie zu Ihrem Vorteil um. Sie denken vielleicht, dass Sie in eine Sackgasse geraten sind, aber wenn Sie am Glauben festhalten, werden Sie erleben, wie Gott Ihnen einen neuen Weg eröffnet und Ihnen neue Chancen und die perfekten Bedingungen schenkt, damit Sie weitergehen können in Richtung seines Segens!

Schauen Sie also heute nicht auf das Vergangene, sondern auf das, was Gott in Zukunft für Sie tun will. Er möchte Ihre Seele heil machen und Ihre Träume wiederbeleben. Glauben Sie weiter und freuen Sie sich auf all das Großartige, das Gott noch mit Ihnen vorhat!

EIN GEBET FÜR HEUTE

Vater, ich halte dir heute meine Vergangenheit, Gegenwart und Zukunft hin, weil ich weiß, dass du der Herr über mein Leben bist. Ich lasse all meine Fehler und mein Versagen los, und ich entscheide mich dazu, denen zu vergeben, die an mir schuldig geworden sind, damit ich frei bin, um weiter voranzugehen. Ich werde nicht in der Vergangenheit stecken bleiben, weil ich ganz sicher weiß, dass du die Dinge zum Guten wenden wirst. Du wirst meine Seele heil machen und meinen Träumen neues Leben einhauchen. In Jesu Namen, amen.

IMPULS FÜR DEN TAG

Halten Sie sich nicht unnötig mit Fehlern aus der Vergangenheit auf. Nichts in Ihrem Leben stößt Ihnen einfach nur zu, sondern letztlich geschieht alles zu Ihrem Besten. Jede Enttäuschung, jedes Unrecht, das Ihnen einmal zugefügt worden ist, jede geschlossene Tür hat dazu beigetragen, dass aus Ihnen der Mensch geworden ist, der Sie heute sind. Vielleicht sind Sie auf einige besonders große Hindernisse gestoßen, aber das bedeutet nur, dass Gott etwas Großes mit Ihnen vorhat. Wenn Sie über das hinweg sind, was Sie für einen Nachteil gehalten haben, dann kann Gott daraus einen Gewinn für Sie machen.

EINEN GANG HOCHSCHALTEN

BIBELVERS FÜR DEN TAG

Denn was ich dir jetzt offenbare, wird nicht sofort eintreffen, sondern erst zur festgesetzten Zeit. Aber es wird sich ganz bestimmt erfüllen, darauf kannst du dich verlassen. Warte geduldig, selbst wenn es noch eine Weile dauert!

HABAKUK 2,3

Wir leben in einer Zeit, in der Gott einen Gang zulegt. Wofür Sie normalerweise ein Leben lang brauchen würden, das kann Gott heute für Sie in einem Bruchteil der Zeit tun, weil Sie ihm die Ehre geben. Gott wird Ihnen Chancen geben, die Sie selbst niemals für möglich gehalten hätten. Er wird Ihnen die richtigen Leute über den Weg schicken und dafür sorgen, dass Sie zur rechten Zeit am rechten Ort sind. Machen Sie sich bereit, denn es wird sich etwas in Ihrem Leben verändern!

Stellen Sie sich das Ganze doch einmal wie Autofahren vor. Wenn Sie vom zweiten in den dritten Gang schalten, dann läuft der Motor immer noch mit gleicher Kraft, er arbeitet nicht mehr als zuvor, aber Sie kommen trotzdem schneller voran, weil in den höheren

Gängen die Getriebeübersetzung größer ist. Ähnliches macht Gott mit Ihnen, wenn Sie ihn an die erste Stelle in Ihrem Leben setzen. Sie kommen dann schneller und weiter voran, und zwar nicht weil Sie schwerer arbeiten, sondern weil er dafür sorgt, dass sich die Dinge zu Ihren Gunsten beschleunigen.

EIN GEBET FÜR HEUTE

Vater, ich preise dich dafür, dass du meine Schritte lenkst und über mein Leben wachst. Danke für deinen Segen und deine Gunst. Ich möchte dir in allem, was ich tue, die Ehre geben. Ich vertraue darauf, dass du hinter den Kulissen bereits am Werk bist. Du wirst dafür sorgen, dass ich schneller vorankomme – einfach weil meine Zeit gekommen ist. In Jesu Namen, amen.

IMPULS FÜR DEN TAG

Seien Sie heute Morgen ein Mensch des Glaubens und nicht des Zweifelns. Sie können sich vielleicht nicht vorstellen, wie Sie wieder gesund werden oder weiterkommen sollen, aber Gott hat bereits eine Lösung parat. Setzen Sie ihn in allem, was Sie tun, an die erste Stelle. Glauben Sie weiter und hoffen Sie weiter. Ihre Haltung sollte diese sein: „Gott, ich lebe in Einklang mit dir. Ich glaube, dass du die Dinge zu meinen Gunsten verändern wirst. Du bringst mich schneller voran. Meine Träume werden schneller in Erfüllung gehen, als ich es mir vorstellen kann. Ich werde meine Probleme schneller überwinden, als ich gedacht habe."

RUHIG ABWARTEN

BIBELVERS FÜR DEN TAG

Der Herr selbst wird für euch kämpfen,
wartet ihr nur ruhig ab!

2. MOSE 14,14

Der heutige Bibelvers spricht davon, dass Gott den Israeliten ausrichten ließ, dass sie nur ruhig abwarten sollten, weil er für sie kämpfen würde. Beachten Sie, dass hier eine Bedingung genannt wird, etwas, das die Israeliten tun mussten, damit Gott ihnen zur Hilfe eilen konnte: Sie mussten ruhig abwarten.

Das Gleiche gilt auch für uns. Eine solche Aufforderung legt im Grunde nahe, dass es etwas gibt, das uns den Frieden streitig machen will. Das können sorgenvolle Gedanken, Ängste oder eine innere Unruhe sein. Sie denken sich vielleicht: *Was, wenn es nicht passiert? Was mache ich dann?* Doch wenn Sie ruhig abwarten, dann wird der Schöpfer des Universums für Sie zur Tat schreiten.

Denken Sie daran, dass nichts und niemand unserem Gott etwas entgegenhalten kann. Er hat alle Macht. Er hat für Josua die Sonne angehalten und für Daniel den Löwen das Maul verschlossen. Womit auch immer Sie in Ihrem Leben konfrontiert werden, Gott verspricht, dass er für Sie kämpfen wird. Ihre Aufgabe ist es, ruhig abzuwarten und ihm zu vertrauen.

EIN GEBET FÜR HEUTE

Vater, ich preise dich, weil du der allmächtige Gott bist. Ich setze heute meine Hoffnung und mein Vertrauen auf dich. Ich nehme dein Wort für mich persönlich an und entscheide mich dafür, ruhig abzuwarten, weil ich weiß, dass du für mich kämpfen wirst. Es gibt niemanden, der mit dir vergleichbar wäre! Danke, dass mir alles zum Besten dienen muss. In Jesu Namen, amen.

IMPULS FÜR DEN TAG

Wenn Sie Gott vertrauen, dann wird er ganz sicher für Sie kämpfen. Egal, was Sie gerade durchmachen oder wie stark Ihre Gegner auch sein mögen, bewahren Sie Ihren Glauben und bleiben Sie ruhig. Behalten Sie Ihren Frieden und denken Sie weiter positiv. Versuchen Sie nicht, es so zu machen, wie Sie es für richtig halten, sondern lassen Sie es Gott auf seine Weise tun. Wenn Sie sich an seine Gebote halten, dann wird er die Dinge zu Ihren Gunsten verändern.

AUFSTEIGEN

BIBELVERS FÜR DEN TAG

Wer darf auf den Berg des Herrn gehen und an diesem heiligen Ort vor Gott treten? Jeder, der kein Unrecht tut und ein reines Herz hat. Jeder, der keine fremden Götter anbetet und keinen falschen Eid schwört. Einen solchen Menschen wird Gott mit seinem Segen beschenken und ihn für schuldlos erklären; der Herr ist sein Helfer!

PSALM 24,3-5

Sie sind dazu geschaffen, sich in himmlische Sphären aufzuschwingen und mit Gott an Ihrer Seite über den Sorgen des Lebens zu stehen. Aber beachten Sie, was uns der heutige Vers lehrt: Wenn wir das erleben wollen, dürfen wir kein Unrecht tun und müssen ein reines Herz haben.

Doch wie kann uns das gelingen? Als Erstes gilt: Das reine Herz kann uns nur Jesus schenken. Wenn wir ihn als Herrn und Erlöser in unser Leben einladen, dann müssen wir uns jeden Tag wieder neu dafür entscheiden, uns gegen den Feind zu stellen und gegen seine Versuche, uns herunterzuziehen. Das ist ein innerer Prozess. Wir müssen unsere Gedanken schützen, indem wir darauf achten, womit wir uns beschäftigen. Deshalb sollten wir uns nicht alles im Fernsehen anschauen. Wir sollten nicht jedem Gespräch zuhören. Alles, was wir an uns heranlassen, soll Gott gefallen, denn die Gedanken, die wir in unseren Kopf lassen, gelangen letztlich auch in unser Herz.

Wenn wir auf „den Berg des Herrn" gehen wollen, dann müssen wir einen Lebensstil haben, der auf Höheres ausgerichtet ist, und dementsprechend denken. Entscheiden Sie sich deshalb heute dafür, auf Ihr Denken zu achten!

EIN GEBET FÜR HEUTE

Vater im Himmel, hab Dank für deine Güte und Treue. Ich weiß, dass du es bist, der mir neues Leben einhaucht und mir Kraft gibt. Ich entscheide mich dafür, auf dein Wort zu hören. Ich werde mich nicht von den Sorgen des Alltags herunterziehen lassen. Ich sehne mich danach, kein Unrecht mehr zu tun und ein reines Herz zu haben. Bitte hilf mir, mein Herz vor schlechten Dingen zu schützen, damit ich ein Leben führen kann, das dir gefällt. In Jesu Namen, amen.

IMPULS FÜR DEN TAG

Oft sind es die kleinen Dinge, die uns in Schwierigkeiten bringen. Es beginnt vielleicht damit, dass wir etwas im Internet sehen. Vielleicht hat jemand etwas Unfreundliches zu uns gesagt und wir haben darauf mit Sarkasmus reagiert. Statt die Verletzung loszulassen und Gott um Vergebung zu bitten, vergraben wir sie tief in unserem Innern und hoffen, dass sie irgendwann von selbst verschwinden wird. Doch das funktioniert leider nicht. Lassen Sie sich also nicht innerlich verschmutzen. Seien Sie schnell darin, sich von Sünde reinigen zu lassen und anderen zu vergeben, denn dann wird Gott Sie überreich dafür segnen!

ES IST ZEIT FÜR GOTTES GUNST

BIBELVERS FÜR DEN TAG

An diesem Tag sorgte der Herr dafür, dass ganz Israel vor Josua Achtung bekam. Das Volk hatte nun den gleichen Respekt vor ihm wie früher vor Mose; und so blieb es sein Leben lang.

JOSUA 4,14

Was für eine erstaunliche Verheißung es doch war, die Gott für Josua hatte! Er sorgte dafür, dass ganz Israel Achtung vor ihm bekam, und an jenem Tag begann er, seine Gunst und seinen Segen in Josuas Leben freizusetzen, sodass er immer weiter vorankam. Beachten Sie aber, dass es ein bestimmter Zeitpunkt in Josuas Leben war, an dem Gott damit begann, auf ganz neue Weise in seinem Leben zu wirken.

Das Gleiche möchte Gott auch in Ihrem Leben tun. Er möchte seinen Segen und seine Gunst auf solche Weise freisetzen, dass Sie in jeder Hinsicht großartig werden – großartige Eltern, großartige Ehepartner, großartige Leiter, großartige Arbeitnehmer, großartige Freunde oder großartige Geschäftsleute. Ich kann mir gut vorstellen, dass Gott auch zu uns sagen möchte: „Heute werde ich dafür sorgen, dass dein Name groß wird. Heute wirst du meinen Segen auf ganz neue Art und Weise zu spüren bekommen. Ich werde dir Türen öffnen, die niemand wieder verschließen kann."

Gott hat diesen Tag in Ihrem Leben bereits festgesetzt. Machen Sie sich also bereit! Schaffen Sie Raum in Ihrem Denken. Seien Sie offen für sein Wirken, halten Sie an Ihrem Glauben fest und bleiben Sie erwartungsvoll, denn Ihr Tag wird kommen!

EIN GEBET FÜR HEUTE

Vater, ich preise deinen heiligen Namen. Danke, dass du deinen Segen über mir ausschütten wirst. Ich öffne mein Herz und meinen Verstand für dich, um all das Gute anzunehmen, das du für mich bereithältst. Ich bin gewiss, dass der Zeitpunkt kommen wird, an dem du deine Gunst in meinem Leben auf ganz neue Weise freisetzen wirst! In Jesu Namen, amen.

IMPULS FÜR DEN TAG

Als Gott Josua zum Anführer für das Volk Israel bestimmte, versprach er, dass er ihm zur Seite stehen würde, genauso, wie er es bereits bei Mose getan hatte. Beachten Sie, dass er ihm nicht sagte, er müsse einfach so sein wie Mose, denn dann wäre er großartig. Nein, Gott sagte Josua, er solle einfach so sein, wie er ihn geschaffen habe. Und mehr erwartet er auch nicht von Ihnen. Vertrauen Sie also fest darauf: Wenn Sie ganz Sie selbst bleiben und stets Ihr Bestes geben, dann wird Gott seine Gunst über Ihnen ausschütten.

UNBEGREIFLICHE LIEBE

BIBELVERS FÜR DEN TAG

Weder Hohes noch Tiefes oder sonst irgendetwas auf der Welt können uns von der Liebe Gottes trennen, die er uns in Jesus Christus, unserem Herrn, schenkt.

RÖMER 8,39

Nichts kann Sie jemals von Gottes Liebe trennen! Seine Liebe ist wirklich erstaunlich und unbegreiflich. Sie geht weit über menschliche Liebe hinaus. Nichts kann bewirken, dass Gott uns mehr liebt, und nichts kann bewirken, dass er uns weniger liebt. Seine Liebe ist echt und ewig.

Wenn wir einen Fehler machen oder davon ausgehen, Gott enttäuscht zu haben, dann glauben wir oft, dass wir uns so lange von ihm fernhalten müssen, bis wir die Sache wieder im Griff haben. Aber das stimmt ganz und gar nicht! Gott steht immer mit offenen Armen da und ist bereit, uns voller Liebe zu empfangen und zu erneuern. Denken Sie daran, dass Gott nicht böse auf Sie ist, sondern dass er Sie liebt! Er denkt Tag und Nacht an Sie.

Wenn es heute etwas in Ihrem Leben gibt, das Sie daran hindert, Gottes Liebe anzunehmen, dann befreien Sie sich davon und lassen

Sie sich von seiner Liebe erneuern. Kommen Sie mit offenem Herzen zu ihm und nehmen Sie die unvorstellbar große Liebe an, die er für Sie bereithält!

EIN GEBET FÜR HEUTE

Vater, ich preise dich für deine Liebe, und ich danke dir dafür, dass mich nichts von ihr trennen kann. Ich weigere mich zuzulassen, dass mich Fehler aus der Vergangenheit davon abhalten, dir nah zu sein. Bitte hilf mir, alles loszulassen, was mich gebunden hält. Ich nehme heute deine Liebe an und lade dich ein, mich vollständig zu erneuern. Verändere mich so, dass ich die Person werden kann, als die du mich gedacht hast. In Jesu Namen, amen.

IMPULS FÜR DEN TAG

Stellen Sie sich einmal vor, ich würde Ihnen einen Tausenddollarschein geben, der so schmutzig und zerknittert ist, dass er kaum noch als Geldschein zu erkennen wäre. Würden Sie ihn trotzdem annehmen? Natürlich würden Sie das, denn Sie wüssten ja, dass der Schein immer noch 1.000 Dollar wert ist. Und genauso geht es Gott, wenn er uns ansieht. Wir mögen vielleicht „zerknittert" und „schmutzig" sein, aber in seinen Augen werden wir niemals den Wert verlieren, den er uns gegeben hat. Er liebt uns, und zwar nicht aufgrund unser Leistung, sondern einfach deshalb, weil wir seine Kinder sind – und nichts auf der Welt kann uns von seiner Liebe trennen.

NICHTS IST UNMÖGLICH

BIBELVERS FÜR DEN TAG

Was sie gerade tun, ist erst der Anfang, denn durch ihren vereinten Willen wird ihnen von jetzt an jedes Vorhaben gelingen.

1. MOSE 11,6

Im Alten Testament wird davon berichtet, dass die Menschen einmal versuchten, einen Turm zu bauen, der bis in den Himmel reichte. Und ihr vereinter Wille war so stark, dass sie es wahrscheinlich wirklich geschafft hätten, wenn Gott nicht eingegriffen und dafür gesorgt hätte, dass sie plötzlich nicht mehr miteinander sprechen konnten, weil sie die Sprache der anderen nicht mehr verstanden. Er musste das tun, weil ihre Beweggründe die falschen waren.

Doch der eigentliche Grundsatz gilt auch heute noch: Wenn wir unsere Vorstellungskraft gebrauchen, um unser Ziel fest in den Blick zu nehmen, wenn wir Gott ein Bild von uns zeichnen lassen, wie er uns sieht – stark, gesund und siegreich –, dann können wir alles schaffen, was er uns ins Herz legt. Aus menschlicher Sicht mag es unmöglich erscheinen, aber wenn Sie es sich vorstellen können, wenn Sie es mit den Augen des Glaubens sehen können, dann sagt Gott Ihnen zu, dass Sie es mit seiner Hilfe schaffen werden. Sie werden Süchte überwinden, indem Sie ein neues Bild von sich und Ihrem Leben bekommen. Sie werden schlechte Gewohnheiten loswerden, die Ihrer Familie seit Generationen anhaften, indem Sie in Ihrer Vorstellung das richtige Bild schaffen. Sie werden weiterkommen, als Sie es je für möglich gehalten hätten, wenn Sie die richtige Vision vor Augen haben!

EIN GEBET FÜR HEUTE

Vater im Himmel, ich preise dich für deine Gnade und Barmherzigkeit. Danke, dass du es mir ermöglichst, meine Bestimmung zu erfüllen. Ich richte meinen Blick und mein Denken auf dich. Hilf mir, mich selbst so zu sehen, wie du mich siehst – stark, gesund und siegreich! Ich richte meinen Blick auf deine Ziele für mein Leben, weil ich weiß, dass bei dir nichts unmöglich ist. In Jesu Namen, amen.

IMPULS FÜR DEN TAG

Ihre Vorstellung ist wie ein leeres Blatt Papier. Sie können durch Ihre Gedanken, Einstellungen und das, worauf Sie sich besonders konzentrieren wollen, jedes beliebige Bild darauf malen. Lassen Sie nicht zu, dass die Angst und der Zweifel den Stift in die Hand nehmen. Lassen Sie nicht zu, dass „Unmöglich" oder „Das geht nicht" die Farben eintrüben. Nehmen Sie den Pinsel des Glaubens, der Hoffnung und der Vorfreude zur Hand und fangen Sie an, ein Bild Ihrer strahlenden Zukunft zu malen.

DAS GUTE LAND

BIBELVERS FÜR DEN TAG

Der Herr, euer Gott, bringt euch in ein gutes Land. Es ist reich an Grundwasser, an Quellen und Bächen, die in den Bergen und Tälern entspringen.

5. MOSE 8,7

Gibt es in Ihrem Leben einen Bereich, in dem Ihnen etwas fehlt? Beispielsweise in finanzieller Hinsicht? Mangelt es Ihnen an Gesundheit? Oder haben Sie vielleicht Probleme in Ihrer Partnerschaft? Die gute Nachricht ist: Gott möchte nicht, dass es so bleibt! Er möchte Sie in ein neues Land führen, in dem es keinen Mangel gibt, in ein Land ohne Engpässe, ohne Niederlagen und ohne Mittelmäßigkeit. Er möchte, dass Sie an einem Ort leben, wo Sie mehr als genug haben, damit Sie dadurch auch für andere zum Segen werden können. Er möchte Sie aufrichten und Sie mit allem versorgen, was Sie brauchen.

Die Sache dabei ist nur folgende: Wenn wir an diesen Ort gelangen wollen, dann müssen wir die Dinge so tun, wie Gott es sich vorstellt. Seine Liebe uns gegenüber ist bedingungslos, ihm stehen alle Möglichkeiten offen, um uns zu helfen, aber es ist unser Gehorsam, der die Tür zu seinem Segen öffnet. Wir müssen unseren Teil dazu beitragen, indem wir Gott gegenüber eine demütige Haltung einnehmen und im Glauben und voller Erwartung vorwärtsgehen.

Denken Sie daran, dass es Gott ist, der es uns ermöglicht, im Leben voranzukommen. Wenn wir ihm nachfolgen, dann führt er uns in ein Land des Segens, ein Land des „Mehr als genug", ein Land der unbegrenzten Möglichkeiten. Stellen Sie ihn heute an die erste Stelle in Ihrem Leben, halten Sie sich an seine Gebote und lassen Sie sich von ihm in das gute Land führen, das er für Sie vorgesehen hat!

EIN GEBET FÜR HEUTE

Vater, ich preise dich von ganzem Herzen. Danke für das gute Land, in das du mich führen möchtest. Ich will dir in jedem Bereich meines Lebens gehorchen und ich befehle dir heute mein Leben noch einmal ganz neu an. Hilf mir, mich an deine Gebote zu halten, und übernimm du das Steuer in jedem Bereich meines Lebens. In Jesu Namen, amen.

IMPULS FÜR DEN TAG

In der Bibel steht, dass Gott uns Großes anvertraut, wenn wir in kleinen Dingen treu sind. Er belohnt diejenigen, die ihm von ganzem Herzen nachfolgen. Wenn Sie ihm auch in schweren Zeiten treu sind und wenn Sie auch dann bereitwillig geben und anderen Menschen dienen, wenn es keiner sieht, dann wird Ihr „Zahltag" ganz sicher kommen. Dann wird Gott seinen Segen über Ihrem Leben ausgießen, den er schon heute für Sie bereithält.

DIE RICHTIGEN DINGE VOR AUGEN HALTEN

BIBELVERS FÜR DEN TAG

Denn wie er in seiner Seele berechnend denkt, so ist er.
SPRÜCHE 23,7; SL

Weil Gott uns als visuelle Wesen geschaffen hat, ist es besonders wichtig, dass wir ein korrektes Selbstbild haben. Denn wie wir uns selbst sehen bestimmt die Richtung, in die wir uns bewegen. Ein „korrektes Selbstbild haben" bedeutet in diesem Fall nichts anderes, als uns so zu sehen, wie wir gerne sein möchten. Wir führen uns vor Augen, wie wir unsere Ziele erreichen, Hindernisse überwinden und die Bestimmung erfüllen, die wir von Gott bekommen haben.

Unser Selbstbild beeinflusst dabei nicht nur unser Denken; indem wir es mehr und mehr verinnerlichen, gelangt es schließlich tief in unser Unterbewusstsein. Und wenn es dort erst einmal angekommen ist, hat es maßgeblichen Einfluss darauf, in welche Richtung wir uns entwickeln werden.

Wenn Sie sich in Ihrer Vorstellung ein Bild von etwas machen, das Sie sich wünschen – zum Beispiel, dass ein bestimmter Traum in Erfüllung geht, dass Sie beruflich erfolgreich sind oder wieder gesund werden –, und wenn Sie sich dieses Bild immer wieder vor Augen führen, dann werden Sie sich höchstwahrscheinlich auch in diese richtige Richtung bewegen. Wenn Sie sich täglich vor Augen führen, was Gottes Wort über Sie sagt, dann werden Sie mehr und mehr zu genau diesem Menschen werden. Wenn Sie das Richtige denken, dann wird sich Ihr Leben auch in die richtige Richtung entwickeln!

EIN GEBET FÜR HEUTE

Himmlischer Vater, ich danke dir dafür, dass du mich nach deinem Bild geschaffen hast. Danke für meine Vorstellungskraft und die Fähigkeit, mein Leben zu verändern, indem ich mich mit deinem Wort beschäftige. Bitte hilf mir, deine Wahrheit immer vor Augen zu haben, damit ich den Weg gehen kann, den du für mich vorgesehen und vorbereitet hast, und damit ich so lebe, wie du es dir wünschst. Ich will lernen, mich so zu sehen, wie du mich siehst. In Jesu Namen, amen.

IMPULS FÜR DEN TAG

Wenn wir zu dem Menschen werden wollen, der wir nach Gottes Willen sein sollen, dann müssen wir unser eingeschränktes menschliches Denken überwinden. Man kann sich nicht passiv zurücklehnen und erwarten, dass man von heute auf morgen eine neue Persönlichkeit geschenkt bekommt. Wenn Sie nicht glauben, dass Sie erfolgreich sein oder innerlich erneuert werden können, dann wird es auch nicht geschehen. Wenn Sie jedoch Ihre Gedanken mit Gottes Gedanken in Einklang bringen und sich auf das berufen, was er Ihnen in seinem Wort versprochen hat, dann werden Sie vorwärtskommen und seinen übernatürlichen Segen erfahren.

DURCH DEN STURM

BIBELVERS FÜR DEN TAG

Auch wenn es durch dunkle Täler geht, fürchte ich kein Unglück, denn du, Herr, bist bei mir. Dein Hirtenstab gibt mir Schutz und Trost.

PSALM 23,4

Jeder von uns gerät von Zeit zu Zeit in einen Sturm, der das eigene Leben gehörig durcheinanderbringt. Manchmal haben wir den Glauben, dass wir augenblicklich aus dem Sturm gerettet werden, und manchmal werden wir von Gott dazu befähigt, mutig durch den Sturm hindurchzugehen.

Egal, wie es in Ihrem Leben gerade aussieht, Sie können in jedem Fall sicher sein, dass Gott ganz nah bei Ihnen ist. Er rüstet Sie für den Sturm aus und gibt auf Sie acht. Er schenkt Ihnen die Kraft, die Sie brauchen, um heil aus der Sache herauszukommen.

Vielleicht können Sie gerade noch keinen Ausweg aus dem Sturm sehen. Vielleicht kennen Sie die Antwort noch nicht. Wenn das so ist, dann tun Sie vertrauensvoll einen Schritt nach dem anderen und sagen Sie zu Gott: „Ich weiß, dass du einen guten Plan für meine Zukunft hast. Heute geht es mir schon ein wenig besser als gestern. Ich danke dir dafür, dass du mich führst und mir nah bist.“

Sie dürfen ganz sicher sein, dass Gott bei jedem Schritt, den Sie tun, in Ihrem Leben wirkt. Sie können sicher sein, dass er bei Ihnen ist und Sie tröstet. Gehen Sie weiter voran. Machen Sie einen Glaubensschritt nach dem anderen und gehen Sie weiter durch den Sturm hin zu dem Ort, an dem Gott Sie haben möchte.

EIN GEBET FÜR HEUTE

Himmlischer Vater, ich lobe und preise dich. Danke, dass du mit mir durch jede Phase meines Lebens gehst. Ich danke dir, dass du mein Schutzschild bist, dass du vor mir hergehst und mir den Weg ebnest. Bei jedem Schritt, den ich mache, bin ich gewiss, dass du in meinem Leben am Werk bist und dass du für mich eintrittst. Halte mich nah bei dir und gib mir Kraft auf meinem Weg zum Sieg, den du für mich bereithältst. In Jesu Namen, amen.

IMPULS FÜR DEN TAG

Wenn Gott unsere Situation augenblicklich zum Guten wendet, wenn er ein regelrechtes Wunder wirkt, dann stärkt das unseren Glauben immens. Schwieriger wird es, wenn wir durchhalten müssen, wenn eine Situation Ausdauer im Glauben erfordert und wenn der Weg mit Gott steiniger wird. Doch genau diese Art von Glauben ist es, die uns durch finstere Täler und Stürme der Seele hindurchträgt, wenn wir keine Ahnung haben, wohin der Weg uns führt und was wir gerade tun sollen. Dieser Glaube ist es, der die Tür für Gottes Handeln öffnet.

ER MACHT ALLES NEU

BIBELVERS FÜR DEN TAG

Der auf dem Thron saß, sagte: „Sieh doch, ich mache alles neu!" Und mich forderte er auf: „Schreib auf, was ich dir sage, alles ist zuverlässig und wahr."

OFFENBARUNG 21,5

Wenn Gott einen Traum in uns hineinlegt, dann stattet er uns auch mit allem aus, was wir brauchen, um diesen Traum zu verwirklichen. Gott würde Ihnen keinen Traum ins Herz pflanzen, ohne Ihnen nicht auch die Fähigkeit zu schenken, ihn wahr zu machen. In der Bibel steht, dass Gott uns schenkt, was sich unser Herz wünscht (siehe Psalm 21,3). Oder anders ausgedrückt: Gott legt einen Wunsch in uns hinein und arbeitet dann gemeinsam mit uns an dessen Erfüllung. Oftmals beginnen wir auch tatsächlich damit, unsere Träume zu verwirklichen, aber wenn wir dann Rückschläge oder Enttäuschungen erleben, denken wir nur allzu schnell, dass sich die Sache für uns erledigt hat.

Gibt es einen Traum in Ihrem Leben, den Sie bereits aufgegeben haben? Dann sollen Sie heute wissen, dass Gott Ihnen einen Neuanfang schenken möchte – wo Sie auch gerade stehen mögen und was auch immer in Ihrer Vergangenheit geschehen ist. Wenn Sie das Gefühl haben, dass es in Ihrem Leben verpasste Chancen gegeben hat, dann machen Sie sich bewusst, dass heute ein neuer Tag ist. Sie sind ein neuer Mensch und Gott hält neue Chancen und Möglichkeiten für Sie bereit. Und wenn ein Traum wirklich ausgeträumt ist, dann wird es Zeit für einen neuen, denn Gott ist ein Gott der Neuanfänge!

EIN GEBET FÜR HEUTE

Himmlischer Vater, ich preise dich für deine Güte und Freundlichkeit. Danke, dass du mir heute einen Neuanfang schenkst. Ich werde nicht zulassen, dass mich Rückschläge oder Enttäuschungen davon abhalten weiterzumachen. Ich weiß, dass du alles neu machst. Ich vertraue dir meine Vergangenheit, meine Gegenwart und meine Zukunft an und entscheide mich bewusst dafür, deinem guten Plan für mein Leben zu folgen. In Jesu Namen, amen.

IMPULS FÜR DEN TAG

Wenn Gott Ihnen einen Neuanfang schenkt, wenn er Ihnen neues Leben einhaucht und eine neue Tür für Sie öffnet, dann tut er das nicht, damit es Ihnen für ein paar Tage besser geht. Nein, Gott will, dass Sie langfristig erneuert werden. Sie können in Ihrem neuen Leben jedoch nicht weiterkommen, wenn Sie in der Vergangenheit feststecken. Deshalb wird es heute Zeit für Sie, Ihre Verletzungen, Ihren Schmerz und Ihr Versagen loszulassen. Vertrauen Sie fest darauf, dass Gott Schönheit aus der Asche Ihrer Vergangenheit hervorbringen kann.

LANGE GENUG GEPLAGT

BIBELVERS FÜR DEN TAG

Wenn israelitische Männer oder Frauen sich wegen ihrer Armut als Sklaven an euch verkaufen, sollen sie sechs Jahre lang für euch arbeiten. Im siebten Jahr müsst ihr sie wieder freilassen.

5. MOSE 15,12

Solange wir in dieser Welt leben, wird der Feind versuchen, uns mit einem Joch zu versklaven – beispielsweise mit dem Joch der Depression, dem Joch der Minderwertigkeitsgefühle oder dem Joch der Halbherzigkeit. Er will uns mit einer Last niederdrücken, damit uns alles im Leben unendlich mühsam vorkommt. Er will uns unsere Lebensfreude rauben.

Vielleicht leben Sie bereits unter solch einem Joch, solange Sie denken können. Und vielleicht ist Ihnen dabei gar nicht klar, dass dieses Joch möglicherweise von früheren Generationen an Sie weitergegeben worden ist. Wie dem auch sei: Sie haben das Gefühl, dass Sie aus irgendeinem Grund nicht weiterkommen. Sie mühen sich mit Ihrer Ehe ab. Ihre Kinder geraten auf Abwege. Ihr Selbstwertgefühl ist im Keller.

Aber so wie Gott damals die Not seines Volkes gesehen und es schließlich daraus befreit hat, will er es auch heute noch tun. Gott sieht jedes Joch, jede Ungerechtigkeit und alles, womit Sie zu kämpfen haben. Und statt sich zurückzulehnen und sich Ihre Misere aus der Ferne anzuschauen, schreitet er ein und kämpft für Sie. Seien Sie also unbesorgt, denn der, der Ihr Joch zerbrechen will, ist bereits auf dem Weg. Er wird Ihnen zu Hilfe eilen und Ihrem Kampf ein Ende bereiten. Er wird die Dinge zu Ihren Gunsten verändern, damit Sie Ihre Bestimmung leben können.

EIN GEBET FÜR HEUTE

Vater im Himmel, ich danke dir dafür, dass der Feind keine Macht über mein Leben hat. Ich beschließe heute, das Joch der Gebundenheit zu zerbrechen, das mich über Jahre hinweg gefangen gehalten hat. Ich vertraue darauf, dass du für mich kämpfen wirst, und ich bin gewiss, dass ich in Freiheit leben und deine Güte erfahren werde. In Jesu Namen, amen.

IMPULS FÜR DEN TAG

In 5. Mose, Kapitel 15, lesen wir davon, dass Gott dem Volk Israel ein Gesetz gegeben hat, das besagte, dass in jedem siebten Jahr alle hebräischen Sklaven freigelassen werden mussten. Stellen Sie sich heute einmal vor, wie es wäre, wenn Gott in Ihrem Leben alles auf Anfang setzen würde: Plötzlich wären Sie schuldenfrei, egal, wie hoch Ihre Schulden auch waren. Von heute auf morgen würde er all Ihren Kämpfen und Mühen ein Ende setzen … Ich bin davon überzeugt, dass es niemals Gottes Wille war, dass wir an irgendetwas gebunden sind. Darum bringen Sie Ihr Denken mit Gottes Willen in Einklang und machen Sie sich bewusst, dass Ihr „siebtes Jahr“ ganz sicher kommen wird.

IHRE BESTIMMUNG BLEIBT

BIBELVERS FÜR DEN TAG

Denn Gott fordert weder seine Gaben zurück, noch widerruft er die Zusage, dass er jemanden auserwählt hat.

RÖMER 11,29

Was sehen Sie vor Ihrem inneren Auge, wenn Sie an Ihre Zukunft denken? Vielleicht waren Sie irgendwann einmal richtig gespannt auf Ihr Leben, hatten große Ziele und Träume, aber dann haben Sie Enttäuschungen erlebt oder das Leben hat sich anders entwickelt, als Sie es gehofft hatten. Und nun haben Sie sich dort eingerichtet, wo Sie gerade stehen.

Wenn das so ist, dann machen Sie sich heute bewusst, dass Gottes Plan für Ihr Leben weiter besteht, auch wenn Sie Rückschläge erlebt haben oder von jemandem unfair behandelt worden sind. Gott schreibt Sie nicht ab, nur weil Sie ein paar falsche Entscheidungen getroffen haben. Er kennt jeden Fehler, den Sie gemacht haben, und jede Person, die Ihnen Unrecht getan hat, und trotzdem sind Sie immer noch von ihm erwählt; er hat immer noch einen perfekten Plan für Ihr Leben und hält eine strahlende Zukunft für Sie bereit.

Wenn es Ihnen gelingt, Ihre Hoffnung zurückzugewinnen und Ihr Denken mit Gottes Wort in Einklang zu bringen, dann wird der Rest Ihres Lebens der beste Teil Ihres Lebens werden! Bleiben Sie am Ball, glauben Sie weiter und blicken Sie gespannt und voller Hoffnung in die Zukunft, denn Gott hat Erstaunliches mit Ihnen vor!

EIN GEBET FÜR HEUTE

Vater, ich danke dir dafür, dass du einen perfekten Plan für mein Leben hast. Was auch immer auf meinem bisherigen Lebensweg geschehen ist, so weiß ich doch, dass du es bist, der meine Schritte lenkt. Ich entscheide mich dafür, die Vergangenheit hinter mir zu lassen und denen zu vergeben, die mich verletzt haben. Stattdessen werde ich meinen Blick auf dich richten, weil du mich auserwählt hast und meinem Leben einen Sinn gibst. In Jesu Namen, amen.

IMPULS FÜR DEN TAG

Der Prophet Jesaja sagt: „Keine Waffe wird etwas ausrichten, die man gegen dich schmiedet“ (Jesaja 54,17; EÜ). Damit sagt er zwar nicht, dass wir niemals im Leben Probleme haben werden, denn das wäre unrealistisch. Doch ich lese daraus Folgendes: „Auch wenn Probleme in deinem Leben auftauchen, kannst du ruhig und gelassen sein in dem Wissen, dass sie dir nichts anhaben können. Kein Mensch und keine Krankheit kann etwas an dem guten Plan ändern, den Gott für dein Leben hat.“ Warum das so ist? Weil Sie Gottes geliebtes Kind sind und weil er Sie in seiner schützenden Hand hält.

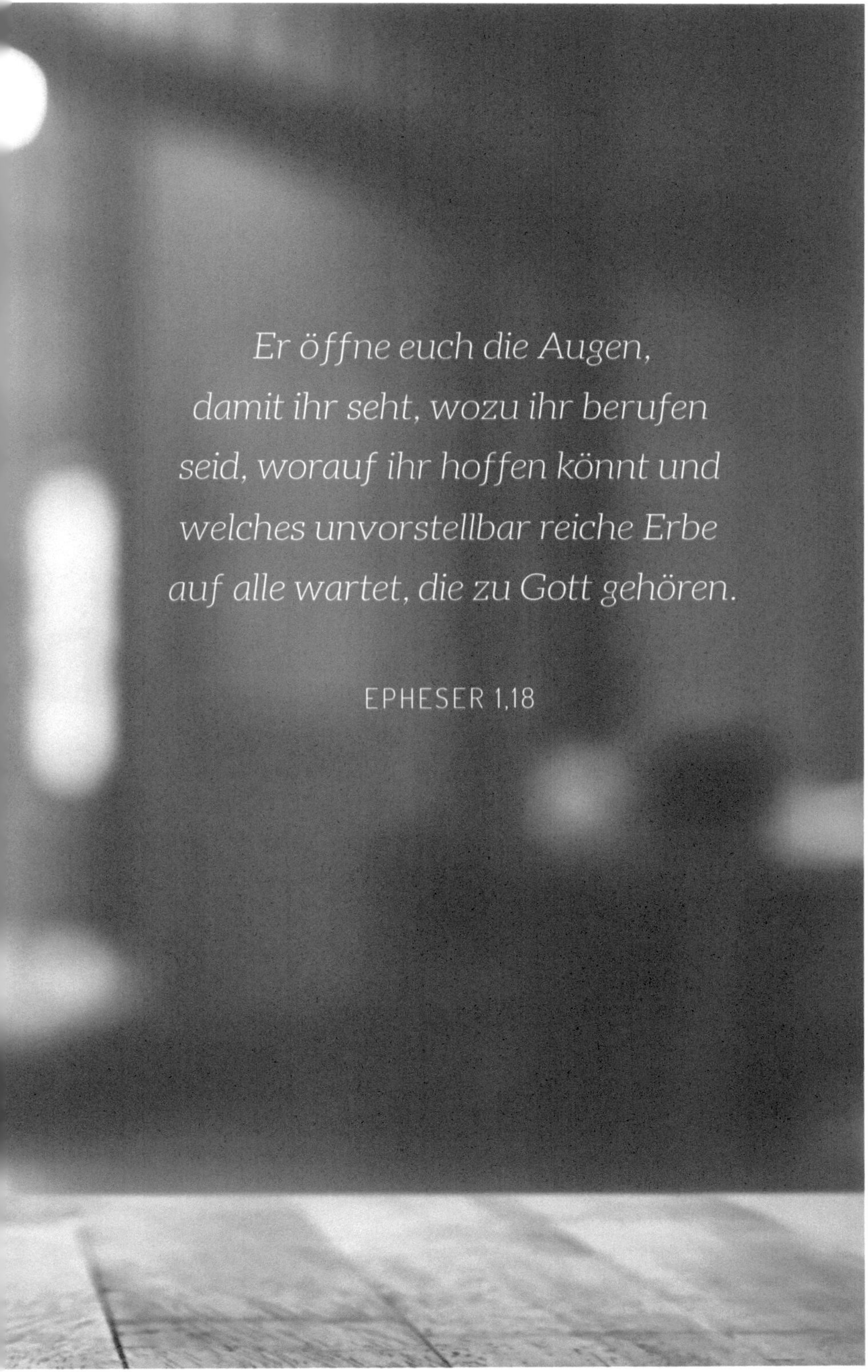

Er öffne euch die Augen, damit ihr seht, wozu ihr berufen seid, worauf ihr hoffen könnt und welches unvorstellbar reiche Erbe auf alle wartet, die zu Gott gehören.

EPHESER 1,18

DER ANGST KEINEN RAUM GEBEN

BIBELVERS FÜR DEN TAG

Gebt dem Teufel keinen Raum!
EPHESER 4,27; EÜ

Viele von uns geben sich mit weniger als dem Besten zufrieden, das Gott für Sie vorgesehen hat, weil sie zulassen, dass sich Angst in ihr Leben einschleicht und sich dort festsetzt. Sie müssen wissen: Angst ist die stärkste Waffe des Feindes. Damit bremst er uns aus und hält uns davon ab, für Gottes Reich aktiv zu werden. Angst kommt niemals von Gott. Sie ist die effektivste Waffe des Feindes, um uns zu quälen, zu lähmen und von Gottes Segen fernzuhalten.

Die gute Nachricht ist jedoch, dass Gott größer und stärker ist als die Angst. Seine Kraft in Ihnen ist größer als jede Macht, die sich gegen Sie richtet. Damit sich diese Kraft entfalten kann, müssen Sie der Angst allerdings die Tür vor der Nase zuschlagen. Der Feind hat keinen Zutritt zu Ihrem Leben, wenn Sie ihm nicht selbst die Tür öffnen und ihn hereinlassen. Deshalb ist es so wichtig, darauf zu achten, was wir in uns aufnehmen – was wir uns anhören und anschauen, was wir lesen und was wir sagen.

Wenn sich die Angst bereits in einige Bereiche Ihres Lebens eingeschlichen hat, dann lassen Sie sich heute versichern, dass es einen Weg gibt, wie Sie sie ein für alle Mal aus Ihrem Leben verbannen können! Alles beginnt damit, dass Sie die Liebe Gottes für sich in Anspruch nehmen und sich intensiv mit seinen Verheißungen beschäftigen. Befassen Sie sich mit seiner Wahrheit und sprechen Sie sie am besten laut aus, denn die Wahrheit wird Sie frei machen! Machen Sie sich Gottes Liebe Ihnen gegenüber wieder neu bewusst und lassen Sie sich von ihm zum Sieg führen, indem Sie der Angst die Tür verschließen.

EIN GEBET FÜR HEUTE

Vater im Himmel, ich lobe und preise deinen heiligen Namen. Ich komme heute im Glauben zu dir und erkläre, dass ich der Angst die Türe verschließen werde. Danke, dass du mir einen Geist der Kraft, der Liebe und der Besonnenheit geschenkt hast. Ich bin gewiss, dass mich deine Wahrheit ganz und gar frei machen wird. Bitte fülle mich heute mit deinem Frieden und deiner Freude, wenn ich zu dir bete und weiter in Richtung Sieg gehe. In Jesu Namen, amen.

IMPULS FÜR DEN TAG

Denken Sie immer daran, dass Gott es würdigt, wenn wir am Glauben festhalten. Der Feind greift uns in Form von Angst an. Wehren Sie jeden Gedanken ab, der negative Vorstellungen und Ängste in Ihnen auslöst, die dann wiederum ihr zerstörerisches Spiel mit Ihnen treiben. Nehmen Sie solche zerstörerischen Gedanken gefangen und verwehren Sie Ihnen den Zutritt. Treffen Sie heute die Entscheidung, im Glauben und nicht in Angst zu leben und Ihr Denken mit Positivem zu füllen. Wenn Sie Ihren Teil beitragen, wird Gott Ihnen vollkommenen Frieden schenken.

ER HÄLT NOCH MEHR BEREIT

BIBELVERS FÜR DEN TAG

„Gott hat mir einen anderen Nachkommen geschenkt."

1. MOSE 4,25

Im 1. Buch Mose wird davon berichtet, dass Eva ein großes Unglück erlebte, als ihr Sohn Kain seinen Bruder Abel tötete. Das ist der erste Mord in der Bibel. Ich bin sicher, dass Eva – wie jede andere Mutter – zutiefst erschüttert war über den Tod ihres Sohnes. Aber ist es nicht wunderschön, dass sie schließlich sagen kann: „Gott hat mir einen anderen Nachkommen geschenkt"? Indirekt sagt sie damit nämlich: „Ich verstehe es zwar nicht und es ergibt für mich keinen Sinn, aber ich vertraue Gott. Dies ist nicht das Ende. Er hat mir noch einen Nachkommen geschenkt, also wird es irgendwie weitergehen."

Wenn Dinge in Ihrem Leben geschehen, die Sie nicht begreifen können, dann bedeutet das nicht automatisch das Ende für Sie. Im Reich Gottes geht nichts verloren. Indem Gott etwas Neues schafft, zeigt er Ihnen, dass er noch mehr für Sie bereithält. Wenn Sie das hinter sich lassen, was nicht gut ausgegangen oder Ihnen misslungen ist, wenn Sie Schmerz und Leid hinter sich lassen, dann wird

Gott alles wiedergutmachen, was Sie verloren haben. Beten Sie weiter, glauben Sie weiter und hoffen Sie weiter, denn Gott ist für Sie. Vertrauen Sie ihm und nehmen Sie all das Gute an, das er Ihnen schenken möchte.

EIN GEBET FÜR HEUTE

Vater, ich preise dich für deine Gnade und Barmherzigkeit. Alles Leben kommt von dir. Du erneuerst meine Träume, meinen Beziehungen und meine Gesundheit. Ich entscheide mich heute dafür, die Vergangenheit hinter mir zu lassen und das Geschenk des Lebens anzunehmen, das du für mich vorgesehen hast. Ich bin gewiss, dass du mehr für meine Zukunft bereithältst, als ich in der Vergangenheit verloren habe. In Jesu Namen, amen.

IMPULS FÜR DEN TAG

Jeder Mensch trägt Träume und Ziele in seinem Herzen. Gott selbst hat uns Verheißungen gegeben, auf die wir uns berufen. Vielleicht spüren Sie, dass Sie eine eigene Firma gründen oder vollzeitlich in der Gemeinde mitarbeiten sollen oder dass eine Beziehung wieder in Ordnung kommen wird. Ganz tief im Innern wissen Sie es, denn Gott hat Ihnen die Gewissheit ins Herz gelegt. Er hat etwas in Ihnen zum Leben erweckt, aber Sie wissen noch nicht, wie genau er es umsetzen wird. Denken Sie jedoch immer daran, dass Gott treu ist, dass er noch nie einen Fehler gemacht hat und es auch in Zukunft nicht tun wird!

ERNEUERTES DENKEN

BIBELVERS FÜR DEN TAG

Passt euch nicht den Maßstäben dieser Welt an, sondern lasst euch von Gott verändern, damit euer ganzes Denken neu ausgerichtet wird. Nur dann könnt ihr beurteilen, was Gottes Wille ist, was gut und vollkommen ist und was ihm gefällt.

RÖMER 12,2

Es gibt viele Menschen, die gar nicht den Grund dafür wissen, warum sie unglücklich sind und keine Freude am Leben haben. Sie haben gedanklich die Weichen falsch gestellt und ihr Denken auf Sorgen, Klagen und Negatives ausgerichtet. Aber genauso, wie wir unser Denken falsch ausrichten können, können wir es auch in die richtigen Bahnen lenken.

Wenn wir uns mit Gottes Wort beschäftigen, geben wir unserem Denken die richtige Richtung. Wenn wir uns seine Güte ins Bewusstsein rufen, entwickeln wir automatisch eine positive Denkweise. Wenn wir uns bewusst dafür entscheiden, dankbar zu sein und uns auf das zu konzentrieren, was gut und richtig ist, dann stellen wir dadurch die Weichen für eine positive Grundhaltung.

Doch das geschieht nicht automatisch. Es erfordert Disziplin, sich auf das Gute zu konzentrieren. Man muss sich die Mühe machen, jeden Tag Zeit mit Bibellesen zu verbringen, bis es zur Gewohnheit geworden ist. Und denken Sie immer daran: Wenn Sie Gott ehren, indem Sie Zeit mit ihm verbringen, dann wird er Ihnen diese Zeit vielfach erstatten. Wenn Sie treu bleiben und sich ganz auf ihn konzentrieren, dann wird er Ihre Schritte lenken und Sie weiter voranbringen.

EIN GEBET FÜR HEUTE

Himmlischer Vater, ich vertraue dir heute mein Denken an und bitte dich darum, es so zu verändern, dass es mit deinem Willen für mein Leben übereinstimmt. Ich entscheide mich für eine positive und erwartungsvolle Grundhaltung. Ich danke dir dafür, dass du es mir ermöglichst, das gute Leben zu genießen, das du für mich bereithältst. In Jesu Namen, amen.

IMPULS FÜR DEN TAG

Lenken Sie heute Morgen Ihre Gedanken in die richtige Richtung. Denken Sie nicht über Ihre Probleme nach, sondern über Gottes Verheißungen für Ihr Leben. Der Sieg beginnt immer in unserem Kopf. Wenn Sie es sich angewöhnen, das Richtige zu denken und sich mit Gottes Wort zu beschäftigen, dann können Sie in jedem Bereich Ihres Lebens mit Gottes reichem Segen rechnen. Mit seiner Hilfe werden Sie jedes Hindernis überwinden und alles erreichen, was er für Sie vorgesehen hat.

WAS VERFOLGT SIE?

BIBELVERS FÜR DEN TAG

Gutes und Barmherzigkeit werden mir folgen mein Leben lang, und ich werde bleiben im Hause des Herrn immerdar.

PSALM 23,6; LÜ

David wird in der Bibel als „Mann nach dem Herzen Gottes" beschrieben. Aber was genau an Davids Haltung war es, das Gott so gut gefiel? Die Antwort finden wir in Psalm 23, denn dort schreibt David: „Gutes und Barmherzigkeit werden mir folgen mein Leben lang."

Können Sie es erkennen? David lebte in einer erwartungsvollen Grundhaltung gegenüber Gott. Er lenkte sein Denken in die richtigen Bahnen und rechnete fest mit dem Guten. Wahrscheinlich dachte er sich: *Ich weiß, dass Gottes Segen mich verfolgt, wohin ich auch gehe. Seine Gunst folgt mir auf dem Fuße.* Kein Wunder, dass er die Güte Gottes dann auch hautnah erleben durfte! Kein Wunder, dass er Hindernisse überwand und große Träume verwirklichen konnte, denn er wusste, dass ihm das Gute dicht auf den Fersen war!

Wissen Sie, wovon Sie gerade verfolgt werden? Nicht etwa von Schulden, Versagen, Mittelmäßigkeit, Niederlagen oder Mangel. Nein, ganz und gar nicht! Sie sind ein Kind des Höchsten. Sie sind mit seinem Wohlwollen gekrönt. Gott hat Sie auserwählt und in seinen Augen sind Sie unglaublich wertvoll! Wenn Sie das nächste Mal in den Rückspiegel schauen, dann passen Sie lieber auf, denn hinter Ihnen ist ein Drängler, der Sie mit hoher Geschwindigkeit verfolgt. Wissen Sie, wer es ist? Es ist Gottes Segen – seine Gunst, neue Chancen, Wiederherstellung und geheilte Beziehungen –, der Ihnen dicht auf den Fersen ist.

EIN GEBET FÜR HEUTE

Danke, Vater, für deine überreiche Gnade und Barmherzigkeit. Ich will heute fest mit deiner Güte rechnen. Ich halte Ausschau nach deiner Gunst und deinem Segen. Ich richte meinen Blick auf dich, und ich bin gewiss, dass mich Gutes verfolgen wird – deine Gunst, neue Chancen und Möglichkeiten, Wiederherstellung und geheilte Beziehungen! In Jesu Namen, amen.

IMPULS FÜR DEN TAG

Wenn Sie nach Gottes Willen leben, dann wird seine Gunst Sie regelrecht einholen. Wie aus dem Nichts tut sich plötzlich eine neue Chance auf – und das ist nicht einfach nur Glück. Völlig unerwartet erfüllt sich ein Traum – und das ist kein Zufall; es ist Gott, der dafür sorgt, dass Sie in allen Lebensbereichen überdurchschnittlich gesegnet sind.

GRÖẞER, ALS SIE ES SICH VORSTELLEN KÖNNEN

BIBELVERS FÜR DEN TAG

Es ist vielmehr das eingetreten, was schon in der Heiligen Schrift vorausgesagt ist: „Was kein Auge jemals sah, was kein Ohr jemals hörte und was sich kein Mensch vorstellen konnte, das hält Gott für die bereit, die ihn lieben."

1. KORINTHER 2,9

Weil Gott Sie liebt, hält er das volle Ausmaß an Segen für Sie bereit: Wachstum in jedem Bereich Ihres Lebens, neue Chancen, Gesundheit und Wohlergehen. Sein Traum für Ihr Leben ist so viel größer, als Sie sich vorstellen können. Was Sie bis jetzt erlebt haben, ist nichts im Vergleich zu dem, was Gott noch für Sie bereithält.

Vielleicht träumen Sie davon, wieder gesund zu werden oder ohne Schmerzen laufen zu können. Doch Gottes Traum ist es, dass Sie nicht nur wieder gehen können, sondern dass Sie wieder so rennen, wie Sie es als Kind einmal getan haben. Vielleicht wünschen Sie sich von Herzen, Ihre Ehe irgendwie am Leben zu erhalten. Gottes Traum ist es jedoch, dass Ihre Ehe glücklicher, intakter und erfüllender wird, als Sie es je für möglich gehalten hätten. Sie hoffen vielleicht, irgendwie Ihre Rechnungen bezahlen zu können und jeden Monat einigermaßen über die Runden zu kommen. Doch Gottes Wunsch ist es, dass Sie völlig schuldenfrei sind, Ihr Haus abbezahlen können und so viel übrig haben, dass Sie für die Menschen in Ihrem Umfeld zum Segen werden können!

Machen Sie sich bereit, denn Gott hält größeren Segen für Sie bereit, als Sie es sich momentan vorstellen können. Seien Sie heute offen dafür und halten Sie an Ihrem Glauben fest, damit er Sie mit einem Leben in Fülle beschenken kann.

EIN GEBET FÜR HEUTE

Vater, ich preise dich dafür, dass du mich bedingungslos liebst und mir treu zur Seite stehst. Danke für deine segnende Hand über meinem Leben. Ich weiß, dass du außergewöhnlichen Segen für mich bereithältst: Wachstum in jedem Bereich meines Lebens, neue Chancen, Gesundheit und Wohlergehen. Ich öffne mein Herz und nehme im Glauben alles an, was du mir geben willst. Erfülle mich mit deinem Frieden und deiner Freude, wenn ich mein Vertrauen voll und ganz auf dich setze. In Jesu Namen, amen.

IMPULS FÜR DEN TAG

Gott ist sehr an dem interessiert, was Sie mit Ihren „Augen des Glaubens“ sehen. Wenn Sie sich vorstellen können, siegreich zu leben, dann können Sie in ungeahnte Höhen aufsteigen. Doch solange Ihr Blick auf den Boden statt auf Ihre Möglichkeiten gerichtet ist, riskieren Sie es, in die falsche Richtung zu gehen und all das Großartige zu verpassen, das Gott in Ihnen und durch Sie tun will. Denken Sie daran: Heute könnte der Tag sein, an dem Sie Ihr persönliches Wunder erleben.

SEINEM VORBILD FOLGEN

BIBELVERS FÜR DEN TAG

Ihr seid Gottes geliebte Kinder, daher sollt ihr in allem seinem Vorbild folgen. Geht liebevoll miteinander um, so wie auch Christus euch seine Liebe erwiesen hat. Aus Liebe hat er sein Leben für uns gegeben, und dies war für Gott wie ein wohlriechendes Opfer, an dem er Freude hat.

EPHESER 5,1–2

Wenn man Sie anschaut, kann man bei Ihnen eine Ähnlichkeit zu anderen Familienmitgliedern erkennen? Vielleicht haben Sie von Natur aus die Eigenschaften und Merkmale Ihres Vaters oder Ihrer Mutter, vielleicht haben Sie ihre Augen, ihren Mund oder ihre Eigenarten geerbt.

Genauso sollten wir als Kinder Gottes unserem himmlischen Vater ähnlich sein. Wir sollten seine guten Eigenschaften widerspiegeln und anderen Menschen liebevoll gegenübertreten. Wir sollten uns intensiv mit seinem Wesen beschäftigen und ihn mit der gleichen Bewunderung nachahmen, wie kleine Kinder ihre Eltern nachahmen.

In der Bibel lesen wir, dass Gott Liebe ist. Für uns bedeutet das: Wir sind Gott dann am ähnlichsten, wenn wir Liebe in die Welt tragen – wenn wir geduldig und freundlich sind, wenn wir Gnade und Barmherzigkeit praktizieren und anderen vergeben, so wie Gott uns vergeben hat.

Je mehr Sie Ihren himmlischen Vater nachahmen, indem Sie seine Liebe verkörpern, desto mehr werden Sie erleben, wie er in Ihrem Leben handelt. Er wird Ihnen Türen öffnen und Sie werden seine segnende Hand in jedem Bereich Ihres Lebens erkennen können!

EIN GEBET FÜR HEUTE

Vater im Himmel, hab Dank für einen neuen Tag, an dem ich für dich leben darf. Ich bitte dich, dass du mich gebrauchst, um anderen Menschen deine Liebe weiterzugeben. Ich möchte dich in jedem Bereich meines Lebens zum Vorbild nehmen. Zeige mir, wie ich dich durch meine Einstellung, mein Reden und mein Verhalten repräsentieren kann. Ich möchte anderen zum Segen werden und ein Beispiel für dein wundervolles Wesen sein. In Jesu Namen, amen.

IMPULS FÜR DEN TAG

In der Bibel steht, dass wir „Gottes Werk“ sind (siehe Epheser 2,10). Das bedeutet unter anderem, dass wir noch „in Arbeit“ sind. Gott formt und gestaltet uns ein Leben lang. Der Schlüssel zu unserem künftigen Erfolg ist der, nicht mutlos zu werden, solange der Prozess der „Vollendung“ noch nicht abgeschlossen ist. Sie glauben vielleicht, dass es bis dahin noch ein weiter Weg ist, aber werfen Sie heute einmal einen Blick zurück und sehen Sie, wie weit Sie mit Gottes Hilfe bereits gekommen sind. Sie sind vielleicht noch nicht der Mensch, der Sie gerne sein möchten, aber dank Gottes Gnade und Güte sind Sie auch nicht mehr der Mensch, der Sie einmal waren.

Darum seid bereit und stellt euch ganz und gar auf das Ziel eures Glaubens ein. Lasst euch nichts vormachen, seid besonnen und richtet all eure Hoffnung auf Gottes Barmherzigkeit, die er euch in vollem Ausmaß an dem Tag erweisen wird, wenn Jesus Christus für alle sichtbar kommt.

1. PETRUS 1,13

Die amerikanische Originalausgabe erschien im Verlag Faith Words,
Hachette Book Group, 1290 Avenue of the Americas, New York, NY 10104
unter dem Titel „Wake Up To Hope“.

1. Auflage 2018
Bestell-Nr. 817468
ISBN 978-3-95734-468-7

Covergestaltung: Immanuel Grapentin
Umschlagfoto: Jenpol Sumatchaya / Shutterstock
Lektorat: Carolin Kilian
Satz: Apel Verlagsservice, Wietze
Druck und Verarbeitung: GGP Media GmbH, Pößneck
Printed in Germany

www.gerth.de